# HISTOIRE

SPÉCIALE ET PITTORESQUE

# DE BAGNÈRES-DE-LUCHON.

# HISTOIRE

### SPÉCIALE ET PITTORESQUE

## DE BAGNÈRES-DE-LUCHON

### ET DES VALLÉES ENVIRONNANTES,

#### AVEC UN ITINÉRAIRE A L'USAGE DES BAIGNEURS.

SUIVIE

## DE NOTICES

### SUR LES ÉTABLISSEMENTS DES BAINS

### DE SIRADAN, D'ENCAUSSE ET DE GANTIES.

PAR

**H. CASTILLON** (D'ASPET),

Auteur de plusieurs ouvrages historiques sur les Pyrénées.

3ᵉ ÉDITION

**SE VEND :**

| TOULOUSE, | SAINT-GAUDENS, |
|---|---|
| GIMET, lib., rue des Balances. | J.-M. TAJAN, imprimeur-libr. |

1851

## OUVRAGES DU MÊME AUTEUR.

— Histoire des Populations Pyrénéennes, du Nébouzan et du pays du Comminges, 2 gros vol. in-8.

Histoire d'Ax et de la vallée d'Andorre, avec des détails sur les établissements des bains d'Ussat et d'Audinac; 1 vol. in-8.

Deux ans d'exil, ou relation des évènements survenus en Italie depuis le départ jusqu'à la rentrée de Pie IX, 1 vol. in-8.

De la réforme et du système pénitentiaire, un vol. in-8.

Comparaison de la Littérature Latine et de la Littérature Française, ouvrage couronné par l'Académie des sciences de Toulouse, brochure de 300 pages d'impression.

L'Impot sur le Sel; brochure in-8.

Clémence Isaure, roman historique; 1 fort vol.

Histoire spéciale de la Vallée et République d'Andorre; 1 vol. in-8.

Notices sur les Bains de Siradan, d'Encausse et de Ganties, brochures in-8.

### SOUS-PRESSE :

Histoire Générale du pays et du Comté de Foix, 2 vol. in-8.

Histoire de l'Albigeois et du pays Castrais, avec chartes, titres, documents divers, etc., 1 gros vol. in-4 de 600 pages.

*A Monsieur Ch. TRON, maire de Bagnères-de-Luchon, Membre du Conseil-Général et Représentant de la Haute-Garonne à l'Assemblée législative.*

Monsieur,

Permettez que cette 3e édition de l'Histoire de Bagnères-de-Luchon, paraisse sous vos auspices.

À qui pourrai-je mieux la dédier qu'à celui qui, comme premier Magistrat de la cité, a tout fait pour la prospérité de sa ville natale; qui a contribué de tous ses efforts et avec la persévérance la plus énergique, à la fondation d'un établissement thermal digne de la réputation et de la valeur des eaux de Luchon; et qui, soit aux sessions du Conseil-général, soit au sein de l'Assemblée législative, a su défendre, dans toutes les circonstances, les intérêts du département et ceux du pays, avec un dévouement sans bornes.

Si j'ai un regret à exprimer, Monsieur, en ce moment, c'est que l'ouvrage que j'ai l'honneur de vous offrir, ne soit qu'un faible souvenir et une expression bien passagère des sentiments de reconnaissance que vos concitoyens conserveront long-temps dans leur cœur. Il me suffira, au reste, de les consigner au frontispice de mon livre pour avoir mérité leur approbation. A ce titre, et par réciprocité, la reconnaissance que vous ont vouée vos compatriotes, fera excuser, je l'espère, la faiblesse de l'ouvrage, en faveur de l'intention généreuse de l'auteur.

Agréez, Monsieur, l'expression de mes sentiments respectueux, avec lesquels,

j'ai l'honneur d'être,

VOTRE DÉVOUÉ SERVITEUR,

H. CASTILLON (D'ASPET).

Toulouse, le 10 mai 1851.

# INTRODUCTION.

De toutes les vallées qui s'ouvrent, dans tous les sens, au centre des Pyrénées, du côté de notre versant, il n'en est aucune qui résume en elle un plus grand intérêt historique et pittoresque à la fois que celle qui porte le nom de Bagnères-de-Luchon. Depuis les sources mystérieuses de la Pique, aux pieds du port de Venasque, jusqu'aux premières lignes du bassin de Cierp, c'est-à-dire dans une longueur d'environ vingt-cinq kilomètres (cinq lieues), la vallée de Luchon renferme tout ce que la nature a pu réunir de plus original, de plus grandiose et de plus étrange en même temps : montagnes bizarrement escarpées, lacs immenses, sites pittoresques, cascades nombreuses, végétation riche et féconde, rochers sauvages, enfin, mille accidents de terrein capricieusement dessinés composent un vaste panorama qui se déroule insensiblement aux regards étonnés du voyageur qui traverse cette magnifique vallée. Tout est riant, varié et sublime dans ce coin isolé et caché de nos montagnes, sur lequel la Providence semble avoir voulu épuiser, exprès, toutes ses faveurs comme pour en imposer à l'orgueil et à l'incrédulité des siècles.

Mais, si, de l'énumération des faits matériels qui composent ce que nous appelons la nature inerte, nous passons à l'appréciation des faits moraux qui constituent la vie intelligente qui a animé cette vallée, aux différentes époques historiques, quel plus vaste sujet ne s'offrira-t-il point à notre curieuse admiration? Là, des populations primitives se sont agitées à une époque bien antérieure à la formation des gouvernements modernes; là, des peuples libres et fiers ont vécu en dehors de toute influence étrangère, et se sont administrés par eux-mêmes sous l'action des chefs de leurs tribus; là, une religion topique, un idiome distinct, des mœurs particulières, ont caractérisé ces peuplades par des traits uniformes qui ont servi à les isoler de celles qui les avoisinaient. Aussi, mœurs, langage, croyances, tels sont les premiers faits humanitaires que nous distinguerons dans l'existence historique des habitants qui ont occupé primitivement la vallée de Luchon.

Au reste, afin de mettre un ordre simple et méthodique dans notre récit, nous diviserons tout ce que nous avons à dire sur cette contrée en deux grandes parties : la première renfermera ce qui a rapport à son histoire considérée soit dans les faits moraux, législatifs ou sociaux; soit dans les faits qui touchent à la science géologique spécialement et aux sciences naturelles en général, telles que la botanique, l'ornithologie, etc. : ainsi l'homme, les animaux, les plantes et le sol lui-même feront d'abord la principale matière de nos études historiques sur Luchon. Cette partie est purement HISTORIQUE. La seconde partie, que nous appellerons DRAMATIQUE, se composera de plusieurs récits coordonnés sous la forme d'action, et qui serviront à expliquer les mœurs de ces localités, en leur donnant des personnages pour les représenter. Cette espèce de mise en scène offrira cet avantage au lecteur qui pourra d'autant plus facilement s'identifier avec les beautés physiques du pays et avec le caractère de ses habitants qu'il les verra lui-même dans toutes les conditions de leur nature. C'est en dramatisant les passions, en leur donnant des acteurs et une scène, qu'on peut parvenir à les rendre plus saisissants dans l'esprit de ceux qui veulent les étudier.

Ainsi, emprunter à l'histoire ses récits, mettre le cœur humain en action avec la couleur locale et les personnages qui peuvent avoir rapport au sujet, tels sont les deux moyens employés pour écrire l'histoire, et que nous allons appliquer à notre étude sur la vallée de Bagnères-de-Luchon. Instruire et plaire, être utile et agréable à la fois, tel est le double but que nous nous proposons d'atteindre !

Afin de rendre encore notre ouvrage plus complet et plus utile, nous avons réuni, dans cette troisième édition, tous les travaux qui ont été entrepris, depuis quelques années, à Bagnères-de-Luchon. Aux recherches de M. François, ingénieur en chef des mines, aux observations chimiques du savant M. Filhol; aux constructions architecturales de M. Chambert qui fait de cet établissement thermal le plus remarquable et le plus beau de tous ceux qui existent dans les Pyrénées, nous avons voulu joindre la connaissance des autres travaux accomplis soit par M. Loupot, l'architecte habile à qui on a confié la reconstruction de l'église de Luchon; soit par Romain Cazes auquel les peintures murales exécutées à la petite église de Saint-Mamet ont acquis une réputation justement méritée. Cette édition, en un mot, forme l'histoire la plus complète et la plus détaillée de l'établissement thermal de Bagnères-de-Luchon et des vallées environnantes, depuis les temps les plus reculés jusqu'à nos jours. Sous le rapport des détails, elle ne laisse rien à désirer. Nous pensons que nos lecteurs seront aussi de cet avis.

# HISTOIRE

### SPÉCIALE ET PITTORESQUE

## DE BAGNÈRES-DE-LUCHON

## PREMIÈRE PARTIE.

RENFERMANT LES FAITS PUREMENT HISTORIQUES CONCERNANT LA VALLÉE DE LUCHON.

### CHAPITRE PREMIER.

Situation géographique et géologique de Bagnères-de-Luchon. — Populations primitives qui occupaient ces vallées. — *Garumni, Arevaci Onebuzates*. — Mœurs, Langage et Religion de ces peuplades.

La vallée de Bagnères-de-Luchon, placée au centre de toutes les Pyrénées, et sans contredit la plus belle de toutes celles qui s'ouvrent dans ces montagnes, est située environ entre le 1° 13' de longitude et le 42° 52' sud. — Elle est élevée au-dessus du niveau de la mer à 314 toises (611 mètres 986 millimètres), selon les calculs les plus exacts du savant Charpentier. Sa forme, depuis le petit village de Cierp, qui est le point le moins avancé dans les montagnes et qui lui sert de premières limites, jusqu'au pied de l'Hospice, qui est son point le plus extrême, ressemble assez à la forme d'un C très ovale. Aussi, à partir de Cierp, jusqu'à l'Hospice, sa longueur est d'environ cinq lieues (25 kilomètres). Il n'existe aucune vallée parmi les vingt-neuf qui appartiennent à la France qui ait cette longueur [1]. Sa largeur varie considérablement dans toute son étendue. Étranglée d'abord à son origine, c'est-à-dire au-dessus du village de Cierp, elle s'élargit insensiblement, puis elle se resserre et s'élargit ensuite, en dessinant une série de bassins plus ou moins grands qui forment comme autant d'anneaux naturels dont se compose cette ligne de vingt-cinq kilomètres de longueur.

Si, dans cet espace tortueux qui serpente du nord au midi, et qu'on nomme vallée de Luchon, nous cherchons à asseoir des observations géologiques, nous trouvons à constater les faits suivants. Ainsi que toutes les vallées les plus importantes de la chaîne des Pyrénées, celle de Luchon est transversale ; comme ces vallées, elle prend naissance à l'extrémité d'un col ou port, celui de Venasque, et va se perdre, comme elles, dans un vallon qui sert de base aux montagnes, celui de

---

[1] Noms des vingt-neuf vallées qui appartiennent à la France : Vallées de la Tet, du Tech, de l'Aude, de l'Ariége, de Vic-dessos, d'Ern, d'Ustou, de Salat, de Castillon, d'Aspet ou Ger, de la Garonne, de Luchon, d'Aure, de Larboust, de Louron, de Campan, d'Héas, de Lavedan, de Cauterets, d'Aspe, de Bidassoa, d'Ossun, d'Azun, de Bareton, de Soule, de Size, de Louzaide, de Baigorri, de Bastan.

Cierp. Les bassins dont se compose la vallée de Luchon, dans toute sa longueur, sont superposés graduellement l'un sur l'autre en forme d'assises ou échelons ; chaque bassin supérieur communique avec le bassin inférieur par un étranglement ou barrage de rochers brisés en forme d'écluses ; ce qui établit comme un fait positif que primitivement les eaux ont séjourné long-temps dans cette vallée, et que, rompant enfin les digues de rochers que la nature leur opposait, elles se sont ouvert un passage forcé. Ces bassins ont été livrés alors à la culture des hommes, les eaux en se retirant ayant fait place à un sol labourable.

Parmi les bassins ou anneaux naturels dont se forme la chaîne que trace la vallée de Luchon nous ne distinguerons que celui qui est le plus élevé, c'est-à-dire celui qui s'arrondit autour de la ville de Bagnères. Il est le plus étendu, le plus vaste, de tous ceux des Pyrénées ; il le dispute aux bassins d'Argelez et de Bedon, les plus renommés dans les vallées de Lavedan et d'Aspe. Il se compose d'un terrain plat dont la fertilité pourrait servir au besoin de proverbe pour désigner un sol très productif. Ces bassins sont traversés par des rivières et par de nombreux ruisseaux qui descendent dans la vallée soit mystérieusement et sans bruit, soit en cascades. Notre but n'est pas de les énumérer tous dans ce chapitre ; nous les désignerons dans le cours de cet ouvrage.

Les principales rivières qui traversent la vallée de Luchon sont l'One et la Pique. La première est formée par la réunion des rivières d'Oo et d'Oueil, qui font jonction au-dessous de Saint-Aventin. La seconde prend sa source dans les gorges qui conduisent au Port de Venasque. L'One et la Pique se joignent à un quart de lieu environ (1 kilomètre) au dessous de Luchon. La rivière ne prend alors que le nom de la Pique jusqu'à sa jonction à la Garonne, au-dessous de Cierp et de Saint-Béat.

Tel est, sous le point de vue géographique et géologique, l'aspect général sous lequel s'offre d'abord, dans sa construction physique, ce que nous appelons la vallée de Luchon. Mais, si nous l'étudions sous le point de vue humanitaire et dans ses rapports historiques, combien cet étroit espace, orné de tout ce que la nature semble avoir prodigué de grand, de beau et de riche pour le revêtir de cette forme géologique, ne nous paraîtra-t-il point encore plus étonnant?

En effet, si, pour nous expliquer le rôle qu'à joué la vallée de Luchon dans les temps anciens, nous voulons étendre nos études jusqu'à caractériser les populations qui l'avoisinaient, que trouvons-nous? D'un côté nous voyons les *Ibères* qui, plusieurs siècles avant notre ère, sont venus peupler l'intérieur de ces montagnes[1]; de l'autre ce sont les *Celtes* qui, faisant fusion avec les *Ibères* au centre de la Péninsule, résistèrent long-temps aux armes des envahisseurs de la Grèce et de Rome, jusqu'à ce que, forcés à céder au nombre et à la ruse, ils quittèrent leur patrie pour

[1] Voir notre *Histoire des Populations pyrénéennes, du Nébouzan et du Pays de Comminges*, tome I, partie I, chapitre I, page 13.

venir conserver au centre des Pyrénées leur liberté et leur indépendance. De ce nombre furent les *Vettons*, les *Arevacci* et les *Celtibériens*, qui, joints aux *Garumni* et à d'autres tribus Hispaniques venues du versant méridional des Pyrénées, s'établirent dans l'enceinte géographique qui porta plus tard, sous la domination romaine, le nom de *Convenæ* [1].

Mais, avant d'établir quel était le rang qu'occupaient parmi ces peuplades, pendant la période ancienne, les habitants des vallées de Luchon, disons d'abord ce que c'étaient que les *Convenæ* eux-mêmes, en combien de tribus ils se divisaient, et quelle enceinte géographique ils occupaient au milieu de ces montagnes.

D'après les témoignages historiques les plus authentiques, il faut reconnaître qu'au centre des Pyrénées, entre les Celtes et les Ibères, il a existé, depuis les temps les plus anciens, des populations qui ont dû participer du caractère de ces deux grandes familles voisines avec lesquelles devaient se continuer indubitablement leurs relations nombreuses ; car les écrivains qui ont cherché à établir leurs ressemblances, ont trouvé qu'elles portaient, empreintes dans leur langage comme dans leurs mœurs et leur religion, les traces des influences ibériennes et celtiques très-prononcées. On doit donc en conclure qu'elles ont participé de cette double nature [2].

---

[1] Histoire des Populations pyrénéennes, du Nébouzan et du Pays de Comminges, t. I, p. 24.

[2] Hist. des Pop. pyr., etc., t. I, introd., p. 8.

Or, les principales de ces populations ou tribus, qu'on doit appeler *interno-pyrénéennes*, et qui, implantées dans le pays des Convènes, sortent primitivement des deux grandes races hispaniques et gauloises, sont les *Convenœ*, les *Averacci* et les *Garumni*, autour desquelles se groupèrent différentes autres tribus indépendantes, entr'autres les *Onebuzates*.

Les *Convenœ* occupent sans contredit un rang signalé parmi les tribus *interno-pyrénéennes*. Car ces *Convenœ*, dont le nom désigne une origine latine, n'étaient d'abord, avant l'invasion romaine, que des peuplades de brigands dispersés dans l'intérieur des Pyrénées, ou plutôt que des tribus indépendantes qui fuyaient le despotisme brutal des envahisseurs de l'Espagne [1]. C'est en effet une chose étrange que la facilité avec laquelle on a prodigué le mot de *brigand*, dans les temps anciens et modernes, pour désigner des populations fières de leur liberté et qui ne voulaient point courber leur front sous le joug des conquérants et des envahisseurs. Ainsi, selon certains auteurs exclusifs, les montagnes des Asturies comme celles de l'Ecosse n'auraient renfermé que des scélérats qui, sous la conduite des Viriatus et des Wallace, éloignaient de leur patrie, les armes à la main, un esclavage qu'ils auraient dû, sans doute, selon eux, accepter par soumission. On sent maintenant qu'on ne pouvait être plus injuste envers des hommes qui n'étaient autre chose

---

[1] S. Hieron. adv. Vigil., t. IV, lib. II. — Histoire des Populations pyrénéennes, etc., t. I, p. 28.

que les courageux défenseurs de leurs droits naturels. Selon saint Hiéronime, auquel on ne peut faire un crime d'avoir ignoré le véritable nom des martyrs de la liberté lusitanienne, qu'il n'avait peut-être pas bien étudié dans ses causes, les tribus indépendantes de l'Ibérie qui furent connues sous le nom de *Convenæ* auraient été formées des *Vettons*, des *Celtibères* et des *Arevacci*. Mais si les *Convenæ* furent primitivement des brigands répandus dans les Pyrénées, si c'est d'eux que M. de Valois prétend qu'il faut entendre ces mots du livre *De bello civili*: « *Fugitivis ab saltu Pyrenæo prædonibus;* » certainement ils n'y furent point appelés par un instinct de pillage. Rien n'autorise, au reste, à faire une supposition aussi étrange. Ce nom, qui dans son étymologie latine, *convenire*, signifie *se réunir, se liguer*, prouverait seulement que les Convènes doivent être considérés plutôt comme désignant une confédération, que comme un nom d'un peuple particulier [1]. Cette confédération se composait de plusieurs tribus interno-pyrénéennes. Et d'abord parmi la grande peuplade des *Convenæ* se trouvait la tribu des *Arevacci*. Cette dernière qui diffère peu des *Vaccœi* avait une origine celtibérienne et faisait partie de la ligue des Convènes. Ainsi les *Arevacci* ne seraient autres que les *Vaccœi*, sauf la seule différence de leur situation topique dans la Péninsule, marquée par la préposition *arè*. Les Arevacces seuls se sont main-

---

[1] Histoire des Populatons pyrénéennes, du Nébouzan et du Pays de Comminges, t. I, p. 25.

tenus de nos jours encore, dans les contrées des Convènes, sous leur véritable dénomination. C'est la petite contrée d'*Arbas* qui a conservé leur souvenir [1]. Outre la similitude des deux noms, qui est incontestable, plusieurs motifs, pris dans la nature et dans la situation des lieux, dans les mœurs et les habitudes des peuples du pays d'*Arbas*, nous portent à formuler cette opinion ; des découvertes récentes, une étude spéciale des localités, nous déterminent encore à donner au pays qu'occupaient les *Arevacci*, dans la circonscription ordinaire de la contrée d'*Arbas*, tout l'espace qui, sur la rive droite de la Garonne, n'est borné que par les cantons de Saint-Béat et de Salies, c'est-à-dire le canton d'Aspet. Quelque chose d'original et d'étrange revit, en effet, dans cette contrée si singulière à tant de titres. Le langage ibérien, les traditions les plus antiques, les croyances les plus extraordinaires, un type particulier dans la physionomie et dans le caractère des habitants, témoignent jusqu'à l'évidence de la distinction exceptionnelle dans laquelle nous classons cette portion du pays des Convènes.

L'origine des *Garumni* est plus facile à caractériser encore que celle des *Arevacci;* leur dénomination même indique un nom graphique qui aurait été donné par les Romains aux peuplades qui habitaient les bords de la Garonne. Or, si l'on s'arrête à l'étymologie même du mot Garonne, qui varie entre *Garumna, Garuna,*

---

[1] Mon. Rel. — Not. sur l'Hist. de Lang. — Hist. des Popul. pyr.ᵉ etc., t. I, p. 55.

*Garunna* dans César, Strabon et Pline, il est évident que l'origine de ce peuple est entièrement celtique. Les Galls, faisant usage fréquemment, comme on sait, des divisions physiques du sol pour déterminer les bornes de leurs lignes, se servaient des mots et des terminaisons *unn, penn, dunn, gar,* dans les désignations des lieux qu'ils habitaient [1] : aussi l'emploi de ces mots est très-fréquent dans les Pyrénées et à l'endroit même occupé par les *Garumni;* d'ailleurs cette dénomination des peuples par le lieu qu'ils occupent paraît être assez par elle-même antérieure à toute époque historique classée par les gouvernements. On est convenu au reste de cela ; mais ce qui devenait plus difficile, c'était d'assigner d'une manière positive le lieu qu'occupaient ces peuplades, malgré leur désignation en apparence assez déterminée, sur les bords de la Garonne.

Parmi les opinions incertaines de plusieurs géographes ou historiens qui leur donnaient plus ou moins d'étendue, celle qui place ces peuples sur la rive gauche de ce fleuve depuis sa source jusqu'au dessus du petit pays de *Rivière*, paraît la plus naturelle.

Les *Garumni* seraient donc au pied des Pyrénées une tribu celtique assez étendue qui, avant l'invasion romaine, aurait occupé le pays enclavé entre les montagnes et la rive gauche de la Garonne jusqu'à une distance assez éloignée de *Lugdunum*, capitale des Convènes, aujourd'hui *Saint-Bertrand* de Comminges,

---

[1] Thierry, Introd. à l'Hist. des Gaules. — Histoire des Populations pyrénéennes, etc., t. I, p. 27.

Après les *Garumni* nous devons désigner les *Onobuzates* ou *Onebrizates* de Pline comme appartenant aussi à la grande confédération des *Convenœ*; quoique ces tribus n'aient pas joué un grand rôle historique dans les temps anciens, elles ne méritent pas moins une distinction signalée, soit parce qu'elles ont eu une langue et une mytholohie pyrénéennes bien prononcées. Le pays qu'occupaient les *Onebuzates* s'étend sur tout l'espace compris entre Lannemezan et Martres, l'ancienne *Calagorris*. Voici au reste l'enceinte géographique qu'occupaient les *Arevacci*, les *Garumni* et les *Onebuzates*, c'est-à-dire les populations *convéniennes*, chacune dans la circonscription tracée par le pays des *Convenœ*; désignons d'abord les lignes qui servaient de démarcation à la contrée de ces derniers.

Le territoire des *Convenœ*, qui forme un véritable parallélogramme, comprenait selon nous :

Au midi, à partir des sources de la Garonne, toute la vallée d'Aran jusqu'à l'entrée du territoire de France, au lieu appelé aujourd'hui le *Pont du Roi*. De cet endroit, et en s'éloignant de la rive droite du fleuve, il suivait le haut des Pyrénées, embrassant d'un côté les montagnes de *Melles*, et servant de l'autre de limites à la vallée d'Aran et à l'Espagne jusqu'à la jonction du Couserans, c'est-à-dire entre le 1º 3' de longitude et le 42º 52' de latitude sud.

A l'est, en prenant pour départ le point de jonction du Couserans et du Comminges sur la frontière espagnole, il trace une ligne droite au-dessus des montagnes jusqu'à la source du *Ger* et *Couledoux*. Là il se détourne à droite, borne la *Bellongue* dans toute son étendue, et enclave, en les longeant, les montagnes de *Kagire*, de *Milhas* et d'*Arbas*. A la petite ville de *Castillon*, qui est le point le plus extrême de la *Bellongue*, il se détourne un peu à gauche, en suivant la montagne de *Saleich*, entre ce dernier village, qui lui appartenait, et celui de *Prat*, qui se trouve à l'opposé dans le Couserans, et va rejoindre la rivière du *Salat* au-dessous du village de la *Cave*. A partir de ce point le *Salat* lui sert de limites jusqu'à sa jonction à la Garonne, auprès de Roquefort. La Garonne le borne ensuite jusqu'à une petite distance au-dessous de *Martres*, l'ancienne *Caligorris*. De ce point on doit tirer une ligne droite vers le nord jusqu'au village de *Lescuns*, près de la rivière de la *Nère*.

Au nord le territoire des *Convenœ* s'étendait en ligne directe depuis le village de *Lescuns*, enclavant *Bachas, Boussan, Saman, Anezan*, jusqu'au village de *Nizan*, sur la rivière de la *Gesse*.

A l'ouest, à partir de *Nizan*, on suit une ligne droite qui enferme dans le pays des *Convènes* les villages de *Sarrecave, Capbern, Saint-Blancat, Franquevielle, Anères, Halaguet*, jusqu'aux montagnes qui séparent *Hechettes* et *St-Bertrand*, autrefois *Lugdunum*. Il faut longer ensuite ces montagnes jusqu'au-dessus de *Bagnères-de-Luchon*, en renfermant les vallées d'*Oueil* et de *Larboust* dans le territoire de Convènes. De *Bagnères-de-Luchon* nous suivons les grandes montagnes de l'Espagne qui, vers le midi, se joignent à l'origine de la Garonne, lieu de notre départ.

Maintenant, si, dans cette enceinte géographique que nous venons de tracer du pays de Convènes, nous voulions distinguer encore les différences signalées primitivement qui distinguent les diverses populations qui la composent, nous en trouverions de trois sortes. Ainsi le caractère celtique des *Garumni* semble revivre dans les mots, l'idiome et les croyances des habitants des vallées qui s'étendent des sources de la *Garonne* et de la *Pique* jusqu'à Montréjeau et Valentine. La conquête romaine et son influence purement civilisatrice semblent avoir respecté principalement la vieille originalité de leurs ancêtres parmi les populations de *Bagnères-de-Luchon*, du val d'*Aran*, de *Saint-Béat*, de *Saint-Bertrand* et du pays de *Rivière*.

La partie qui s'étend depuis la rive droite de la Garonne jusqu'aux limites de sa circonscription, formée par les villages de *Montcaup, Regades, Rieucazé, Montespan, Montsaunès, Saleich, Arbas* et *Juzet*, comprend dans cette circonférence des populations qui portent empreintes dans leur langage, dans les noms des lieux, des traces Ibériennes empruntées aux *Arevacci*, qui semblent les avoir produites exclusivement.

Tandis que le reste du territoire de Convènes, la portion qui se prolonge depuis le *Nébouzan*, pris à la frontière du Bigorre, jusqu'à *Martres*, c'est-à-dire le long des *Auscii* et des *Tolozates*, conserve le caractère particulier et uniforme, le type d'une troisième population très-distincte des deux autres, et que nous avons appelée *Onebusates* avec Pline. Quoique nous maintenions ce nom géographique spécialement pour cette partie du pays des *Convenæ*, nous ne prétendons point pour cela lui reconnaître une identité de position que Pline lui-même n'a pas bien déterminée ; mais, en présumant que le *Nébouzan* ait occupé la contrée où se trouvaient les *Onebuzates*, ainsi que les rapports des deux noms sembleraient autoriser à le faire croire, le bas Comminges paraîtrait être celui qu'ils devaient avoir occupé de préférence : c'est du moins ce qu'on pourrait inférer de la multitude des noms de localités qu'on y rencontre, dont la terminaison, comme ceux de *Lannemezan, Sarremezan, Lécussan, Anezan, Boussan,* etc., se rapproche de celle des *Onebuzates*, qui semblerait n'être qu'une désignation euphonique de certains noms de localités usités peut-être dans ces contrées du temps des Romains.[1]

D'après ce que nous venons de dire, il est donc évident que la vallée de Luchon appartenait au district des *Garumni*, et que les populations qui l'habitaient faisaient partie de cette tribu celtique.

Or, si nous étudions l'histoire des *Garumni* sous les trois périodes gauloise, romaine et barbare, dans leurs rapports avec les mœurs, la religion, le langage et la législation, nous trouverons que la vallée de Luchon a conservé dans l'esprit de ses habitants quelque chose de son antique origine.

En effet, chez les *Garumni*, nous remarquons une langue particulière et une mythologie celtique où théo-

[1] Histoire des Populations pyrénéennes, du Nébouzan et du Pays de Comminges, t. I, p. 71 seq.

gonie pyrénéenne bien prononcées; elles constituent, sous le point de vue de la philosophie et de l'histoire, tout un système languistique et religieux digne d'être approfondi. Ainsi, dans l'intérieur des Pyrénées, au centre de la contrée des *Garumni* et par suite dans la *vallée de Luchon*, on observe le plus souvent dans le langage les radicaux galliques mêlés à des expressions rudes, sévères et qui se ressentent d'une origine plus conservée là que partout ailleurs. En outre la conjugaison est sèche, dépourvue de transitions pronominales et sans régime ; elle se réduit le plus souvent aux articulations harmoniques, aux affirmations du langage prononcées isolément : aussi, en nous servant d'un terme de comparaison, dirons-nous que le dialecte en usage dans l'intérieur des Pyrénées et chez les G⸺mni est analogue au langage d'un peuple enfant et dont la constitution est encore informe [1].

Mais, si, à ces preuves purement linguistiques, nous ajoutons encore celles qui sont religieuses, traditionnelles et monumentales, nous reconnaîtrons d'une manière plus particulière quel dût être le culte particulier des *Garumni*. Il est incontestable qu'à l'exemple des Celtes et des Ibères leurs aïeux, ces derniers bornèrent d'abord leur religion aux objets physiques qui frappaient leurs regards, ou bien à ceux qui intéressaient leur conservation, le barbare personifiant tous les êtres qui s'attachent de près ou de loin à son existence.

---

[1] Voir les chartes en patois de Luchon, etc., dans les Notes et Preuves de l'Hist. des Popul. pyr., etc., t. I, p. 425 seq.

Ne trouvaient-ils point au reste dans les Pyrénées de quoi satisfaire, dans ce sens, leurs instincts religieux ? Possesseurs du revers septentrional de ces monts et voyant devant eux un sol recouvert par des rochers couronnés au loin de glaces, il leur fut facile de retrouver dans cette sublime nature tout ce qui pouvait commander à leur imagination religieuse et druidique. Il faut reconnaître néanmoins que l'influence du druidisme n'a pas été aussi puissante dans les Pyrénées que dans le reste de la Gaule; car les prêtres de cette religion basaient leur culte sur un intérêt commun, c'est-à-dire qu'on attribuait à Esus leur dieu les grands travaux de défrichement et l'enseignement de l'agriculture pratiquée par le peuple gaulois. Le druidisme avec ses dogmes eut ainsi de fervents sectateurs dans les régions du nord et de l'est, dont les habitants froids et mélancoliques trouvaient des charmes dans ces mystérieuses croyances. Le midi de la Gaule, sans les repousser entièrement, ne montra pas le même empressement à déserter le polythéisme qui parlait davantage à l'imagination. D'ailleurs le même motif qui créait des adorateurs à Esus dans les forêts des Carnutes ou dans la sauvage Armorique ne pouvait point exister aux pieds des Pyrénées où l'agriculture était nulle et où l'imagination des habitants contribuait si facilement à se créer des génies dans les êtres, les phénomènes et les agents de la nature brute qui les environnait [1].

[1] Voir ces détails dans l'histoire des populations pyrénéennes, du Nébouzan et du Pays de Comminges, t. I, p. 48 seq.

Aussi le culte seul de la nature trouva d'abord parmi ces populations de nombreux adorateurs, la connaissance de la divinité ne pouvant être perdue parmi les hommes. Dans leur ferveur religieuse ils invoquèrent la nature protectrice qui les environnait. Ainsi le pic de Nethon, sous la forme du sommet couvert de neige qui porte son nom, reçut les adorations des *Garumni*, qui l'implorèrent comme le génie bienfaisant des vallées qu'il domine : chaque cime de rocher, chaque pierre qui pouvait frapper les regards étonnés, devenait, par ce seul fait de construction ou de position, une divinité à laquelle on consacrait des sacrifies et des cérémonies ; il n'était pas jusqu'aux arbres qui ne reçussent une adoration particulière, des vœux et des offrandes. Bientôt ils associèrent à cette commune vénération celle des lacs à la bleuâtre transparence, des fleuves majestueux et des précipices profonds qui s'ouvraient dans l'intérieur des montagnes ; en un mot celle de toutes les parties de la nature qui présentaient à leurs yeux ou à leur active imagination un intérêt ou une merveille. Ainsi tout servait à former une religion primitive dans l'esprit de ces peuplades qui n'avaient que des idées très-imparfaites sur la divinité.

Plus tard à ce culte général de la nature, qu'on peut regarder comme primordial, et par suite de la civilisation générale, fruit du temps et de la raison, succéda dans le pays des Convènes l'adoration ou plutôt la déification de certaines divinités topiques qui intéressaient particulièrement les localités. Ainsi Barça présida à Barsous, le dieu Boccus à Boccou, Averanus au pied du mont Avéran, Isaurnosi à la vallée d'Izaourt et le dieu Bœzert au lieu appelé encore Bazert, selon qu'on peut le voir par l'étymologie de leurs noms et la découverte des nombreux autels votifs qui leur furent consacrés. C'est encore parmi ces génies protecteurs ou ces *Dii locales* qu'il faut compter les divinités Andli, Lixoni, Tutele, Iscitus, Leherenus, Armastioni, Bopienus, Acceoni, Abellion, dont l'importance comme dieu topiques était incontestable s'il faut en juger les monuments qui leur ont été érigés. Il n'est pas en un mot jusqu'aux cultes des nymphes dont les autels ont été nombreux à *Bagnères-de-Luchon*, qui n'aient mêlé leurs influences religieuses romaines avec celles des divinités indigènes honorées par les populations des Garumni[1].

[1] Voici les divers monuments ou autels votifs trouvés chez les Garumni, dans la vallée de Luchon ou aux environs :

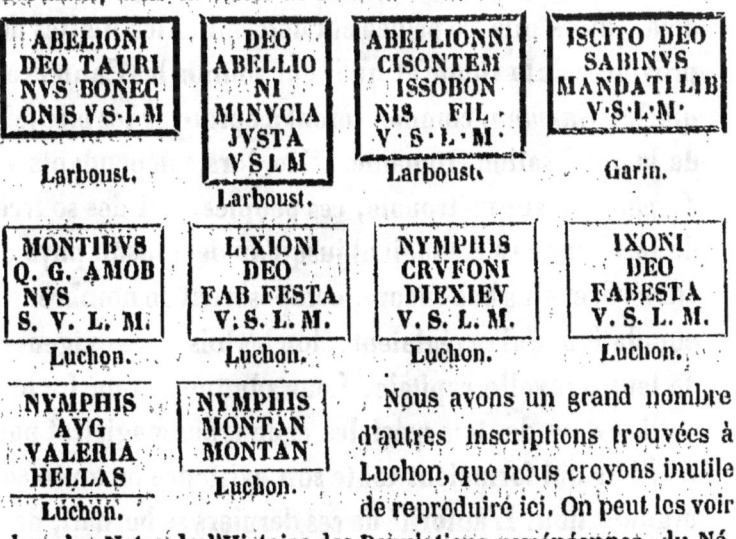

Nous avons un grand nombre d'autres inscriptions trouvées à Luchon, que nous croyons inutile de reproduire ici. On peut les voir dans les Notes de l'Histoire des Populations pyrénéennes, du Nébouzan et du Pays de Comminges, tome I.

Plus tard, lorsque les Romains eurent conquis les Gaules, les *Garumni* furent de tous les peuples ceux qui se soumirent les derniers à l'obéissance du peuple-roi. Car, dans notre opinion, les populations errantes dans les mystérieuses vallées des Pyrénées ou sur les deux versants échappèrent toujours jusque dans l'intérieur de l'Aquitaine, un peu en deçà de la rive gauche de la Garonne, aux circonscriptions d'une conquête qui n'était que passagère, dans ce sens qu'elle ne circonscrivait qu'un terrain souvent peu connu, et jamais des peuples qui échappaient toujours à toutes limites. Aussi Crassus ne crut pouvoir mieux désigner les populations qui longeaient les Pyrénées qu'en les appelant de cette périphrase vague : « *Civitates quæ sunt citeriores Hispaniæ, finitimæ Aquitaniæ.* » Ce ne fut donc que sous Auguste, qui joignit à l'Aquitaine quatorze autres peuples aux anciens qu'y s'y trouvaient déjà, alors que ce prince eut déterminé les limites des provinces de la Gaule et qu'il eut soumis les Cantabres, que les *Garumni* commencèrent à éprouver les bienfaits de la civilisation romaine. Dès lors, dépendants de *Lugdunum* leur métropole, ces peuples, qui des sources de la Garonne s'étendaient jusqu'au dessous du pays de *Rivière*, et plus bas encore, composèrent de nombreuses populations qui se réglaient selon les lois et les exigences de leur nouvelle capitale. Leur administration fut tout entière dans des lois spéciales et dans des magistrat particuliers qui formaient toute son existence et toute son organisation. L'autorité de ces derniers se bornait, dans la ville, à celle d'un conseil municipal appelé *Curia* et dont les membres *(decuriones)* étaient choisis parmi les principaux habitants de la cité. Cette forme d'administration, si naturelle à des peuples qui ont vécu toujours dans l'indépendance des Clans et qui commencent une nouvelle vie civile, paraît d'autant plus être celle qui fut en vigueur chez les *Garumni* qu'on a trouvé chez eux d'anciennes libérations municipales, antérieures au XII<sup>e</sup> siècle, qui prouvent que cette forme d'administrer était m se en usage depuis un temps immémorial[1]. La vallée de Luchon participa surtout d'une manière large aux bienfaits de la civilisation romaine, ainsi que nous le constaterons bientôt dans le cours de cette histoire.

[1] Hist. des Popul. pyr., etc., t. I, p. 79.

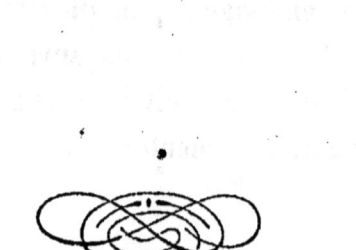

## CHAPITRE DEUXIÈME.

Lieux importants dans le canton des *Garumni*. — Origine du mot Luchon. — Ses thermes. — Leur importance sous l'époque féodale. — Premiers droits dont jouit la vallée de Luchon. — Irruption des Sarrasins. — Domination des comtes de Comminges.

Si maintenant, sur la foi de l'histoire et en nous autorisant des découvertes qu'a faites la science archéologique, nous cherchons à déterminer d'une manière spéciale l'importance relative des lieux situés dans le canton des *Garumni*, nous trouverons à les constater dans l'ordre suivant.

*Lugdunum* (Saint-Bertrand) doit occuper, comme métropole, un rang distingué parmi les autres cités ou les lieux célèbres de la contrée, soit par son étendue, présumée des plus vastes, soit par les privilèges dont elle jouissait comme ville latine. Tout concourait encore à réhausser l'éclat de cette grandeur qui la rendait la première cité du pays des Convènes : des temples magnifiques, tels que celui de Valcabrère dont les ornements du plein-ceintre de la porte témoignent de sa richesse passée en architecture ; des acqueducs qui, selon Grégoire de Tours, partaient du centre de la ville, et, en la sillonnant en tous les sens, allaient se perdre ensuite dans la plaine ; des édifices vastes ; des magasins et autres ouvrages publics dont les débris et les fondements subsistaient encore il y a environ un demi-siècle ; enfin des bas-reliefs représentant des sacrifices, des autels votifs et de nombreuses inscriptions ; tous ces travaux d'art et ces monuments du génie parlent assez haut en faveur de son antique splendeur et de sa gloire passée [1].

Après *Lugdunum*, la superbe métropole, les lieux où se trouvent les petits villages de *Cier*, *Martres* et *Ardiége* paraissaient avoir occupé encore dans le canton des *Garumni* une place historique des plus importantes. La tradition conserve de nos jours le souvenir de l'ancienne renommée d'une ville florissante qui aurait existé sur leurs fondements dans ce vieux proverbe, rendu populaire par les habitans de ces localités : « *Qu'un chat passait de Saint-Bertrand à Valentine en ne suivant que les toits.* » On trouve au reste autour d'une table sacrée superposée sur un autel découvert

---

[1] Histoire des Populations pyrénéennes, du Nébouzan et du Pays de Comminges, t. I, p. 80 seq.

à Saint-Béat, et qui devait être placée dans l'enceinte de *Lugdunum,* une inscription ainsi conçue :

**TIB. PVB. SABINVS VICANIS VICI FLORENTINI MENSAS CVM BASIBVS · S · P · F · C ·**

Ce qui signifie que « Tiberius Publius Sabinius fit « construire, à ses dépens, ces tables avec leurs sup- « ports pour les habitants du bourg *Florentin.* » Or ne pourrait-on point supporter que ce bourg était celui désigné par la tradition ? Quoi qu'il en soit, les monuments antiques et les autels votifs qu'on a trouvés en grand nombre à *Valentine,* à *Labarthe,* à *Cier- de-Rivière,* à *Huos,* à *Ardiége,* au *Bazert,* à *La- broquère,* c'est-à-dire dans toute la plaine que nous avons désignée, prouveraient au moins que le proverbe populaire n'est pas entièrement imaginaire. Plus tard encore le petit pays de *Rivière* substitua sa circonscription féodale à l'ancienne circonscription de ces mêmes lieux où l'on trouve tous les jours des fondations et des mosaïques précieuses. Or on sait que la contrée de *Rivière* a été remarquable comme pays indépendant, soit par le siège de sa justice seigneuriale dont la juridiction s'étendait sur plusieurs comtés, soit par la gentilhommerie d'Ardiége et de Labarthe qui avait la prétention de s'attacher une justice particulière. Evidemment ces titres à tant de faveurs exceptionnelles devaient reposer sur de hautes considérations d'étendue de territoire comme sur une puissante autorité historique, puisque ce pays s'est soustrait ainsi à la dévorante absorption de la féodalité. Il faut donc conclure que le petit pays de Rivière a eu dans les temps anciens une importance au moins inductive de celle que nous lui verrons s'arroger pendant la période du moyen-âge. On ne saurait avoir de plus justes présomptions.

La vallée de *Luchon* ou *Lixoni* n'a pas été moins remarquable sous la domination romaine que *Lugdunum* et le pays de *Rivière*. Elle a dû cette distinction favorable soit à sa position exceptionnelle dans un vallon riche et pittoresque, l'un des plus vaste de la chaîne des Pyrénées, soit à ses eaux thermales dont les vertus bienfaisantes et salutaires ont été reconnues par de nombreux monuments qui sont d'irrécusables témoignages. En effet la quantité d'autels votifs qu'on a découverts à *Luchon*, les nombreuses inscriptions consacrées aux nymphes qui ont été trouvées auprès de ses sources, prouvent que ces divinités des eaux recevaient en ce lieu l'encens et les hommages d'un grand nombre d'adorateurs. C'est peut-être à la bienfaisance de ses thermes qu'il faut attribuer la prodigieuse quantité de familles romaines qui vinrent s'établir dans ces montagnes, et dont on retrouve tous les jours, sur divers monuments, les différentes souscriptions. Une telle hypothèse serait extraordinaire dans l'état de notre civilisation et comparativement à nos mœurs modernes. Il serait donc impossible avec notre régime social d'expliquer l'importance que pouvaient avoir les sources thermales découvertes par les conquérants dans la partie du haut Comminges.

Il n'en est pas ainsi avec le régime de l'antique société romaine dont l'usage des ablutions et des bains faisait partie des mœurs publiques. En cela ils n'imitaient que les Orientaux, les Egyptiens et les Grecs, qui leur transmirent une mode dont ils abusèrent étrangement, car on sait que les Romains, faisant un usage immodéré des bains, ne négligèrent point de les établir dans tous les lieux de la conquête, dès qu'ils furent les maîtres du monde. C'était au reste un goût inné chez eux. Les anciens Romains se baignaient dans le Tibre après les exercices du Champ-de-Mars. L'eau fortifiait ainsi les corps des soldats de la république, qui n'en faisaient qu'un usage purement militaire. Plus tard ce moyen hygiénique dégénéra en un pur objet de luxe ; et tandis que les empereurs en gratifiaient le peuple dans les grandes solennités, les bains se transformaient par l'orgueil des maîtres de l'empire en des monuments somptueux bâtis aux frais soit de César et de Néron, soit d'Alexandre-Sévère, et qui portaient les noms de leurs fondateurs. Il est inutile de déclarer à combien d'immoralités publiques donnèrent lieu ces monuments de la munificence des Césars ; il nous suffit seulement de dire que le même luxe devint chez les débauchés, et même chez le peuple, selon la progression croissante de la dégradation sociale, une passion effrénée ; tandis qu'il se conserva dans l'usage modéré qu'en fit la partie la plus saine de l'empire romain comme un pur instrument de santé. C'est surtout à cette dernière considération qu'il faut attribuer la renommée dont jouissaient sous cette période les bains de Luchon, et la quantité d'autels votifs dédiés aux nymphes qu'on a trouvés dans ses sources et auprès de ses thermes.

Si nous recherchons maintenant l'origine du mot *Luchon* qui a donné son nom à la vallée et aux thermes qui se trouvent placés à l'extrémité de la même vallée, nous trouvons pour l'établir deux inscriptions romaines que nous avons déjà rapportées. L'une ainsi conçue :

**LIXONI**

**DEO**

**FABIA · FESTA**

**V · S · L · M.**

et qui fut découverte à Bagnères-de-Luchon par M. d'Orbessan, signifie qu'une dame romaine du nom de *Fabia Festa* éleva un autel en l'honneur du dieu *Lixon*. L'autre, qu'on trouva auprès de la première, porte l'inscription suivante :

**IXONI**

**DEO**

**FABESTA**

**V · S · L · M.**

Ainsi que la précédente, elle témoigne qu'une nommée *Fabesta* éleva ce monument pieux au dieu *Ixon*. Il est donc évident que dans ces mêmes lieux il a existé pendant la période romaine une divinité du nom de *Lixon* ou *Ixon* qui recevait un culte particulier des habitants de ces contrées. Or l'étymologie de *Luchon* peut bien être, sans difficulté aucune, le mot *Lixon*; ce qui démontre d'une manière certaine l'ancienneté historique de cette vallée.

Mais, si, à ces preuves déjà assez importantes, nous ajoutons encore celles que nous fournissent les monuments archéologiques trouvés dans ses thermes, la haute antiquité de ces lieux ne saurait être révoquée en doute. Il est certain que de nombreux autels votifs ont été recueillis dans les environs des sources thermales ; la plupart d'entr'eux ont été trouvés dans les eaux des sources. Ainsi tous ces autels sont dédiés aux nymphes, comme on peut s'en convaincre par les inscriptions qui les distinguent, et dont voici quelques-unes :

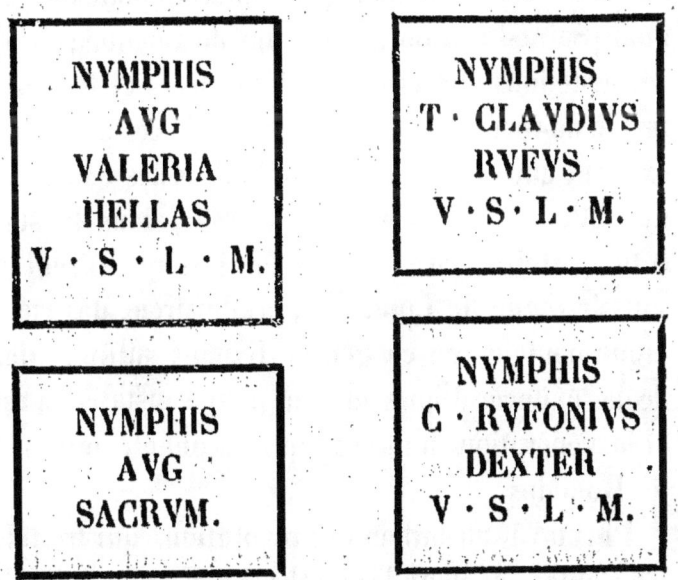

D'après ces inscriptions, *Augusta Valeria Hellas*, *Claudius Rufus*, *Auguste*, *Rufonius Dexter*, personnages sans doute très importants de Rome, avaient élevés des autels aux nymphes. Ces divinités, comme on sait, présidaient aux fontaines, aux sources; et, si les nymphes des eaux de *Lixon* ou *Luchon* recevaient de tels hommages de la part d'un si grand nombre d'adorateurs, il fallait certainement qu'elles leur fussent à leur tour favorables. On peut donc présumer, à juste titre, que les guérisons qu'elles procuraient devaient être le seul motif déterminant de l'hommage religieux qu'on leur rendait. Ainsi l'ancienneté des eaux de Bagnéres-de-Luchon ne saurait donc être révoquée en doute.

Mais si, à ces preuves archéologiques, nous voulons en ajouter d'autres empruntées à l'histoire, nous trouvons l'existence de ces bains constatée sous le règne de Septime-Sévère. Cet empereur aurait fait réparer une ancienne voie romaine qui communiquait de *Lugdunum* (Saint-Bertrand) aux bains de Luchon; il fit des constructions aux environs des sources et les éleva en forme de thermes. Les fondements de ces constructions existent encore en partie au-dessous des constructions nouvelles Nous verrons, au reste, dans la suite de cette histoire, combien les fouilles qui furent faites sous le règne de Louis XV, produisirent des richesses monumentales en ce genre. Il nous suffit seulement de les énoncer d'hors et déjà pour constater le respect et la vénération dont ces thermes ont été entourés par les Romains.

Plus tard, au milieu des révolutions qui troublèrent les Gaules, et dont les Goths, les Franks et les Sarrasins furent les principaux instruments, la contrée de Luchon ainsi que le pays des *Convenæ* ou du Comminges, restèrent plongés dans un oubli complet. La vallée suivit alors la destinée de toutes les vallées qui avoisinaient l'Espagne, c'est-à-dire qu'elle fut sous la dépendance des différents maîtres qui se disputèrent la Péninsule.

Ainsi il est certain qu'avant la constitution des comtes de Comminges, qui eut lieu en l'an 900, dans la personne d'Asnarius [1], la vallée de Luchon se trouvait sous le pouvoir des Maures, qui la ravagèrent. Nous allons au reste en fournir bientôt la preuve ; mais d'abord établissons, comme induction historique, que depuis la destruction de *Lugdunum* (Saint-Bertrand) par l'armée de Gontran, en 585, les vallées environnantes s'affranchirent de toute administration étrangère. Si elles eurent à souffrir quelquefois dans leur administration intérieure, ce ne fut toujours que de la part des Maures, qui faisaient de fréquentes irruptions dans ces montagnes.

Aussi avons-nous eu raison d'établir ailleurs, comme appréciation exacte des faits que, depuis la destruction de la métropole des *Convenœ* comme pendant tout le cours de la periode barbare, le pays resta ce qu'il avait été administrativement pendant l'époque romaine, c'est-à-dire une contrée qui se gouvernait avec des formes municipales : seulement, sous la seconde période, il se rattachait à *Lugdunum* par des liens de civilisation et des relations ordinaires qui existent entre les populations des campagnes et celles d'une grande ville, siège d'un pouvoir central. Tant que l'empire subsista dans sa

[1] Histoire des Populations pyrénéennes, du Néhouzan et du Pays de Comminges, t. I, p. 210.

vigoureuse organisation, les choses se passèrent ainsi ; mais, lorsque les barbares se furent substitués à la place du peuple-roi, forcés par les exigences de la conquête brutale qui transformait tout sur son passage, les Convènes cessèrent d'être unis moralement à leur métropole qui, par le fait de l'invasion, perdait d'ailleurs toute son ancienne importance. *Lugdunum* vécut donc sous la domination wisigothe comme une cité dépouillée de son antique splendeur. La conquête ne lui avait-elle point enlevé, avec les bénéfices de sa gloire, tout l'éclat de sa grandeur passée? Ses communications immédiates avec Rome ; ce mouvement régulier des troupes qui sillonnaient les voies qui conduisaient à sa citadelle; ces voyages des riches patriciens qui allaient respirer l'air pur de ses montagnes ; en un mot cette vie si agitée et si diverse qui animait son existence latine, tout cela était suspendu. Désormais elle ne se renfermait plus, elle autrefois si fière, que dans le cercle étroit d'une organisation administrative en apparence en vigueur, mais dont les ressorts intérieurs n'avaient plus la force et l'énergie qui les faisaient mouvoir. Par une conséquence semblable, chaque ville et chaque communauté s'enveloppèrent dans leur propre individualité; s'isolant ainsi du foyer qui ne les réchauffait plus, elles ne conservèrent du passé que quelques institutions traditionnelles, qui, basées sur l'usage et les coutumes, composèrent une espèce de droit commun qu'on ne prit pas même la peine d'écrire [1].

[1] Histoire des Populations pyrénéennes, du Nébouzan et du Pays de Comminges, t. 1, p. 116.

Ce fut dans cet état d'isolement que vécut la vallée de Luchon jusqu'à l'invasion des Sarrasins, qui eut lieu un siècle et demi après la destruction de la capitale des *Convenœ*. A ce sujet la Chronique d'Auch rapporte ces seuls mots qui renferment une grande plainte : « Vers
» 721 et 724 les cités et les églises de Gascogne furent
» détruites par les Sarrasins. » Environ cette époque en effet, et pendant près d'un siècle, les fanatiques adorateurs du Koran ne cessèrent d'infester les belles contrées de la Novempopulanie et de la Gascogne. La tradition conserve encore de nos jours le souvenir des massacres qu'ils commirent dans le Comminges et notamment dans la vallée de Luchon. Ainsi saint Aventin, jeune berger, né dans la vallée de Larboust, en 778, fut martyrisé par les féroces soldats du prophète. Dans le cours de cette histoire nous rapporterons la légende qui consacre la mémoire de ce martyr.

Ainsi il est constant que déjà vers la fin du huitième siècle, les Maures avaient pénétré dans les vallées de Larboust et de Luchon. Nous trouvons encore dans de vieilles coutumes, consignées dans notre *Histoire des Populations pyrénéennes, du Nébouzan et du Pays de Comminges* [1], que les quatres vallées, Neste, Aure, Barousse et Magnoac, renouvelèrent « les privilèges
» que don Sanche Abarca, roi d'Aragon, avait accor-
» dés, en 901, *au comté d'Aure et terre d'Aure*, lorsque
» les habitants se soumirent volontairement à lui, en
» reconnaissance de ce qu'il les avait délivrés de l'op-

---

[1] Hist. des Popul. pyr., etc., t. 1, p. 221.

» pression des Maures QUI AVAIENT CONSTAMMENT RÉGI les
» habitants de toutes ces vallées. » Il est donc certain
qu'elles faisaient partie du comté d'Aragon[1]. Plus tard
elles devinrent la propriété des comtes de Comminges,
ainsi que nous le trouvons dans divers historiens[2]. Voici
à quels titres : Bernard, fils de Roger I, comte de
Carcassonne et en partie du Comminges, avait deux filles nommées l'une Stéphanie ou Estiennette et l'autre
Gilberge; cette dernière qui épousa, en 1036, Ramir I,
roi d'Aragon, lui apporta en dot les quatre vallées; il
est donc à présumer qu'elles étaient dans la dépendance
du comte de Comminges où elle se trouvaient déjà à
cette époque, 1036. Nous verrons encore qu'un siècle
et demi plus tard la vallée d'Aran passa de la possession des comtes de Comminges dans celle d'Alphonse,
roi d'Aragon, par une semblable convention matrimoniale.

Il faut donc conclure qu'après Abarca, les comtes
du pays possédèrent la vallée de Luchon, qui appartint
successivement, tantôt à l'Aragon, tantôt aux comtes
de Comminges, au pouvoir desquels elle finit par rester
entièrement. Ce fut là un bonheur pour elle ; car depuis cette époque l'histoire de cette contrée se recompose, et le caractère de ses habitants se constitue en
quelque sorte dans sa nature primitive. Tandis que d'un
côté s'ouvre cette ère nouvelle du moyen-âge, pendant

---

[1] Don Brugelle : « Les vallées d'Aure, Aran, Aragon et appelée
» par corruption Aragnouet, Barouss et autres adjacentes faisaient
» anciennement partie de l'Aragon. »

[2] Hist. des Popul. pyr., etc., t. I, p. 210.

laquelle va s'illustrer le pays du Comminges avec ses
comtes et ses evêques, de l'autre nous allons voir les
peuplades des montagnes se fixer de nouveau sur un
sol presque désert, auquel les attache forcément la
conquête de Charlemagne par son régime féodal. Mais
en cédant à la violence du roi Frank, les tribus montagnardes furent loin de répudier leurs titres à la liberté
et leurs droits à la conservation de leur antique nationalité. Elles firent valoir, en présence même des vainqueurs, la force de leurs institutions, en inscrivant
dans des chartes leurs droits et leurs devoirs politiques;
monuments précieux qui témoignent combien ces races
ont été persistantes dans leur esprit patriotique, puisqu'on retrouve encore dans les débris de leur constitution municipale quelque chose du caractère fier et indépendant du vieil Ibère, exprimée dans un langage
qui porte les traces de l'idiome hispanique! Ce qui
est digne de remarque, c'est que le cantons qui se
montrèrent les plus ardents à reconnaître leur indépendance civile, politique et administrative, furent précisément ceux qui occupaient le haut Comminges, c'està-dire la région des montagnes. Avec la féodalité s'effaça néanmoins insensiblement le caractère des vieux
*Convènes*, qui perdit sa primitive énergie. Mais qui
conserva partout assez de son originalité pour ne pas
rester méconnaissable même après des siècles : car
aujourd'hui encore nous retrouvons dans les habitants
du haut Comminges quelques traits de la physionomie
de leurs ancêtres. Ainsi les races ne périssent jamais
tout entières!

Nous verrons au reste dans un prochain chapitre ce que la vallée de Luchon a conservé de sa physionomie primitive et ce qu'elle doit à l'influence de l'autorité comtale. Sa double position de pays frontière et de pays féodal l'a maintenue dans une de ces positions exceptionnelles qui lui ont imprimé un caractère étrange d'originalité. Au surplus c'est ce qui ressortira des droits et des priviléges dont la plupart des localités qu'elle renferme ont joui pendant la période du moyen-âge.

## CHAPITRE TROISIÈME.

Etat politique et administratif de la vallée de Luchon sous le règne des comtes. — Charte de Bagnères. — Principales localités qui se distinguent dans cette vallée. — Castel-Viel, Moustajon, Cier, Antignac, Salles, Castel-Blancat, Saint-Aventin, etc. — Commencement de la réputation dont jouissent, dans les temps modernes, les bains de Bagnères.

La situation du comté de Comminges, dans l'intérieur et aux pieds des Pyrénées, l'exposait au commencement du onzième siècle à de grands dangers. Les irruptions des Maures, d'un côté, qui menaçaient d'envahir les frontières; l'ambition démesurée et toujours croissante d'Alphonse, roi d'Aragon, qui ayant mis un pied dans le Bigorre par ses alliances, possédait une partie des vallées, et prétendait établir sa suzeraineté sur tout le versant de nos montagnes; d'un autre côté les guerres qui éclatèrent, environ cette époque, entre Alphonse, *roi de Castille*, et le roi d'Angleterre, Henri II, au sujet de la donation de la Gascogne, faite par ce dernier au roi de Castille, en lui concédant sa fille Eléonore en mariage : tout cela forçait les comtes de Comminges à se tenir dans un état de vigilance continuelle. La vallée de Bagnères-de-Luchon participa à ce mouvement général qui agitait les montagnes. L'influence anglaise, ou plutôt la haine des Anglais, troubla plus d'une fois le calme de ses retraites. Plus d'un château-fort, plus d'une église, eurent à souffrir de leurs dépradations et de leurs guerres incessantes et cruelles.

Plus tard les vallées eurent à subir les empiètements de l'autorité royale, ce qui contribua beaucoup à nuire au bien-être de leurs habitants. Cependant, malgré cette absorption de l'autorité royale, qui cherchait à tout attirer vers son centre, soit en affranchissant les serfs, soit en ennoblissant les bourgeois, les comtes ne laissaient point d'agir par contre-coup dans leurs domaines en rendant des services signalés à leurs sujets ou vassaux, en leur accordant des priviléges nombreux. Ainsi nous voyons d'abord les priviléges que Bernard IX octroya au lieu de Saccourvielle, sis dans le comté de Comminges, *en la vallée d'Oueil*, en 1315. D'après ce titre la puissance des comtes de Comminges se serait étendue dans toute cette vallée. Ensuite nous possédons un autre titre, renfermant les priviléges de la vallée de Luchon, qui est d'une très-grande importance. Il est dit dans cet acte, donné à *Fronsac, sous le sceau de la main de Bernard, comte de*

*Comminges et vicomte de Touron*, en 1315, qu'on faisait de nombreuses extorsions sur ses frontières et notamment dans le *Port de Bagnères (in portu Bagneriis)*. Après avoir fait un exposé des droits à percevoir pour l'entrée des mules, vaches, chèvres, etc., il donne pouvoir aux consuls et habitants du *lieu de Baynères* de punir les contrebandiers ou traficants de juments ; et pour cela il ne les oblige qu'à tenir en bon état le port de *Coum*. Pour favoriser ses sujets de la chatellenie de Frontigues il ne leur fixe seulement, pour la taxe de chaque mule, bœuf ou vache nourri dans les châteaux-forts, villes villages et fortifications de Fronsac, de Blancat, Gaux et Bordères, avec les dépendances des seigneuries de *Larboust*, que six sous de Tours *(sex soldi Turenses)*, *pour l'entrée des bestiaux en temps de paix et quand il n'existe point de guerre avec les Espagnols*. Ensuite il établit d'autres droits sur le sel et détermine les obligations que doivent contracter les habitants de *Baynères* et ceux de la vallée ; à savoir : de fournir à l'entretien des soldats qui occupent les châteaux et les places fortes de la chatellenie de Frontigues. Il ordonne à ses *chatelains, capitaines, baillifs, juges ordinaires* et à *son sénéchal* de maintenir l'exécution des dits priviléges et droits.

Cet acte est un des plus anciens de tous ceux qui font mention de l'existence des *chatellenies* et des dignités de *bailli* et de *sénéchal*. Voici au reste quelques articles des coutumes et priviléges de la vallée de Luchon que nous offrons à nos lecteurs comme renfermant un haut intérêt historique. On peut au surplus consulter dans notre *Histoire du Comminges* [1] ce titre en entier, et dont nous ne donnons ici qu'en partie la traduction :

### Priviléges accordés par Bernard, comte de Comminges, aux vallées de Luchon : an. 1315.

« Nous Bernard, comte de Comminges, ayant appris qu'on faisait sur nos frontières et notamment *in portu Bagneriis,* de nombreuses extorsions; à savoir que nos officiers *(mandatores)* font payer de chaque mulet et de chaque mule quarante sols ; de chaque verrat, brebis, chèvre, bouc dix sols tholozains; de chaque bœuf et vache vingt sols tholozains, et autres injustices, contraires à notre volonté, avons arrêté ce qui suit :

« Les habitants du dit *lieu de Baynères (loci de Bagneriis)* sont autorisé à punir les traficants qui feront paître leurs juments dans les forêts; et pour cela ils tiendront en bon état le port de *Coum.*

« De plus, voici le tarif qu'adopteront désormais nos officiers pour le droit de péage, sauf à eux s'ils ne l'exécutaient point ou qu'en le faisant exécuter ce fût au détriment de nos sujets, de payer une amende de *dix pièces d'or (decem aureorum nummorum).*

« A l'avenir nos sujets de la Chatellennie de Frontigues payeront pour chaque mule, bœuf, vache comme droit de passage en Espagne, en temps de paix et quand la guerre n'existera pas entre nous et les Espagnols, à savoir : les mules bœufs et vaches qui auront

[1] Histoire des Populations pyrénéennes, du Nébouzan et du Pays de Comminges, t. I, p. 71 seq., not. et pièc. justific.

été nourris dans nos châteaux, villes ou villages de Fronsac, Blancat, Gouaux (*Gauœii*), Bordère et nos dépendances de Larboust (*Larbusto*), seize sols de Tours.

« Les mules, bœufs et vaches qui viendront de l'Auvergne payeront double, le droit de passage ; quant aux autres animaux de peu de valeur, on ne payera qu'un liard (*unum arditum*); il en sera ainsi des volailles. Moyennant ce, nos sujets seront tenus de défendre ces passages, de prendre les armes, de protéger nos frontières, comme aussi de nous avertir si on trâmait quelque chose de mal contre nous. Les habitants de Larboust, de leur côté, sont tenus à garder nos passages contre les excursions de nos ennemis.

« De plus, les habitants de notre chatellenie de Frontigues pourront vendre ou échanger toutes sortes de marchandises avec les Espagnols, par le passage de l'hospice (*ab altimo de hospitaly*) et jusqu'à la croix du champ, sans qu'on puisse les troubler en aucune sorte.

« Ils pourront encore acheter du sel et autres comestibles en payant pour l'entrée, dans notre *château de Bagnères*, un liard pour chaque charge ; et pour le vin qu'on apporte de l'Espagne, le droit sera d'un quart pour chaque charge ; il n'en sera pas ainsi si le vin est de France ou s'il vient de notre comté de Comminges.

« En outre, les traficants de notre châtellenie de Frontigues pourront faire paître leurs animaux dans toute l'étendue du territoire de Bagnères, même dans les champs et dans les prés, lorsque la première récolte sera faite, sans être sujets à une amende.

« *Item*, les consuls et la *communauté* (*universitas*)

de notre ville de Bagnères (DE BAGNERIIS NOSTRÆ URBIS), ne pourront exiger pour le droit de pariage que deux sols. Moyennant ce, ils seront obligés de tenir en bon état le port de l'Hospice.

« *Item*, les susdits consuls et la communauté de Bagnères auront le droit de casser, de prendre, d'incarcérer, de punir, de condamner et de relaxer, si justice l'exigeait, tous les coupables, malfaiteurs, voleurs, escrocs, larrons et autres; de les attacher au pilori, dans toute justice haute, basse et moyenne, depuis le territoire de Moustajon jusqu'au haut du port et dans toute son étendue, et cela dans le but d'avoir le passage libre de toute entrave mauvaise. Même, *nous les autorisons à incarcérer nos officiers* s'ils s'opposaient à l'exécution des présentes constitutions.

« *Item*, les susdits consuls pourront prendre pour eux du bois, des fruits et tout ce que produisent les montagnes; et même se les approprier, en conservant néanmoins les chênes nécessaires pour la réparation de nos châteaux et de nos ponts; les dits consuls ne pourront encore échanger le prix du vin, du pain, de la viande et autres choses, pendant le temps des marchés et des foires, et moins encore le prix du dernier passage, au détriment des consuls de Cier *(Cierrio)*, sous peine d'une grosse amende......

« Fait à Fronsac, et signé de notre main, l'an 1315, BERNARD, *comte de Comminges et vicomte de Touron.* »

Cette charte, qui est un des monuments le plus curieux que nous connaissons dans ce genre, établit plusieurs faits bien importants et que nous allons énumérer. D'abord il est constant que la vallée de Luchon appartenait à cette époque, c'est-à dire en 1315, aux comtes de Comminges, et que par suite elle était sortie du domaine de la maison d'Aragon, si jamais elle y était entrée ; ensuite le nom de *Bagnères* était alors déjà connu ; et cette connaissance fait supposer à juste titre que ce nom servait depuis longtemps pour désigner la ville qui était regardée comme la capitale de la vallée.

Or, le mot de Bagnères, dont l'étymologie latine, *Balnearia*, est incontestable, indique suffisamment que ce sont les bains qui lui ont fait donner cette dénomination. Il faut donc conclure que de même que le mot *Luchon*, soit qu'il tire son origne du mot *Louck* qui en langue celtique signifie *lac, marais*, etc., soit qu'il lui ait été imposé à cause de l'adoration du dieu *Lixon* qui avait des autels dans ces lieux, désigne une origine celtique; le mot Bagnères ou *Balnearia* indique une dénomination postérieure à la conquête romaine. Dans ce dernier cas, le nom de Bagnères pourrait toujours lui avoir été donné vers les commencements du règne des comtes ou quelque temps auparavant. Mais dans toutes les hypothèses, il est évident que ce nom fait supposer de la part de ceux qui l'employaient, la connaissance de l'existence des bains.

Ainsi, les sources de Bagnères-de-Luchon antérieurement à Bernard IX, comme postérieurement étaient connues. Si elles n'étaient pas aussi fréquentées qu'elles l'avaient été sous la période romaine et peut-être même sous la période barbare, il faut l'attribuer aux temps de troubles et de guerres, au milieu desquels vivaient et s'agitaient les comtes de ces pays et qui ne laissaient aucun repos à leurs sujets.

Quoi qu'il en soit, et ainsi que nous le verrons dans le cours de cet ouvrage, les thermes de Luchon n'ont cessé d'être, sinon fréquentés comme ils le sont de nos jours, du moins connus et appréciés dans leur antique et véritable réputation.

Maintenant, si nous cherchons à constater quels sont les lieux qui, dans la vallée de Luchon, se sont distingués pendant le règne des comtes du pays de Comminges, nous trouvons d'abord le petit village de Moustajon qui se trouve distant de Bagnères d'environ six kilomètres (1 h. 1/4.) Son château, qui existe encore aujourd'hui, est le même que cite le comte Bernard dans la charte de 1315 dont nous venons de donner quelques extraits. Le petit village de Cier est aussi mentionné dans ce titre par le même comte. Les consuls de ce lieu jouissaient de droits assez importants puisqu'ils furent maintenus dans cette charte, au préjudice des priviléges de la ville de Bagnères. Le château de Blancat, aujourd'hui Castel-Blancat, était la demeure seigneuriale des comtes de ce pays lorsqu'ils visitaient cette vallée. Castel-Blancat, pendant les temps des guerres féodales, servait à dominer les vallées d'Oüeil et de Larboust, comme le château de Moustajon servait de sentinelle avancée pour commander la plaine de Luchon. De son côté Castel-Viel était placé vers les gorges espagnoles pour défendre l'accès des ports contre les attaques des ennemis qui viendraient des vallées aragonaises.

Parmi les autres localités qui ont eu une importance historique, sous la période du moyen-âge, nous citerons Antignac et Salles. Un titre de 1325, donné à Muret par le comte Bernard, octroie à ces deux villages plusieurs privilèges [1]. A la suite de ces chartes nous trouvons de nombreuses concessions faites à la vallée de Luchon par Charles VIII, Louis XII, François 1er, Henri IV et Louis XIII, et qui prouvent toute l'importance qu'elle avait aux yeux de ces monarques. De tous ces titres nous ne citerons que celui qui fut accordé par Louis XIII, et qui résume tous les autres dont il n'est qu'une espéce de confirmation renouvelée par ses prédécesseurs.

Le voici dans toute sa teneur :

« Nos amez les consuls, manants et habitants de la ville de Saint-Béat et de celle de Bagnères, en notre comté de Comminges, nous ayant fait remontrer que le dit pays est en partie institué du *Loung* et dans les *Pourpes* des monts Pyrénées limistroffe des vallées d'Aran, Paillas, val d'Andorre et autres dépendances du pays d'Aragon au royaume d'Espagne, accordons les fréquentations et commerce des articles et passeries, autorisées par nos prédécesseurs en ce qui regarde les sujets de notre comté de Comminge ; et par les rois d'Espagne à l'égard des habitants des dites vallées ; mais d'autant que ce négoce se fait principalement aux

---

[1] Histoire des Populations pyrénéennes, du Nébouzan et du Pays de Comminges, t. II, notes.

dites vallées les plus voisines des dits étrangers frontaliers comme celle de Bagnères et celle de Saint-Béat qui se joint avec les dites vallées d'Aran, aucune saisie, ni obligations, ni payemens de dettes ne peuvent être forcés à faire pendant les foires, ce qui serait enfreindre les dites passeries.

« Ainsi, aucun emprisonnement ni saisie de bestiaux ne sera faite pendant les dites foires, toute sentence, jugements et autres actes de justice restent en surséance pendant le dit temps....., »

A côté de la vallée de Luchon et presque parallèle à cette dernière, existe la vallée de Larboust, une des gracieuses et des plus fertiles des Pyrénées. Placée à l'extrême frontière de la France, environnée de hautes montagnes, elle a dû être primitivement d'un accès difficile ; la gorge de Paysas qui y conduit aujourd'hui, ayant été, dans les temps anciens, impraticable ; de nombreux arbustes, des bois et des bruyères qui paraissent avoir autrefois occupé tout le terrain, aujourd'hui la culture, ont servi à lui donner le nom de Larboust (*Arbusti*) qu'elle porte.

Au surplus, cette vallée se divise en trois parties : le Haut-Larboust, ainsi appelé parce qu'il domine le reste de la vallée, forme un plateau délicieux, couvert de plusieurs villages qu'entourent des prairies fertiles. C'est là que l'on découvre encore les ruines des premières habitations des gens du pays. C'est aussi, dans cette partie de la vallée, qu'ont existé le château d'Aubespin, si célèbre dans les chroniques du Béarn, et un couvent de Bénédictins qui ont légué leur nom à une fontaine qu'on désigne sous le nom de *fontaine des Moines*. (HOUNT MOUNGEAON).

La seconde partie de la vallée de Larboust se nomme la Terre-basse. Elle comprend les villages de Saint-Aventin, autrefois appelé Sainte-Marie, de Castillon et de Cazeaux. Enfin, la troisième partie de la vallée se prolonge, depuis le village d'Oô, jusqu'au port d'Espagne, formant à elle seule une seconde vallée qui s'étend du nord au midi, et prend le nom de Val-d'Asto; la partie inférieure est charmante et admirablement accidentée. Mais à mesure que l'on s'avance vers son extrémité, la végétation cesse peu à peu, une nature plus sévère apparaît aussitôt et, avec elle, le silence du désert.

La vallée de Larboust possède plusieurs églises remarquables par leur antiquité, par la simplicité et l'élégance de leur architecture; ainsi, l'église de Cazeaux fixe l'attention du Touriste par sa forme antique et dans le style gothique, et surtout par les peintures qui décorent sa voûte. Ces peintures paraissent dater du XIVe siècle et ressemblent assez au genre des fresques. Elles se divisent en plusieurs sujets ou tableau représentant : La création du premier homme ; — Le paradis terrestre où Adam et Eve furent placés ;— L'expulsion du premier homme de ce lieu de délices ; — Enfin plusieurs autres sujets tirés soit de l'ancien, soit du nouveau Testament.

On voit encore au village d'Oô, une petite église dont le senctuaire est du style roman le plus pur. Chaque croisée sculptée avec goût repose sur des colonnettes surmontées de chapiteaux; les corniches en sont fouillées avec goût et une finesse admirables.

La vallée d'Oueil qui semble avoir pris son nom de sa forme topographique et qui était connue, dans les anciens titres, sous le nom de *vallée de l'Oeil*, (Vallis Oculi) a aussi ses monuments religieux et ses antiquités. On y remarque surtout le clocher du petit village de Sacourvielle qui est fort ancien et d'une forme très originale. Mayrègne possède une petite chapelle romane. L'église de Cirés se distingue par une voûte gothique dont la pureté des lignes et la distribution des arêtes qui la supportent sont d'une perfection artistique fort rare. Bourg, dernier village de la vallée, acculé en quelque sorte aux pieds du Mont-Né, a encore une église digne de fixer l'attention de l'artiste. Toutes ces églises paraissent avoir été bâties par les soins du Chapitre de Comminges et aussi par le zèle des moines Bénédictins, qui s'étaient établis dans le Larboust, dès le X<sup>e</sup> siècle.

Quoiqu'il en soit l'église et le village de Saint-Aventin jouissent, dans la vallée de Larboust, d'une réputation bien méritée, soit à cause de leur antiquité, soit parce que la légende populaire est venue ajouter à l'histoire tout ce que la poétique peut lui donner de relief. Saint Aventin, qui a donné le nom à l'église, était né dans la vallée de Larboust, vers l'an 778, sous le règne de Charlemagne, et sous l'épiscopat d'Abraham, évêque de Comminges. Ce saint naquit au milieu des douleurs d'un enfantement laborieux ; car, selon la légende, sa mère ne le mit au monde qu'avec le secours d'une eau miraculeuse.

« Or, en conservant le récit de la légende, saint Aventin ayant grandi, se retira dans un ermitage appelé

Saint-Julien. Là, revêtu de l'habit et du capuchon de moine, il se livra à l'étude et à la pratique de toutes les vertus. Sa sainteté fut bientôt reconnue par de nombreux miracles.

« Et d'abord il ôta, sans difficulté aucune, du pied d'un ours une épine qui le faisait horriblement souffrir. L'animal était venu lui-même implorer le secours de saint Aventin. Les Maures ayant franchi à la même époque les Pyrénées, et s'étant répandus dans les vallées voisines, l'ermite de Saint-Julien s'opposa à la propagation de leurs doctrines, il résista même à leurs attaques.

« Mais un jour les Maures, qui étaient jaloux de la puissance du saint, le saisirent, le garrotèrent et l'enfermèrent dans la tour de Castel-Blancat. Saint Aventin n'y resta pas longtemps, car il prit le vol à travers les airs et s'échappa de sa prison : il se fit choir dans le territoire de Pons, où en posant son pied sur une pierre, il y laissa l'empreinte de ses doigts. Cette pierre est la même qui se trouve à la porte de la chapelle des Miracles.

« Depuis ce moment, il se livra à la prédication de l'évangile, et combattait avec ardeur les croyances de Mahomet, que les Maures commençaient à répandre dans ces vallées. Ceux-ci, qui le voyaient d'un mauvais œil, le poursuivirent jusques dans la vallée d'Oueil, où ils lui tranchèrent la tête.

« Mais aussitôt et sans perdre du temps, saint Aventin prit sa tête avec ses deux mains, gravit une montagne, et, à peu de distance de la vallée de Larboust, il déposa sa tête et mourut. Il fut enterré dans ce même lieu.

« Trois cents ans après sa mort, un troupeau de taureaux paissant sur les bords d'une rivière, ces derniers s'arrêtaient toujours à un endroit où, sans prendre de la nourriture, ils se contentaient de gratter la terre en mugissant. Les taureaux n'en étaient pas moins gras pour cela, ce qui fit croire au prodige.

« Alors les populations voisines accoururent vers cet endroit ; et tandis que la foule se pressait au lieu où mugissaient les taureaux, une voix inconnue fit entendre ces mots : *C'est ici que repose le corps du bienheureux saint Aventin !* On s'empressa religieusement de l'exhumer. Mais tout à coup un essaim d'abeilles obscurcit l'air et s'opposa à cette exhumation. On écrivit au pape le résultat de ces prodiges. Le pape déclara qu'il fallait un ordre de sa part pour exhumer le corps du bienheureux.

« En effet, l'ordre pontifical transmis, l'essaim disparut, et on exhuma le corps de saint Aventin sans aucune difficulté. Saint Bertrand, évêque de Comminges, voulant lui élever une chapelle, fit atteler deux vaches à un traîneau et les laissa marcher toutes seules. Elles s'arrêtèrent au lieu de l'ermitage de Saint-Julien, où l'on éleva une chapelle en l'honneur de saint Aventin. »

Tel est le récit de la légende, que nous avons rapportée en entier parce qu'elle nous a paru renfermer quelque chose de naïf et d'original. Quoi qu'il soit de ce récit, il est évident que l'église de Saint-Aventin, soit par son architecture, soit par son antiquité, est une des plus remarquables du pays de Comminges [1].

[1] M. de Castellanne, Mém. archéol., p. 215.

Il nous suffira de donner les détails suivants à nos lecteurs pour leur en faire connaître tout le mérite architectural. Le corps de l'édifice en lui-même a environ trente mètres de longueur sur quinze de largeur. Ainsi que les basiliques du IX° siècle, la voute se courbe en plein cintre; la nef, qui est magnifique, est divisée par une double rangée de piliers massifs ou colonnes du style roman; une galerie supportée par ces colonnes s'ouvre sur la nef du milieu, elle communique avec l'intérieur de l'édifice par une rangée de petites fenêtres caractérisées par leur style presque ogival; une grille d'un travail rare, et qui par sa forme paraît assez ancienne, sépare le sanctuaire du reste de l'église.

En visitant le tombeau de saint Aventin, qui se trouve placé derrière le maître-autel, on voit que la légende a fourni les sujets d'ornementation qui sont dessinés sur la façade et sur les contours du maître-autel. Ainsi on voit d'abord un sujet religieux, c'est un ange descendant sur la terre portant un message extraordinaire, sans doute pour annoncer la naissance de saint Aventin; on remarque ensuite une femme qui n'est autre que la mère du saint qui rend graces au ciel de sa délivrance douloureuse; auprès de ces deux sujets se montre un troisième tableau qui nous offre un ours présentant son pied à saint Aventin, qui lui en ôte une épine qui l'empêchait de marcher; enfin on voit saint Aventin décapité portant lui-même sa tête entre ses deux mains.

Si l'intérieur de cet édifice religieux comme œuvre d'art offre tant de beautés, l'extérieur ne lui cède en rien; car le monument est surmonté de deux tours inégales et qui lui servent de clochers. L'une, la plus élevée, est couronnée d'une flèche jetée avec une élégance rare; l'autre est écrasée. Un porche ou peristyle précède la porte d'entrée. Ce porche est formé par un couvert qui repose sur huit colonnes de marbre veiné de rouge et de vert. Trois colonnes ont été enlevées. Des sculptures, fouillées avec une grande habilité, ornent les chapiteaux de ces colonnes. Sur un de ces chapiteaux on voit représentée la mort de saint Aventin et son martyre lorsqu'il fut fait prisonnier par un soldat maure. Mais le sujet le plus remarquable de tous est celui qui conpose un groupe de deux personnages qui poussent le saint vers le même soldat maure, qui lui coupe la tête. Il n'est pas jusqu'à l'ours de la légende qui ne trouve sa place sur ces chapiteaux. En effet, on voit un animal informe qui n'est autre que l'ours, qui se montre empressé à vouloir parler au bourreau.

On peut admirer encore au-dessus de la porte des bas reliefs qui rappellent plusieurs sujets de l'Ancien et du Nouveau Testament. On y reconnaît des anges qui, en soutenant ces bas reliefs, sont distingués par des emblèmes religieux. Les douze Apôtres sont sculptés sur d'autres bas-reliefs, mais tellement frustes qu'il est difficile de distinguer les lignes et le dessin qui composent les sujets qu'ils représentent.

Mais le motif de ces sculptures qui mérite le plus d'être remarqué est sans contredit celui qu'on aperçoit sur le pilier de droite de la porte. Outre le sujet de la Vierge, tenant l'enfant Jésus, qui fait le principal motif de cette sculpture, on peut encore admirer, au-dessous de la Vierge, une scène grotesque en harmonie avec les croyances du moyen-âge représentant des têtes monstrueuses. Ces différentes figures, laides, hideuses et grimaçantes, servaient aux artistes sculpteurs de l'époque de types pour désigner les péchés qu'ils personnifiaient bizarrement. Ainsi la luxure, l'avarice, la prodigalité, etc., avaient des traits particuliers sous lesquels on les reproduisait. En cela, l'artiste sculpteur imitait les écrivains de son époque qui, dans les représentations des *mystères*, revêtaient sur la scène les diverses physionomies de leurs personnages. Il suffit pour se convaincre de cette vérité d'avoir lu Pierre Gringoire.

L'architecte qui a présidé à la construction de l'église de Saint-Aventin n'a rien oublié du sujet de la légende ; il l'a épuisé, car il a même reproduit sur un des murs extérieurs de l'église le taureau qui gratte la terre pour indiquer le lieu où reposait le corps du saint. Il a prodigué au reste la sculpture sur toutes les autres faces du monument religieux.

C'est encore sur les murs de l'église de Saint-Aventin que se trouvent les deux inscriptions suivantes, que nous avons reproduites dans notre *Histoire des Populations pyrénéennes, du Nébouzan et du pays de Comminges* [1] :

|  |  |
|---|---|
| ABELLIONI | ABELLIONI |
| DEO | TAVRINIS BONE |
| TAVRINIS BONE | CONIS · |
| CONIS · | V · S · L · M. |

[1] Tome I, Inscriptions, série II, planche IX.

Il est donc évident que le culte d'Abellion était en honneur dans ces montagnes ; nous avons dit comment cette religion pyrénéenne avait pris naissance dans ces vallées.

Après le village de Saint-Aventin, celui de Gouaux, dont il est parlé dans la charte de Bagnères-de-Luchon, et celui de Garin, dont l'archéologie a su profiter pour recueillir des monuments qu'il renfermait, sont deux localités d'une haute importance historique. Il est à regretter que le temps, l'ignorance et les guerres qui ont infesté ces contrées aient détruit tous les restes d'antiquités dont elles étaient si riches. Aussi, en voyant tous ces châteaux-forts en ruines, ces églises à moitié démolies, ces débris de villages s'élevant au milieu de sculptures, d'objet d'art et d'inscriptions romaines, on ne peut s'empêcher de reconnaître que de nombreuses populations ont occupé ces vallées.

Ainsi non loin de Garin, à quelques pas de distance de la petite église de Saint-Pied, existait le fameux château-fort de *Dauberum*, dont de Marca, en 1594, ne pût mieux faire l'éloge qu'en disant que la puissance de sa garnison était telle qu'elle dominait tout le pays à une immense distance. Bernard IX, en parlant du château de Bagnères, qui commandait le port de Bénasque, le regardait comme imprenable. Qui aurait pu donc porter les comtes du pays à bâtir de semblables forteresses, si la défense des vallées ne l'eût exigé impérieusement ?

Il faut donc conclure, ainsi que nous pourrons bientôt nous en convaincre nous-même, que les frontières du côté de ces montagnes étaient habitées dans les temps anciens par de nombreuses populations, avec lesquelles celles de nos jours n'offrent qu'une faible proportion.

Mais arrivons enfin à parler des bains dans ce qu'on doit appeler leur réputation moderne, et établissons d'abord l'époque précise à laquelle leur renommée pendant le moyen-âge a commencé d'être popularisée. C'est une chose étonnante que depuis l'expulsion des Romains de l'intérieur de ces montagnes on n'ait plus fait mention des thermes de Luchon. Parmi tous les historiens qui peuvent nous rappeler leur ancienne réputation, nous ne trouvons qu'Ausone seul qui nous en parle d'une manière assez positive. *Ces thermes, dit-il, ont des eaux qui jouissent d'une grande faveur.* Mais il ne dit point si de son temps cette faveur était encore en crédit, ou bien si elle était mise à profit. Les troubles et les invasions qui agitèrent en tous sens le pays des vallées, pendant les neuf premiers siècles de notre ère, c'est-à-dire jusqu'après le règne de Charlemagne, ont dû sans doute empêcher les bains de Luchon de reprendre le crédit que leur avait acquis une vieille réputation conquise à justes titres.

Aussi, de tous les monuments historiques que nous avons consultés, afin de nous fixer sur l'époque moderne à laquelle ces thermes ont repris leur ancienne renommée, nous n'avons trouvé que celui-ci qui est de l'année 1375. C'est un vieux titre concernant Bagnères-de-Luchon dans lequel on lit : « Les passeries de » *Baicgnières* tant en ça qu'en delà du port sont fran-

» ches de tout droict; pour ce que les ravages de la
» peste appèlent quantité de malades dans *ses eaux*,
» qui'y viennent se *baicgnier*. Les consuls et manants
» de *Baicgnières* sont tenus à exécuter ces droits de
» passeries franches. » — Tel est le seul titre que nous
connaissions, et dans lequel il soit parlé des eaux de
Bagnères-de-Luchon pendant le moyen-âge [1].

Mais, si, en nous autorisant de ce passage et de
la charte que Bernard IX octroya, dont nous avons
donné des extraits, nous voulions tirer une induction
historique, il nous serait facile d'établir, par le mot
même de *Bagnères* que ce comte emploie dans sa char
te *(in villa de Bagneriis)*, en 1305, et par la même
dénomination de *Baicgnières* dont se sert l'auteur de
l'acte de 1375 que nous venons de rapporter, que l'existence des bains et leur renommée étaient reconnues par
l'usage qu'on devait en faire plusieurs siècles antérieurs
à ces actes.

En effet le nom de *Baignères* dérive du mot *baigner*,
c'est-à-dire faire usage des bains. Or comment aurait-on
donné ce nom à une localité si réellement elle n'avait
renfermé des eaux thermales dans sa circonscription?
D'un autre côté, le nom même de *Bagnéres* ou *Baicgnières* ne peut lui avoir été donné antérieurement au
VIe siècle. On est donc en droit de conclure que depuis
cette époque et celle de 1305, les eaux de Luchon étaient
en telle vénération, qu'elles servaient à l'usage des bains

---

[1] Histoire des Populations pyrénéennes, etc., not., pièc. just.,
chartes, etc.

Quoi qu'il en soit de la date certaine qu'on doive assigner à la réputation de ces thermes, il est hors de doute que plus tard de nombreux personnages sont venus la faire revivre, et cela sans de grands efforts comme sans employer des moyens extrêmes. Pour opérer une semblable régénération il fallait quelque chose de plus que le crédit et la puissance des prôneurs. Ce quelque chose était les faits antérieurs, transmis par une constante et perpétuelle tradition, depuis les Romains jusqu'à nos jours. Les bains de Bagnères-de-Luchon ont eu leur réputation établie, soit dans les prodigieux effets de ses eaux, soit dans la mémoire des populations environnantes. Avec ces deux éléments de conservation leur souvenir pouvait-il périr? Évidemment non.

## CHAPITRE QUATRIÈME

Bains de Bagnères-de-Luchon. — Personnages importants qui ont visité ces thermes. — Epoque de leur nouvelle restauration. — Fondation de la ville et divers droits dont elle a joui. — Mœurs des habitants de la vallée de Luchon.

De toutes les vallées qui se trouvent dans l'intérieur des Pyrénées, il n'en est aucune qui abonde plus en eaux thermales que celle du Comminges. Il suffit pour nous convaincre de cette vérité d'indiquer celles qui sont connues de nos jours, et dont la plupart ont une réputation très-étendue. Ainsi nous nommerons les bains d'*Encausse*, de *Labarthe*, de *Barbazan*, bourg et gentilhommerie importante[1], de *Luchon*, de *Lez* dans

[1] « Barbazan a une source un peu tiède et purge beaucoup, laquelle M. le Marquis de S. Luc, Lieutenant général pour le Roi au gouvernement de Guienne, a mis en réputation, ayant accoutumé d'y aller toutes les années. »

la gorge de la vallée d'Aran, de *Sainte-Marie*, du *Caphern* et des *Bagnis* près de *Ganties*, qui tous ont joui d'une réputation antique qu'ils conservent encore aujourd'hui. Des restes de construction et des monuments établissent que la plupart d'entr'eux ont été connus des Romains. Ici se présente naturellement une question géographique à propos des *Thermes Onésiens* dont parle Strabon, et qui sont placés, selon ce géographe, chez les *Convenæ*. Plusieurs écrivains ont cherché à déterminer la véritable position de ces thermes. M. de Valois leur a assigné la position des *Aquæ Convenarum*, qui est fixée comme suit par l'itinéraire d'Antonin sur la voie *ab aquis Tarbellicis Tolosam* :

   Beneharnum. . . . . M. P. XIX.
   Oppidum novum. . . M. P. XVIII.
   *Aquas Convenarum*. . M. P. VIII.
   Lugdunum. . . . . . M. P. XVI.
   Calagorgim. . . . . . M. P. XXVI.
   Aquas siccas. . . . . M. P. XVI.
   Vernosolem. . . . . . M. P. XV,
   Tolosam. . . . . . . M. P. XV.

Ainsi deux erreurs naissent de la position des *Thermes Onésiens* aux *Aquæ Convenarum*. La première consiste dans la confusion de ces deux désignations par certains auteurs, et entr'autres par Mentelle[1], qui les appelle indifféremment les *Aquæ Convenarum* ou

[1] Encycl. Méth. Geog. An. pag. 172.

*Onesiorum.* La seconde repose dans l'indétermination géographique des *Aquæ Convenarum* d'Antonin et des *Thermes Onésiens* de Strabon. Ce qui a fait placer les unes au lieu où se trouvent aujourd'hui les bains d'Encausse, tandis que Vosgien au contraire semble les fixer à *Bagnères-de-Luchon* ; mais aucune de ces deux désignations ne saurait être exacte puisqu'elles sont en contradiction avec la distance fixée par l'itinéraire de *Beneharnum* jusqu'à *Lugdunum*, et qu'en outre elles sont en dehors de la ligne suivie par la voie romaine. M. Du Mège seul a très bien déterminé la position des *Aquæ Convernarum* d'Antonin en la fixant au *Cap-bern* qui possède des eaux thermales très renommées, quoiqu'il semble douter que ces dernières aient jamais appartenu aux Convènes ; mais le rapprochement sur les frontières de *Lugdunum* a pu, selon ce savant, faire croire que ces bains leur appartenaient [1]. Nous ne partageons point le doute de M. Du Mège ; nous croyons au contraire que le *Cap-bern* a toujours appartenu aux *Convenæ*. Sans nous arrêter à l'indication même de la voie romaine, qui est une preuve formelle de sa situation dans leur pays, ni à la régularité de la distance entre ce dernier lieu, connu sous le nom de *Aquæ Convenarum* et *Lugdunum* ; sans nous prévaloir de cette station qui se trouve placée sur la frontière que nous avons cru devoir fixer au pays des Convènes, nous remarquerons que le *Cap-bern* a appartenu toujours, sous l'époque féodale, à la châtellenie de Mauvezin, qui

---

[1] M. Du Mège, Mon. Rel., pag. 102.

était enclavée dans le Nébouzan. Or, nous avons reconnu que la plus grande partie des *Onebuzates* de Pline se trouvaient renfermés dans les limites de cette contrée ; les *Aquæ Convenarum* ont pu donc être de nom et de fait une dépendance des anciens Convènes.

Quant aux *Thermes Onésiens* il n'a pas été facile de déterminer aussi exactement leur position. Ainsi que nous l'avons vu, en les confondant avec les *Aquæ Convenarum*, on s'est exposé, avec Casaubon et M. de Valois [1], à leur donner les différentes positions fixées si arbitrairement à ces derniers. Aussi les *Thermes Onésiens* de Strabon ont-ils été successivement marqués à *Encausse* par ceux qui les confondaient avec les *aquæ Convenarum* de l'itinéraire d'Antonin, et à *Bagnères-de-Luchon* par M. Du Mège [2]. Ce savant, qui distingue à bon droit, contre l'opinion de Cazaubon et de Valois, ces deux thermes, ne se détermine à fixer la position des bains *Onésiens* à *Luchon* que par la similitude de célébrité qu'ils auraient eu d'après Strabon, et la réputation que Bagnères-de-Luchon avait, sous la période romaine, à en juger par les nombreux monuments découverts auprès de ses sources. Ainsi, selon M. Du Mège, les *Thermes Onesiens* devraient être placés à *Luchon*, comme les *Aquæ Convenarum* doivent l'être au *Capbern*.

Mais nous ne partageons point l'opinion de notre savant quant à la fixation des *Thermes Onésiens*, non

[1] Vales. pag. 189.
[2] M. Dumège, Mon. Rel. pag. 102 seq.

plus que celles des autres géographes qui ont voulu commenter la leçon de Strabon. L'indécision dans laquelle tous se sont trouvés pour reconnaître une position fixe à ces *Thermes Onésiens*, une étude spéciale des lieux et le texte de Pline nous ont fait soupçonner que Casaubon, M. de Valois et les autres avaient transformé, par erreur, une dénomination générique, un adjectif, en un nom propre. Ainsi les *Thermes Onésiens*, qu'on doit traduire selon la racine du mot grec *onesis*, *onescos*, qui signifie *aide, secours, salutaire, bienfaisant*, etc., par *bains de santé*, ne désigneraient, dans la pensée de Strabon, autre chose sinon que la contrée de *Lugdunum* possédait un grand nombre d'eaux thermales excellentes pour la guérison des malades. En effet, c'est ce qui ressort de la construction même de la phrase de ce géographe. Le texte grec au reste est formel là-dessus. La traduction de cette phrase en latin par Casaubon et sa construction ne permettent point encore de donner d'autre interprétation à la leçon de Strabon. On conçoit maintenant comment un contresens a pu tromper les auteurs qui ont voulu faire un nom propre de ce qui n'était qu'un adjectif. Les thermes Onésiens signifieraient donc, dans la pensée du géographe des Gaules, que le pays des Convènes renfermait un grand nombre de sources thermales très-salutaires, et dont nous avons réellement constaté l'existence par la nomenclature de celles qui sont connues encore aujourd'hui.

Dans tous les cas, de la fausse interprétation du texte de Strabon, il est évident que l'existence des bains de

Bagnères-de-Luchon remonte à une très-haute antiquité. Parmi les preuves monumentales que nous pouvons rapporter à ce sujet, nous ne parlerons que des résultats produits par des fouilles qui furent faites sous Louis XIV par les soins de M. d'Orbessan. On trouva d'abord soixante-deux monuments antiques, dont les inscriptions sont rapportées dans notre *Histoire des Populations pyrénéennes*. Ces monuments étaient pour la plupart des autels votifs de diverses formes et de différentes grandeurs. Plus tard on recueillit des piscines d'un travail gracieux, un grand bassin revêtu intérieurement de marbre blanc, des statues, des petites baignoires incrustées dans le mur sous la forme de niches, des conduits ou tuyaux en briques; tous ces objets d'art, trouvés dans des souterreins, témoignent suffisamment de la haute antiquité dont jouissent les thermes de Luchon. Dans les derniers temps encore, en construisant les bains Ferras, on trouva des piscines; tandis qu'à côté du grand bâtiment on découvrit trois baignoires qui se communiquaient graduellement entr'elles au moyen de tuyaux ou conduits souterreins. La première avait 1 mètre 33 centimètres carrés, la seconde 2 mètres 70 centimètres, et la troisième en avait 4. S'il faut juger par leur disposition de l'usage auquel elles servaient, il est à présumer qu'on les avait destinées à recevoir les eaux des sources pour aider leur infiltration, la troisième baignoire étant la seule qu'on employait pour prendre le bain.

Tous ces objets d'art, trouvés dans une espace aussi resserré, prouvent hautement que les thermes de Luchon ont joui du temps des Romains d'une réputation incontestable. Ces restes d'antiquités ne laissent aucun doute sur l'existence d'un édifice somptueux et immense qui s'est élevé aux environs des sources. Mais à quelle époque faut-il faire remonter sa destruction ? C'est là une de ces questions qu'il faudrait adresser aux Vendales, aux Goths, aux Franks, aux Sarrasins, c'est-à-dire à tous ces destructeurs de ville et de royaumes qui, passant comme un torrent à travers de nombreuses populations, ne laissaient après eux que le ravage et la mort. Peut-être les prescriptions de l'église contre l'usage des bains contribuèrent-elles encore à les laisser dans l'oubli où nous les avons vu plongées pendant plusieurs siècles.

Sans nous arrêter tout-à-fait à cette dernière considération, il est évident que les malades des environs faisaient usage des bains. Selon le récit de la tradition, confirmé d'ailleurs par le savant Campardon, les gens des montagnes voisines, connaissant les vertus de ces eaux, creusèrent un réservoir de forme carrée d'environ huit mètres de longueur, et construisirent en maçonnerie une baignoire commune. L'eau sortant de la grotte était conduite dans ce bassin au moyen d'un tuyau. Là, les malades allaient pêle-mêle prendre leurs bains. Cette manière originale de se baigner était encore en usage aux bains de Ganties il y a environ quinze ans.

Quoi qu'il en soit de ce moyen, on ne peut douter que les cures nombreuses qu'opéraient ces eaux, commencèrent à fixer l'attention des hommes influents qui, sous les gouvernements absolus, disposaient de la fortune publique. M. De Saint-Luc, lieutenant-général de la Guienne, donna une certaine réputation aux bains de Barbazan ; les courtisans et les maîtresses de Louis XV aidèrent puissamment à faire la fortune de ceux de Luchon. Si la vallée avait pu disposer de sommes assez considérables; si *les manants et les consuls* de Luchon, comme les appelaient autrefois les comtes, avaient eu le budget d'un roi de France, depuis longtemps leurs thermes auraient reconquis leur vieille réputation : mais avant 1789 le peuple n'était pas souverain, et il ne faisait rien par lui-même. Il est vrai qu'aujourd'hui on lui reconnaît une souveraineté sans qu'il soit plus maître pour cela.

Aussi c'est aux instances seules des hommes de l'art, qui voyaient les guérisons sans nombre qu'opéraient les eaux de Luchon, et à la générosité de M. D'Etigny, intendant de la province en 1759, qu'il faut attribuer la nouvelle restauration de ces thermes. En effet, cet officier supérieur du roi se transporta lui-même sur les lieux, prit connaissance de la liste nombreuse des cures opérées par ces eaux, les fit analyser, et se détermina enfin à allouer des fonds pour leur reconstruction.

C'est en l'année 1761 que le célèbre Campardon fut attaché comme médecin à la surveillance des thermes de Luhon. Ce savant ne négligea rien pour confirmer M. D'Etigny dans le projet qu'il avait conçu de relever ces thermes. M. De Richelieu, qui était gouverneur de la haute et basse Guienne, seconda les vues sages et réformatrices de M. d'Etigny. Un mémoire adressé au médecin du roi Louis XV, décida de la destinée heureuse de cette vallée; car son mémoire, qui renfermait ces lignes : « La jalousie peut bien s'irriter » contre l'idée de voir revivre ces bains antiques, mais » l'humanité plus forte que la jalousie, l'emportera » devant sa majesté, etc., etc. », fut accueilli favorablement malgré la flatterie, où plutôt à cause de la flatterie, qui perçait à travers toutes les lignes. Les ennemis de Luchon furent vaincus!

Dès ce moment, le maréchal de Richelieu fit tracer une route magnifique qui sillonna la vallée, afin de rendre ses communications plus faciles. De son côté, M. D'Etigny fit planter et entretenir avec un soin tout particulier, la fameuse promenade qui porte son nom. La bâtisse des bains de la Reine s'éleva aussitôt, sous l'action puissante, des munificences du gouverneur de la province. Alors aussi, les thermes de Luchon, furent visités par M. le duc d'Aiguillon, par la célèbre Pompadour, par M<sup>lle</sup> Joséphine de Lorraine, par la comtesse de Bride, par le prince de Rohan, M<sup>lle</sup> Louise de Rohan, la princesse de Lorraine, le duc de Choiseul et par un grand nombre d'autres personnages. *Dès ce moment, la fortune de ces bains fut faite,* dit un écrivain courtisan. A notre tour nous dirons que cette fortune fut augmentée encore par le travail et l'industrie des habitants de Luchon, et surtout par la sagesse et l'habileté de son administration municipale.

Au reste, nous dirons les travaux qui furent entrepris et continués par les soins du pouvoir municipal, et nous verrons s'ils ne l'emportent point sur tous ceux que la faveur aristocratique et la vanité nobiliaire octroyèrent après de nombreuses et de continuelles instances.

Mais auparavant, établissons notre opinion sur l'origine de Bagnères et sur l'époque de sa fondation. Il est un fait étonnant concernant la vallée de Luchon, c'est que dans l'histoire des quatres vallées, Aure, Neste, Barousse et Magnoac, comme dans les notices qu'on a écrites sur le Val d'Aran, il ne soit jamais fait mention de cette vallée.

Ainsi, nous voyons Abarca bâtir le château de Valcabrère vers le commencement du X$^e$ siècle; il est maître de la Barousse et de la terre d'Aure; et parmi les détails historiques qui ont rapport à lui ou à ses possessions, nous ne trouvons rien qui concerne la vallée de Luchon. Le Larboust, la vallée d'Aran, la vallée d'Oueil, occupent l'esprit des historiens, qui nous donnent dans les moindres détails tous les documents qui intéressent ces contrées; et aucun des écrivains ne nous parle de la vallée voisine, et pourtant on ne peut s'empêcher de reconnaître qu'elle a eu une importance historique aussi grande que celle de ces rivales : car, pour nous borner seulement à la ville, il est constant que Bagnères existe depuis bien des siècles. Depuis bien des siècles au fond de ce magnifique vallon, où domine la ville nouvelle, aux environs des sources thermales, une autre ville s'est élevée dans les temps anciens. L'opinion de ceux qui prétendent qu'avant la reconstruction des bains par les soins de M. D'Etigny, il n'existait que quelques cabanes en chaume mal bâties, composant un simple hameau, est erronée.

En effet, dans la charte que Bernard IX octroya, en 1305, aux habitants de Luchon, il est dit que les manants, consuls et autres de la dite communauté et *ville de Bagnères (villa de Bagneriis)* sont tenus à défendre les passages des ports, à veiller à la défense des frontières, en tenant garnison dans les châteaux ; en un mot, à se montrer les serviteurs dévoués du comte. Certes, on ne s'adresserait pas en pareils termes aux habitants d'un simple hameau ; on ne leur imposerait point un tarif pour la perception des droits de péage ; enfin, on ne leur accorderait point des privilèges aussi nombreux que ceux qui sont mentionnés dans la charte, si ceux auxquels s'adressait le comte, n'avaient pas formé une communauté importante.

D'un autre côté, dans un titre de 987 concernant une fondation faite en faveur de l'église de Saint-Béat, il est dit que l'église de Bagnères aurait en pariage, c'est-à-dire en partage, les revenus de cette fondation, qui consistaient en dîmes et en biens fonds. On y lit ensuite « qu'attendu la prospérité croissante et les nom-
» breux revenus qui distinguent l'église de Bagnères,
» les *offrandes nombreuses* dont les habitants du lieu
» l'enrichissent, la fondation ne sera que temporaire
» pour ce qui concerne la part dévolue à l'église de
» Bagnères (*pro parte devoluta ecclesiæ de Bagneriis*). »
D'après ces faits il est impossible de révoquer en doute l'existence de la ville de Luchon, au moins au commencement du X$^e$ siècle ; on ne peut nier non plus qu'au XIII$^e$ siècle, elle n'ait eu une certaine importance. De tout cela que conclure, sinon que la ville de Luchon

a non seulemement une origine ancienne, mais encore qu'elle a eu une population nombreuse ?

Nous allons encore plus loin : parmi les nombreuses confirmations des privilèges dont jouissait cette ville, et que les rois de France lui ont octroyés, nous remarquons l'acte de confirmation de Louis XIII. Dans cette pièce il est dit que, « voulant maintenir les *frontaliers* de la » vallée de Luchon et notamment la *ville de Bagnères* » dans la jouissance de ses anciens droits, sans trou- » bles ni empeschements, confirme tous ses droits et » principalement ceux d'avoir des foires, *lesquelles sont* » *les plus considérables avec celles de Saint-Béat, de* » *toutes les vallées.* » Il est donc évident que déjà sous Louis XIII une localité qui jouit du privilège d'avoir des foires était loin de n'être qu'un hameau, deux règnes plus tard. Il est impossible de ne pas reconnaître que depuis le IX<sup>e</sup> siècle la ville de Bagnères a eu une existence honorable; et si l'accroissement naturel qu'elle devait prendre semble s'être arrêté devant quelques maisons de chétive apparence, il faut attribuer cet état stationnaire à la destruction et au pillage qui doivent l'avoir comprimé dans les développements de sa circonscription. Antiquité et importance historique, tels sont les deux caractères qui signalent l'existence de Bagnères-de-Luchon, depuis sa fondation, fixée environ vers le X<sup>e</sup> siècle.

Mais, si, de ces hautes considérations historiques, nous descendons jusqu'à la peinture des mœurs qui distinguent les habitants de la vallée de Luchon, nous trouvons à leur faire l'application suivante, qui est une juste appréciation morale de leur caractère. « Ils sont en général vifs, laborieux, actifs, sobres et tempérants. Le rétrécissement de leur sol, comparativement à l'extrême population, leur fait un besoin de ces différentes vertus pour pouvoir fournir à leur subsistance. C'est un spectacle vraiment intéressant, que celui de voir une population nombreuse, vivre sur un terrain dont la partie cultivable est presque nulle; et que des travaux continuels et assidus peuvent seuls rendre fertile. Dans les vallées tout est en quelque sorte le produit de l'industrie; c'est l'homme qui fait presque tous les frais des productions qui y croissent. Le patriotisme, ou plutôt cet instinct qui attache l'homme au sol qui l'a vu naître et qui a nourri son enfance, est porté au dernier degré chez ces cultivateurs, qui ne sont riches que de leur sobriété. Si plusieurs d'entr'eux s'expatrient dans leur jeunesse pour aller tenter la fortune ailleurs, ce n'est que dans le dessein de revenir au lieu natal. Aussi la valeur des terres, dans un pays si rétréci et privé de tout débouché, est vraiment une chose étonnante et qui ne s'explique que par cet attachement extraordinaire au toit de ses pères.

« Ces montagnards se nourrissent presqu'entièrement de légumes, de farine et de laitage. Ils ne boivent que très-peu de vin; leurs travaux sont presque tous relatifs à la culture et à l'économie rurale. Le commerce est peu connu dans toutes ces parties, sinon dans la saison des bains. Les objets d'une nécessité indispensable qu'on ne fabrique pas sur les lieux y sont importés, et on donne en échange les produits des bestiaux et du lait qu'on transforme en beurre et en fromage. Du reste, chacun vit des productions du sol qu'il cultive; et s'ils font des échanges, ils ont lieu de voisin à voisin, ou dans un cercle très-rétréci.

« Le caractère général des habitants de ces vallées est d'être simples, bons et généreux; ils aiment l'indépendance; ils ont du courage et de la fierté. Ils partagent la gaîté vive de tous les peuples du midi de la France; et ils mettent dans leur démonstration cette chaleur, cet empressement que caractérise la vivacité, et qu'anime un langage passionné, rapide et métaphorique [1]. »

[1] Histoire des Populatons pyrénéennes, du Nébouzan et du Pays de Comminges, t. II, notes.

## CHAPITRE CIQUIÈME.

Époque de la fondation de l'Établissement actuel de Bagnères-de-Luchon. — Différents travaux qui ont été exécutés successivement. — Constructions monumentales de M. Chambert. — Église de Bagnères exécutée sur les plans de M. Loupot. — Travaux d'aménagement de M. François. — Divers autres établissements de Bains. — Causes principales de la prospérité de la ville.

Quoique nous ayons attribué à M. d'Etigny la nouvelle restauration des bains de Luchon et leur rétablissement comme création thermale, il est évident que, sans nuire à la reconnaissance qu'on doit à cet intendant, les principaux travaux exécutés à Luchon ne l'ont été qu'en 1805, sous l'Empire, et de nos jours.

A cette époque on creusa les fondements de l'établissement actuel, et c'est en partie au gouvernement et en partie au département qu'on est redevable des fonds qui furent employés à cette œuvre de reconstruction.

Si, d'après cette inscription :

## NYMPHIS.
## AVG
## SACRVM.

c'est Auguste qui, étant venu à Luchon, sacrifia le premier aux nymphes de ces sources, c'est encore sous un autre Auguste, sous l'empereur des Français, que les nymphes de ces eaux ont vu s'élever l'édifice principal, sous lequel elles s'abritent de nos jours ; tant il est vrai que tout ce qui s'est fait sous le grand homme semble être marqué d'un cachet particulier à son génie! Aussi est-ce le style de l'époque qui a présidé à la construction de ce monument thermal, style sévère, simple et grandiose en même temps. La façade se dessine sous la forme d'un péristyle académique : on dirait le Parthénon ; trois issues différentes et régulières conduisent dans l'intérieur du bâtiment, qui présente d'abord aux regards, une vaste salle en communication, des deux côtés avec les cabinets des bains ; une cour de forme carrée s'ouvre en face de la grande salle, et sert de limite aux corridors qui l'entourent ; cette cour et les corridors qui ouvrent un passage pour conduire aux cabinets des bains, composent, dans leur ensemble, le plan des cloîtres du moyen-âge, mais en diminutif ; à l'extrémité de la cour, et par suite sur le derrière du bâtiment, qui s'élève au pied de la montagne et en s'adossant sur ses flancs, se touvent les diverses sources thermales qui fournissent les eaux nécessaires aux baigneurs ; de nombreux cabinets sont rangés des deux côtés de la cour intérieure ; l'édifice est isolé et abrite les seules sources thermales primitivement connues, les seules peut-être qui existent dans ces lieux.

Tel est l'emplacement, la forme et la destination de l'établissement appelé *Le Bain de la Reine*, qui fut élevé en 1805. Mais depuis cette époque, de grandes améliorations ont été faites dans ce bâtiment, soit par l'appropriation des cabinets et des baignoires, qu'on a plusieurs fois renouvelés, soit par les travaux nombreux que M. François, ingénieur en chef, a exécutés pour l'aménagement des eaux qui jaillissent des sources thermales.

Et d'abord, parlons des galeries et du but principal que M. François s'était promis d'atteindre en les construisant.

Avant l'exécution des travaux entrepris par cet habile ingénieur, les eaux des sources présentaient deux problèmes difficiles à résoudre : le premier, à savoir si les eaux venaient à leur source par le haut de la montagne ou par le bas ; le second consistait à éviter que les eaux des diverses sources ne se mélangeassent avant d'arriver à l'établissement, toutefois cependant, après s'être bien assuré que ces sources ne communiquaient point entre elles souterrainement.

Afin de parvenir à la solution de ces deux problèmes géologiques et hydrauliques, M. François a fait percer la montagne dans la direction des sources. Il a établi ainsi quatre galeries souterraines qui aboutissent à quatre ouvertures extérieures. Chaque galerie conduit à une source particulière. Outre ces souterrains parallèles, il existe encore des galeries transversales qui communiquent entr'elles. Ces travaux sont ingénieusement conduits et exécutés avec les précisons géométriques les plus exactes; ils ont eu cela d'avantageux, qu'ils ont servi à constater que l'eau des sources venait du bas de la montagne, et que ces sources étaient parfaitement distinctes entr'elles : c'était la solution du premier problème que s'était proposé l'habile ingénieur.

A part ces galeries, qui ont été les travaux préparatoires pour arriver à un second résultat, c'est-à-dire à empêcher que les eaux froides de la montagne communiquassent intérieurement avec les eaux thermales, tout en conservant leur température à ces dernières, M. François a exécuté encore d'autres travaux. A l'extrémité de chaque galerie, au fond de la montagne, on voit sourdre de bas en haut sur le sol, l'eau thermale de chaque source. Afin d'éviter la dispersion de cette eau, ou son mélange avec les eaux froides de la montagne, l'ingénieur a fait un barrage carré tout autour de la source. Au-dessous de ce barrage, et sur un plan légèrement incliné, il a exécuté des auges souterraines, dans lesquelles les eaux thermales se déversent successivement de l'une dans l'autre; la destination de ces auges consiste à aider la clarification de l'eau, qui, sortant du troisième réservoir, est dirigée par un conduit vers les cabinets des bains.

Ce barrage et la construction de ces réservoirs ou

bassins ont l'avantage de conserver à l'eau toute sa température, et quelquefois même de l'augmenter. Ces travaux, exécutés par des ouvriers de la localité sous la direction de M. François, ont été évalués à une dépense de deux cent mille francs. Les galeries, qui sont de petits chefs-d'œuvre dans leur genre, varient de longueur depuis soixante jusqu'à quarante mètres. Jusqu'à ce jour, dans les Pyrénées, on n'avait point encore perforé une montagne à ce degré de profondeur.

A ces travaux déjà si importants et qui intéressent à un si haut degré l'avenir de Bagnères-de-Luchon, le conseil municipal de la ville, aidé du gouvernement, fait construire, par les soins et sur les plans de M. Chambert, habile architecte de Toulouse, un nouvel établissement thermal dont nous devons entretenir nos lecteurs.

## NOUVEL ÉTABLISSEMENT THERMAL.

On sait que l'administration municipale de Bagnères-de-Luchon, après avoir provoqué pendant plusieurs années des études sérieuses de la part des Architectes, a confié à M. Chambert, architecte du département, la construction d'un établissement thermal qui sera, sans aucun doute, le plus remarquable et le plus complet de tous ceux qui existent dans les Pyrénées. Quoique les ouvrages entrepris sur les plans de M. Chambert ne soient pas encore assez avancés, on peut néanmoins se faire une idée, dès aujourd'hui, des proportions colossales de l'édifice et de l'exécution parfaite de ses détails.

Pour concevoir son importance, il suffira de savoir que sa façade a un développement de 95 mètres, sur une largeur de 44 ; qu'elle sera décorée d'un fronton et d'une galerie couverte, supportée par 32 colonnes de marbre statuaire de Saint-Béat. Elle doit, en outre, être surmontée de huit énormes pavillons, et, sauf les murailles, le marbre, seul, est admis dans toutes les parties nobles de l'édifice.

Ce ne sera plus ces modestes constructions auxquelles nos yeux étaient habitués depuis tant d'années ; mais bien l'établissement thermal le plus magnifique, non seulement de la France, mais encore des pays étrangers. Si pour les dispositions intérieures, M. Chambert a emprunté à nos voisins de la Suisse et de l'Allemagne, plus avancés que nous dans ce genre de construction, pour la partie monumentale, il a puisé ses inspirations dans les thermes gigantesques de Néron et de Caracalla, dont les proportions et la magnificence résument les grandeurs de l'ancienne Rome.

A lui maintenant d'exécuter une œuvre qui désarme la critique ! jamais artiste n'a eu de plus grands avantages que lui : larges allocations municipales ; les Pyrénées lui offrant à bas prix leurs marbres, leurs granits et leurs différentes productions ; deux cents ouvriers se pressant chaque jour, à l'envie, dans ses chantiers, rien ne lui manque pour élever un superbe monument.

Après toutes les magnificences du grand établissement, toutes les faveurs qui l'entourent, comment parler d'un édifice modeste, dont l'existence a été mise, depuis bientôt trente ans en contestation, auquel toutes les conditions de vie ont été si souvent enlevées qu'on a peine à comprendre comment il est parvenu au point où on le voit. C'est de l'église dont nous voulons parler ; c'est sur elle que nous allons appeler l'attention qu'elle mérite. On ne saurait la lui refuser, ne serait-ce qu'en vue des traverses qu'elle a subies, et de celles qui peut-être l'attendent encore.

## NOUVELLE ÉGLISE DE LUCHON.

On se rappelle sans doute, l'ancienne église de Luchon, si petite, si écrasée, si obstruée par de monstrueux piliers, qu'elle semblait renfermer autant de plein que de vide, et dans laquelle personne ne pouvait ni voir ni être vu.

Depuis longtemps, l'opinion publique réclamait contre cet édifice ; les étrangers surtout ne comprenaient point comment il était possible, lorsqu'ils voulaient assister aux offices religieux, de leur imposer la nécessité de se ranger pêle et mêle sur une place publique, exposés à toutes les intempéries de l'atmosphère, n'ayant d'autre perspective qu'une porte surbaissée, obstruée et impénétrable.

Il fallait faire cesser cet état de choses. Dans ce but, M. Tron, premier magistrat de la cité, joint à M. le Curé et aux habitants zélés, parvint à réaliser des fonds pour entreprendre la construction d'une nouvelle église. La direction des travaux fut confiée à M. Loupot, connu depuis quelques années dans la ville, estimé de tous et exerçant les fonctions d'ingénieur civil des mines de l'arrondissement. Aussi tout le monde le vit-il avec plaisir à la tête de la nouvelle entreprise.

Dès ce jour, il se mit à l'œuvre, et sans ressources assurées, il se lança avec courage dans les hasards d'une construction monumentale, dont le chiffre eut certainement découragé les mieux disposés, s'il eût été connu d'avance. Sachant bien le but qu'il voulait atteindre, mais ne voulant effrayer personne, ce n'était d'abord qu'une simple reconstruction, analogue à celle qui existait déjà, mais il multipliait ses études, et chaque plan apportait une amélioration nouvelle. Ainsi après deux années de travaux, à la suite d'améliorations successives, à côté de cette ancienne église si informe, si écrasée, on voit s'élever aujourd'hui les deux tiers de l'église nouvelle, véritable monument, remarquable par la beauté de ses proportions, par la sévérité de son caractère et par la richesse de ses matériaux : dans la soirée du 12 octobre 1850, la grande croix romane fut hissée sur le pignon de l'édifice, les cloches saluèrent l'érection de cette pierre angulaire et portèrent à tous les habitants la nouvelle de cet évènement.

Tels ont été les moyens pour arriver à l'exécution ; parlons maintenant de l'exécution elle-même.

Dès les premiers moments où, chargé d'un projet nouveau, M. Loupot eut à se préoccuper de la forme de sa pensée, il jeta les yeux autour de lui et vit s'élever de tous côtés ces églises primitives des villages Pyrénéens, précieux spécimen du genre byzantin, témoignages incontestables de l'antiquité de la foi dans nos contrées. Il comprit avec raison qu'une question de convenance et d'harmonie lui imposait l'adoption d'un style qui résume de la manière la plus complète, le caractère religieux et le caractère artistique : c'était ménager à son édifice l'apparence d'une métropole, au milieu de toutes les églises disséminées autour d'elle.

Si nous cherchons maintenant à porter un jugement sur la partie achevée du monument religieux, nous trouvons qu'elle a de belles proportions. Ce ne sont pas les lignes gracieuses, les colonnes, les chapitaux, les riches sculptures et les ornemens multipliés des églises modernes, telles, par exemple, que celle de Saint-Martin du Touch. Mais l'édifice chrétien de Luchon aura son genre de beauté, résultant de la gravité et de la sévérité de ses formes. Il sert de milieu, en quelque sorte, entre le byzantin primitif aux proportions lourdes et écrasées, et le byzantin des dernières époques, où la pierre disparaissait sous la multiplicité des ornemens qui la couvraient.

Afin de se faire une idée exacte de la différence de proportion de l'ancienne et de la nouvelle église, nous dirons que cette dernière aura 42 mètres de longueur sur 22 de largeur; que la hauteur de la voûte est de 18 mètres, et la largeur de sa nef de 14. L'ancienne église avait 21 mètres de largeur, la hauteur de sa voûte était de 10 mètres 50 centimètres, et la largeur de sa nef principale de 4 mètres 30 centimètres.

Quant aux détails de construction, ils sont étudiés avec un soin particulier, et reproduisent avec bonheur les caractères distinctifs de cette architecture transmise à notre admiration par les monuments si rares des XI<sup>e</sup> et XII<sup>e</sup> siècles. La corniche extérieure de la nef, formée de petites arcades juxtaposées reposant sur des modillons, est d'un excellent effet. La partie externe du chevet, formé d'un groupe de cinq absides d'inégale hauteur, l'arcature rampante le long du pignon, jusques à une double fenêtre, ornée de colonnettes ; les chapiteaux à damier, à billettes, à dents de loup, tous ces modillons à boule, à triangle, à pointe de diamant, à croix romane, à croix de Saint André, présentent une richesse de décoration qui charme le regard et se prête merveilleusement au jeu de la lumière.

La voûte de l'église formant un cintre à arête légèrement accusée, est composée de poteries hexagones, vides, de forme conique, réunies entr'elles à l'aide du ciment de Vassy. Mais ce qui mérite une attention spéciale, c'est la manière ingénieuse employée par M. Loupot pour recouvrir les bas-côtés extérieurs de la nef et les coupoles de son abside. Toutes ces parties saillantes sont formées d'une voûte légère, à arc-boutant et cintre perdu, recouverte seulement d'une épaisse couche de ciment de Vassy, terminée à la naissance de l'arc par un large cheneau également en ciment de Vassy. Le cheneau repose sur les corniches le long de tous les versants et conduit les eaux à des tuyaux de descente, assez habilement ménagés pour ne détruire aucune ligne architecturale.

L'application d'un pareil système à une construction aussi importante est une innovation qu'aucun architecte n'avait osé tenter dans nos contrées sujettes aux inclémences de l'atmosphère. Si, comme l'expérience nous l'apprendra, le système si simple, si peu dispendieux, essayé par M. Loupot, réunit toutes les conditions de solidité et d'imperméabilité, on n'hésitera pas, sans doute, à en faire l'application aux plus augustes de nos monuments.

Ainsi l'achèvement de l'église de Luchon ne peut tarder d'arriver à sa fin. M. le Ministre de l'intérieur a fait don à la ville, de deux tableaux confiés au pinceau des premiers artistes de la capitale ; et il a laissé au Conseil municipal la faculté de déterminer le sujet et la dimension. D'un autre côté, M. de Nauzan a déjà exécuté les vitraux destinés à décorer les parties achevées de l'édifice, et l'on attend tous les jours, les autels, la balustrade et la chaire, magnifiques ouvrages de sculpture byzantine, en marbre de Saint-Béat, sortant des ateliers de Geruzet, de Bagnères-de-Bigorre.

Au reste, de l'achèvement de l'église dépend la réalisation de l'embellissement le plus désirable que puisse recevoir la ville de Luchon. Tôt ou tard, lorsque le beau monument religieux sera terminé, il se dégagera des maisons informes qui l'environnent, et les tours de sa belle façade serviront de point de rectification aux alignements des allées de Barcugnas, aux allées d'Etigny et des Soupirs.

Outre les bains de la Reine, qui sont ceux qui ont fait la réputation ancienne et moderne de Bagnères, il existe encore d'autres établissements qui se sont formés dans la suite à côté des anciens. Ainsi, d'abord nous nommerons celui de M. Soulerat, qui se trouve placé sur le premier plan de la montagne : on y arrive par une pente douce. Il est destiné pour les bains émollients et domestiques. La forme de cet établissement ressemble assez à celle d'un pavillon polygone. Les vingt cabinets, qui renferment autant de baignoires, sont rangés autour d'un hémicycle. Une galerie soutenue par des colonnes sveltes, compose un genre d'architecture dans le style ionien. Entre les bains Soulerat et les bains de la Reine con*gus* à ces derniers se trouvent les bains Richard, nom *d'un* célèbre savant qu'a vu naître cette ville. Cet établi*sse*ment renferme onze cabinets et quatorze baignoires. *Le*s bains Ferras, qui sont placés à gauche des bains de la Reine, ont été bâtis par le propriétaire qui leur a donné son nom.

Ces trois établissements dont nous avons parlé, n'ont rien de remarquable, si ce n'est qu'ils n'ont été construits que comme succursales des grands bains de la Reine, ce dernier établissement ne pouvant suffire à la grande quantité de bains qu'il fallait servir pendant la saison. Au reste, ils avaient un grand inconvénient : c'est qu'ils n'étaient pas alimentés par les eaux des sources thermales. La ville a fait aujourd'hui l'achat de ces trois établissements qu'elle va pourvoir des eaux de la Reine au moyen de conduits souterrains. Les étrangers comme la ville n'auront qu'à gagner à cette combinaison.

Enfin il existe plusieurs autres établissements de bains émollients et domestiques dans la ville, à l'extrémité de la rue qui conduit à l'allée des Soupirs. Ces établissements sont connus chacun sous les noms de Maurette, Verdalle et Lacau.

Si maintenant nous récapitulons le nombre des cabinets et des baignoires que renferment ces différents établissements, nous trouvons le résultat suivant :

La Reine 28 cabints, 35 baignoires, 3 cabinets de douche.
Soulerat 20 — 20 — » —
Richard 11 — 14 — 1 —
Ferras 5 — 6 — » —
Maurette » — 6 — » —
Verdalle » — 7 — » —
Lacau » — 6 — » —

Le prix des bains varie suivant les heures auxquelles on les prend : il est coté entre 60 centimes et 1 franc 20 centimes; celui des douches est de 40 à 55 centimes. Le terme moyen des bains qui se donnent à Bagnères-de-Luchon, dans la belle saison, est d'environ sept cents à sept cent cinquante par jour. Qu'on juge maintenant de la quantité d'étrangers que la ville doit renfermer à cette époque!

Comme on le pense bien, la source de la prospérité et de la richesse de Bagnères-de-Luchon est toute dans ses thermes. Il est évident que, si le commerce des vins, des laines, des moutons, etc., que cette ville faisait autrefois avec l'Espagne servait à compenser l'insuffisance des productions du sol, c'est que les thermes n'étaient pas encore sortis de l'obscurité dans laquelle ils restèrent plongés pendant plusieurs siècles. Mais aujourd'hui la richesse du pays se trouve tout entière dans ses eaux thermales.

Cependant il faut avouer que, si les thermes de

Luchon sont la cause principale de la fortune du pays, il en est d'autres encore que l'historien impartial doit constater. Ainsi l'aménité des habitants de Luchon, leur exquise politesse, l'industrie sage et progressive qui distingue leur intelligence, leurs mœurs franches, mais sans trivialité, vives sans légèreté, sont des causes générales de la prospérité de ces thermes. Nous ajouterons encore que la bonne administration municipale dont l'activité croissante tend tous les jours à l'embellissement de la ville ; que le bon goût des habitants qui les porte à s'imposer de nombreux sacrifices pour élever des édifices qui le disputent à des palais ; enfin, que la bonne harmonie qui existe entre les Luchonnais, jointe aux règlements sages d'une police prévoyante, sont encore des causes déterminantes qui préparent ce bel avenir de fortune et de renommée qui est réservé à la ville de Bagnères.

Ainsi chez un peuple, dont le territoire est borné, l'industrie vient toujours suppléer à l'insuffisance du sol !

## CHAPITRE SIXIÈME.

Température des eaux de Bagnères-de-Luchon. — Quantité d'eau fournie par les sources. — Analyse chimique des eaux Thermales par plusieurs savants et notamment par M. Filhol. — Genres de maladies qu'elles guérissent. — Nombre de guérisons pendant une période de cinq années.

Les détails historiques que nous avons donnés sur Bagnères-de-Luchon seraient incomplets, si nous ne les faisions suivre de ceux qui concernent spécialement ses thermes. Aussi allons-nous rapporter textuellement les divers degrés de température auxquels se sont élevées les eaux de Luchon. Pour cela nous n'avons rien de mieux à faire qu'à reproduire les nombreuses expériences qui ont été faites aux différentes époques suivantes :

## TEMPÉRATURE DES EAUX DE BAGNÈRES-DE-LUCHON
### AU 20 SEPTEMBRE 1839.

*(Thermomètre centigrade, air extérieur à 20 degrés.)*

| | | |
|---|---|---|
| Source Bayen............ | 65° | 25 |
| Grotte supérieure...... | 60 | |
| Reine................... | 55 | |
| Grotte inférieure....... | 55 | |
| Chauffoir.............. | 48 | 25 |
| Ancienne Richard........ | 43 | |
| Source blanche reine.... | 38 | |
| Source Ferras.......... | 35 | |
| Nouvelle Richard....... | 35 | 50 |
| Source froide........... | 17 | |

Le résultat des expériences consignées dans ce tableau est différent de celui obtenu par M. le docteur Fontan, que l'étude et d'éminentes qualités placent si honorablement dans les premiers rangs du monde savant. Voici les résultats de ses expériences faites à des époques différentes :

### EN 1835.

| | | |
|---|---|---|
| Grotte supérieure....... | 61° | 50 |
| Grotte inférieure....... | 55 | |
| Reine ancienne......... | 45 | |
| Yeux.................. | 43 | 50 |
| Richard ancienne....... | 43 | 25 |
| Forte Soulerat......... | 34 | |
| Faible Soulerat........ | 32 | 50 |
| Blanche............... | 20 | |
| Froide................ | 19 | |

### EN 1836.

| | | |
|---|---|---|
| Grotte inférieure....... | 56° | 50 |
| Richard ancienne....... | 54 | |
| Reine nouvelle......... | 52 | |
| Chauffoir............. | 46 | 90 |
| Grotte supérieure...... | 47 | |
| Richard nouvelle....... | 38 | 50 |
| Faible Soulerat........ | 32 | 50 |
| Forte Soulerat......... | 30 | |
| Reine ancienne........ | 25 | |
| Yeux................. | 23 | |
| Froide............... | 17 | |

### EN MAI 1841.

*(Air extérieur à 20 degrés, et des grottes à 10.)*

| | | |
|---|---|---|
| Bayen, source......... | 67° | 80 |
| Reine, source......... | 59 | 80 |
| Grotte supérieure, source | 56 | 50 |
| Grotte inférieure....... | 53 | |
| Chauffoir, source...... | 53 | |
| Richard nouvelle....... | 48 | 50 |
| Richard ancienne...... | 46 | 50 |
| Blanche, source........ | 37 | 10 |
| Soulerat, grand puits... | 33 | 50 |
| Soulerat, petit puits.... | 30 | |

### EN OCTOBRE 1841.

*(Air extérieur à 10 degrés, et des grottes 12.)*

| | | |
|---|---|---|
| Bayen................ | 67° | 80 |
| Reine................ | 59 | 70 |
| Chauffoir............. | 49 | |
| Richard.............. | 44 | 70 |

Blanche .............. 37
Enceinte............. 31
Ferras. ............. 29  20
Source froide........ 17  50

Si, de ces expériences sur la température des sources thermales de Bagnères-de-Luchon, nous voulons parvenir à constater la quantité d'eau qu'elles fournissent en un temps donné, nous trouverons à inscrire les résultats suivants. Nous ferons observer toutefois que ces tableaux ont été dressés en 1841, dans l'ordre qui suit:

Nouvelle Reine.

1 litre 186 millilitres en 1 seconde.
71 litres en 1 minute.
4260 litres en 1 heure.
101624 litres en 24 heures.

L'eau de cette source mélangée avec l'eau de la source froide peut donner 770 bains, un bain se composant de 220 litres d'eau à 36 degrés.

Grotte inférieure, n° 17.

19 litres en 72 secondes.
950 litres en 1 heure.
21800 litres en 24 heures.

Même Grotte, n° 15.

19 litres en 4 minutes.
285 litres en 1 heure.
6840 litres en 24 heures.
Total des deux sources, 28640 litres.

Chaque bain étant toujours de 220 litres d'eau à 36 degrés, les deux sources peuvent donner 273 bains.

Source Richard, premier robinet.

> 19 litres en 3 minutes 15 secondes.
> 350 litres 1 heure.
> 8400 litres en 24 heures.

Même Source, second robinet.

> 19 litres en 2 minutes 10 secondes.
> 427 litres en 1 heure.
> 10248 litres en 24 heures.

Total des deux robinets, 18648 litres.

En gardant la température ordinaire pour le bain et la quantité d'eau de 220 litres, le mélange fait avec l'eau froide, cette source peut fournir 175 bains.

Chauffoir à son plus haut degré.

> 19 litres en 66 secondes.
> 1036 litres en 1 heure.
> 24810 litres en 24 heures.

Toutes proportions gardées et le mélange étant opéré cette source peut donner 187 bains.

Nouvelle Richard.

> 20020 litres en 24 heures.

Cette source se trouvant à la température voulue, peut donner sans mélange 91 bains.

## RÉSUMÉ TOTAL.

### DU NOMBRE DES BAINS QUE PEUVENT FOURNIR CES DIFFÉRENTES SOURCES.

| | |
|---|---:|
| Reine nouvelle................ | 770 |
| Grotte inférieure............. | 279 |
| Chauffoir..................... | 187 |
| Richard....................... | 175 |
| Richard nouvelle.............. | 91 |
| Total............. | 1502 |

De nouveaux calculs ayant établi, contradictoirement à ces derniers, une différence prise soit dans une plus grande quantité d'eau que fournissent certaines sources, soit dans la proportion faite pour le mélange, nous en donnons les résultats dans le tableau qui suit :

| | | |
|---|---:|---|
| Reine nouvelle................ | 1709 | bains |
| Grotte inférieure............. | 273 | |
| Source Richard ancienne....... | 171 | |
| Chauffoir..................... | 232 | |
| Nouvelle Richard.............. | 91 | |
| Total............ | 2476 | |

Il est facile de voir par ce double calcul que les thermes de Luchon peuvent fournir dans une journée des bains à un nombre considérable d'étrangers. Aussi, malgré le grand nombre des visiteurs qui s'y rendent tous les ans, à l'époque de la saison, jamais on n'a pu constater un seul cas où le bain ait fait défaut. Aujourd'hui encore que les établissements seront mieux administrés, les personnes qui fréquenteront les thermes auront à se louer de plus en plus du service, qui sera et plus actif et plus régulier que par le passé. De la quantité d'eau à la qualité, la transition ne doit pas paraître étrange ; aussi allons-nous réunir à la première ce qu'on a dit sur la dernière.

On a fait un grand nombre d'expériences pour analyser les éléments chimiques que renfermaient les eaux de Bagnères-de-Luchon ; on a même constaté à différentes époques et par plusieurs analyses souvent renouvelées quels étaient les nombreux agents chimiques qui entraient dans leur composition. Nous ne les citerons pas toutes, mais nous choisirons de préférence les expériences Gintrac.

## EXPÉRIENCES GINTRAC.
### GRAND ÉTABLISSEMENT, FERRAS ET RICHARD.

| | Température centigrade. | Sulfure de sodium par litre |
|---|---|---|
| Source Ferras, au griffon........ | 34.º | 0g 0179 |
| Source Blanche, au griffon...... | 40 | 0 0210 |
| à la buvette..... | 33 | 0 0068 |
| Grotte Supérieure, griffon destiné aux douches................ | 54 50 | 0 0396 |
| Grotte inférieure, bain n° 21..... | 50 | 0 0409 |
| bain n° 16..... | 51 50 | 0 0427 |
| La Reine, griffon, buvette....... | 57 70 | 0 0538 |
| Bayen, griffon................. | 67 | 0 0793 |
| Bayen, mêlée à la Grotte supérieure pour douches et buvette..... | 58 50 | 0 0508 |
| Source Chauffoir, au griffon..... | 48 60 | 0 0396 |
| Richard nouvelle, au griffon...... | 47 50 | 0 0421 |
| à la buvette.... | 43 | 0 0328 |
| Richard ancienne, à la buvette.... | 47 50 | 0 0328 |

ÉTABLISSEMENT SOULERAT.

| | | |
|---|---|---|
| Grand Puits.................. | 37 | 0 0272 |
| Petit Puits................... | 30 | 0 0179 |

Afin que le lecteur puisse établir un système de comparaison entre les effets de l'analyse chimique des eaux de Bagnères-de-Luchon, avec ceux des eaux d'un autre établissement thermal, nous allons reproduire les expériences Gintrac faites à Bagnères-de-Bigorre, avec cette observation toutefois que le sulfure de sodium abonde plus dans les eaux qui se trouvent au centre des Pyrénées que dans celles qui sont placées à l'extrémité de ces montagnes.

## BAGNÈRES-DE-BIGORRE.

| | Température centigrade. | Sulfure de sodium par litre. |
|---|---|---|
| Source de la Bassère............ | 12° 30ˢ | 0 0427 |
| CADÉAC (ÉTABLISSEMENT DE LA RIVE GAUCHE DE LA NESTE). | | |
| Source de la buvette............ | 16 | 0 0687 |
| Source où est le réservoir léger... | 16 | 0 0223 |
| Petite Source extérieure........ | 13 50 | 0 0768 |
| CADÉAC (ÉTABLISSEMENT DE LA RIVE DROITE DE LA NESTE). | | |
| Source principale, buvette....... | 13 50 | 0 0768 |
| réservoir..... | 13 50 | 0 0520 |
| chauffoir...... | 13 50 | 0 0483 |

# ANALYSE CHIMIQUE

## DES EAUX MINÉRALES DE BAGNÈRES-DE-LUCHON,

### FAITE PAR M. FILHOL. (1850).

Toutes les analyses ou expériences faites aux eaux minérales de Bagnères-de-Luchon, se trouvent complétées par les travaux du savant M. Filhol, dont nous allons faire connaître les résultats, en reproduisant le rapport qu'il a rédigé lui-même et qu'il a lu à l'académie des sciences de Toulouse.

« Désirant que la composition chimique des eaux minérales de cette localité fût bien connue et que les questions relatives à la conservation des propriétés de ces eaux fussent l'objet d'un examen approfondi, la commune de Luchon m'a fait, dans le courant de l'année 1850, l'honneur de me charger de faire l'analyse des sources qu'elle possède.

« J'ai consacré près d'une année à l'examen de ces sources, et je suis encore bien loin de pouvoir disposer d'un travail complet et d'avoir traité toutes les questions dont la solution me parait nécessaire. Cependant j'ai été assez heureux pour découvrir quelques faits nouveaux dont je vais entretenir nos lecteurs.

« Les sources minérales que possède la commune de Bagnères-de-Luchon sont fort nombreuses ; on peut les diviser comme suit :

1º Eaux sulfureuses ;
2º Eaux salines (sulfureuses dégénérées) ;
3º Eaux ferrugineuses ;

« Les sources sulfureuses sont actuellement au nombre de trente six, dont vingt-deux ont été découvertes par M. François, depuis 1848. Ces trente six sources constituent la série d'eaux sulfureuses la plus belle et la plus complète qui soit connue. La richesse de certaines sources est telle qu'aucune autre localité des Pyrénées ne peut être comparée, sous ce rapport, à Bagnères-de-Luchon.

« Le débit des nouvelles sources s'élève à environ 168,000 litres en 24 heures; presque toutes ces sources ont sur les anciennes l'avantage d'être très sulfureuses, quoique moins chaudes.

« L'établissement de Bagnères-de-Luchon pourra disposer, cette année 1851, d'environ 400,000 litres d'eau minérale par jour. Pour donner une idée de l'importance des travaux qui ont été exécutés par M. François, je dirai seulement que la longueur des galeries souterraines, actuellement achevées, dépasse 520 mètres courants.

« Mes recherches ont porté principalement sur les eaux sulfureuses; j'ai beaucoup moins étudié les eaux ferrugineuses, dont je dirai pourtant un mot à la fin de cette notice.

« Aidé du concours de M. François, j'ai pu faire sur les eaux sulfureuses des observations plus suivies que toutes celles qui avaient été faites jusqu'à ce jour. C'est ainsi que j'ai pu m'assurer, par une série d'observations dont le nombre s'élève à près de quatre cents, que la température des sources, même les mieux aménagées et les plus indépendantes de l'action des eaux froides, éprouve des variations légères dont j'espère pouvoir faire connaître un peu plus tard la cause. Ce fait n'est certainement pas particulier aux eaux de Bagnères-de-Luchon, tout porte à penser qu'il est général.

« J'ai pu constater aussi par des essais sulfhydromatiques, dont le nombre s'élève à plus de huit cents, que la proportion de sulfure de sodium contenue dans ces eaux varie d'un jour à l'autre; les sources sont plus sulfureuses en hiver qu'au printemps ou en été, et le maximum de richesse correspond aux temps les plus froids de l'année.

« L'analyse qualitative de ces eaux m'a permis d'y découvrir quelques principes actifs dont les analyses antérieures n'y indiquaient pas l'existence; je citerai comme exemple l'iode et quelques traces de phosphates.

« J'ai constaté en outre que toutes les sources sulfureuses de Luchon tiennent en dissolution une quantité sensible d'oxygène qui contribue à produire le phénomène du blanchiment. La proportion d'oxygène tenue en dissolution dans chaque source variant d'un jour à l'autre, on s'explique aisément pourquoi l'eau blanchit si facilement certains jours tandis qu'il arrive d'autres fois qu'elle conserve sa limpidité, au grand déplaisir des baigneurs qui se persuadent qu'on a refusé de leur donner de l'eau blanche.

« Des recherches faites en commun avec M. François m'ont permis d'établir que l'eau sulfureuse éprouve une altération notable toutes les fois qu'elle circule dans les tuyaux qu'elle ne remplit pas en entier, tandis qu'elle se conserve parfaitement dans des tuyaux bien pleins. Des dispositons particulières ont été adoptées par M. François, pour mettre toutes les sources à l'abri de l'altération rapide qu'elles éprouvent toutes les fois qu'elles ont le contact de l'air.

« Je me suis assuré que lorsque l'eau chaude et l'eau froide qui servent à préparer un bain sont versées par des robinets placés à la partie supérieure de la baignoire, le mélange analysé immédiatement a perdu une portion notable de son titre, ce qui est dû tant à l'action de l'air que l'eau froide tient en dissolution qu'à celle de l'air que l'eau entraine avec elle en tombant.

« Il faut que l'eau arrive dans les baignoires sans chute si l'on veut diminuer cette altération ; il serait aussi très-utile que l'eau sulfureuse qui s'écoule parfois du trop plein des réservoirs ne fût pas perdue : en la déversant dans le réservoir de l'eau froide, on absorberait l'oxygène de cette dernière et on neutraliserait son action sur l'eau du bain.

« On croit généralement que l'eau de Luchon est plus profondément altérée par le transport que celle des autres sources des Pyrénées, j'ai constaté qu'il n'en est rien, et qu'elle se conserve aussi bien que celle de Barèges, Cauterets, etc.

« Je dois faire observer à ce propos qu'il n'est pas indifférent de mettre l'eau en bouteille un jour quelconque. Il faut que l'eau qui doit être emportée soit, autant que possible, recueillie lorsque la marche du baromètre est ascendante. Alors elle est généralement moins chargée d'air, moins altérable et plus sulfureuse.

« Le tableau joint à cette note peut donner une idée de la richesse et de la variété des eaux de Luchon.

« Les sources ferrugineuses de Bagnères-de-Luchon sont fort remarquables. Il existe dans les galeries même où jaillissent les eaux sulfureuses, une source ferrugineuse qui est fournie par des infiltrations qui, agissant sur une roche schisteuse très riche en fer, la désagrègent et dissolvent une proportion notable de ce métal.

« Cette source est surtout remarquable par l'énorme proportion de silice qu'elle tient en dissolution, j'ai de fortes raisons pour croire que le fer s'y trouve en partie à l'état de silicate, le dépôt qu'elle abandonne est sensiblement arsénieux.

« La source ferrugineuse de Barcugnas est une source sulfo-crénatée, comme les précédentes. Elle contient un peu d'arsenic. La source de Castel-Viel est sulfatée; elle est aussi arsenicale. Au reste, la présence de l'arsenic dans les eaux ferrugineuses de cette localité me paraît un fait assez général. J'ai pu constater la présence de ce corps dans toutes les sources ferrugineuses des environs de Bagnères-de-Luchon que j'ai examinées.

« La présence de l'arsenic dans ces eaux ne doit effrayer personne. Ce corps peut contribuer à les rendre plus actives. Mais il ne s'en trouve jamais en proportion suffisante pour provoquer des accidents. J'ai constaté, en outre, la présence de l'iode sur des incrustations qui existent sur des roches situées aux eaux thermales.

## TABLEAU DES OPÉRATIONS CHIMIQUES
FAITES SUR LES EAUX DE BAGNÈRES-DE-LUCHON (Années 1850-1851)

| NOMS DES SOURCES. | TEMPÉRATURE des sources. | NOMBR. des observations de température. | QUANTITÉ DE SULFURE de sodium contenue dans 1 litre d'eau. | NOMBR. des essais sulfhydrométriques. | QUANTITÉ DE SULFURE contenue dans un bain de 250 lit. |
|---|---|---|---|---|---|
| | | | gr. | | gr. |
| Bayen | 68,00 | 20 | 0,0773 | 110 | (*)6,560 |
| Reine | 57,08 | 55 | 0,0539 | 165 | 6,200 |
| Grotte supérieure | 58,44 | 39 | 0,0361 | 158 | 3,468 |
| Ferras n° 1 | 39,96 | 27 | 0,0237 | 114 | 4,358 |
| Idem 2 | 34,34 | 32 | 0,0079 | 142 | 1,981 |
| Etigny n° 1 | 48,34 | 15 | 0,0356 | 136 | 5,640 |
| Idem 2 | 30,07 | 8 | 0,0098 | 10 | 2,450 |
| Blanche | 47,21 | 16 | 0,0349 | 14 | 5,411 |
| Richard supérieure | 50,04 | 24 | 0,0518 | 10 | 6,806 |
| Azemar | 53,17 | 25 | 0,0523 | 12 | 6,330 |
| Lachapelle | 40,00 | 10 | 0,0354 | 41 | 10,640 |
| Ferras inférieure | 37,80 | 8 | 0,0409 | 5 | 10,589 |
| Bosquet n° 1 | 44,00 | 3 | 0,0740 | 4 | 12,067 |
| Idem 2 | 34,50 | 5 | 0,0234 | 5 | 5,885 |
| Richard tempérée n° 1 | 38,00 | 4 | 0,0330 | 3 | 7,005 |
| Idem 2 | 32,00 | 3 | 0,0155 | 3 | 3,886 |
| Richard inférieure | 46,40 | 3 | 0,0599 | 3 | 9,045 |
| Grotte inférieure | 56,50 | 3 | 0,0611 | 3 | 8,436 |
| Source des Romains | 49,20 | 6 | 0,0583 | 6 | 8,073 |
| Source du pré n° 1 | 33,20 | 8 | 0,0160 | 8 | (1) |
| Idem 2 | 24,30 | 6 | 0,0178 | 6 | (2) |
| Source Senger n° 1 | 39,75 | 3 | 0,0586 | 3 | 10,796 |
| Idem 2 | 31,50 | 3 | 0,0178 | 3 | 4,454 |
| Idem 3 | 30,50 | 3 | 0,0114 | 3 | 2,813 |
| Idem 4 | 29,50 | 3 | 0,0212 | 5 | 5,299 |
| Source Borden n° 1 | 33,50 | 3 | 0,0098 | 3 | 2,457 |
| Idem 2 | 37,00 | 3 | 0,0393 | 3 | 8,768 |
| Idem 3 | 44,50 | 3 | 0,0625 | 3 | 10,189 |
| Idem 4 | 49,30 | 3 | 0,0692 | 8 | 10,647 |
| Idem 5 | 33,50 | 3 | 0,0365 | 3 | 9,139 |
| Source de l'enceinte | 39,32 | 15 | 0,0508 | 10 | (3) |
| Source de l'étuve | 86,42 | 4 | 0,0350 | 4 | (4) |
| Source innommée, au S. de la s. Richard inf. | 39,25 | 3 | 0,0479 | 3 | (5) |
| Source innommée, au Sud de la précédente | 37,20 | 3 | 0,0433 | 3 | (6) |
| Source innommée, au S. de la source l'Etuve | 76,70 | 3 | 0,0577 | 3 | (7) |

### OBSERVATIONS.

(*) Les données du calcul sont les suivantes.
La température de l'eau froide est de + 18°. On suppose que le bain contient 250 litres d'eau et que la température est portée à + 35° par l'addition d'une quantité suffisante d'eau froide. Quand la température de l'eau minérale est inférieure à 35°, on suppose que le bain est donné avec l'eau minérale pure.

(1) Cette source est peu abondante et ne peut fournir qu'une buvette.
(2) La tempér. de cette source est trop basse pour qu'on puisse l'employer seule.
(3) Cette source n'est pas assez abondante pour être employée en bains.
(4) Idem.   (5) Idem.   (6) Idem.   (7) Idem.

Les sources dont j'ai indiqué la richesse ne sont pas toutes employées isolément; plusieurs d'entre elles sont mélangées avant d'arriver à l'établissement. Ce tableau a pour but de montrer ce qu'on pourrait faire en les employant isolément.

Comme conséquence des qualités intrinsèques que renferment les eaux de Luchon, un des premiers et des principaux avantages de ces thermes, consiste à soulager les souffrances de l'humanité ; les plaisirs et les agréments qu'offre une société d'étrangers qui les fréquentent, ne doivent être comptés que comme des avantages accessoires. Aussi les thermes qui réunissent au soulagement des maux dont l'espèce humaine est affligée, les jouissances naturelles qu'offrent un beau site, un climat heureux et une réunion nombreuse et bien composée, sont ceux qui voient tous les ans, se réunir autour d'eux un plus grand concours de visiteurs. Les bains de Luchon possèdent ce double avantage. Mais, pour nous occuper seulement de ce qui est utile, voici sur qu'elles maladies ces eaux exercent une efficacité toute particulière. En cela la réputation qu'elles ont de guérir les infirmités humaines, n'est nullement usurpée.

Les hommes de l'art reconnaissant que les eaux thermales de Luchon agissent efficacement sur un grand nombre de tempéraments et guérissent les rhumatismes et leurs divers modes dans leur état chronique.

Les affections de la peau, surtout celles qui ont un caractère hépatique ; pour ces maladies elles ont une supériorité marquée sur toutes les eaux des Pyrénées.

Les névralgies et leurs nombreuses variétés.

Les chorées ou danses de Saint-Guy, maladies qui généralement ne se font sentir chez les femmes qu'avant l'âge de puberté.

Les maladies scrofuleuses.

Les engorgements glanduleux, avec abcès, trajet-fistuleux. Les ulcères cutanés de même nature.

Les caries de la colonne vertébrale, mais rarement.

Les tumeurs blanches des articulations.

Les douleurs, suites de luxations.

Dans diverses maladies de poitrine, telles que bronchite chronique, les diverses affections asthmatiques avec sécrétion abondante de mucosités.

Les laryngites chroniques.

Dans quelques cas, l'hémiplégie cérébrale; cela arrive rarement. Pour cette maladie il faut avoir recours aux bains Sainte-Marie, principalement dans les paralysies partielles résultant de rhumatismes, quelquefois dans les paralysies partielles de la vessie, résultant de la paralysie de la moële épinière, suites de rhumatismes.

Dans les leucorrhées vaginales.

Dans les ménorrhagies atoniques.

Dans les engorgements chroniques du corps de l'utérus. Dans les irrégularités des menstrues.

Dans les affections syphilitiques, suites d'une vie déréglée; etc, etc.

Il nous suffit de ce simple énoncé pour constater un fait important, à savoir, que les eaux de Bagnères-de-Luchon ont sur un grand nombre de maladies une efficacité généralement reconnue. Mais là ne doivent point s'arrêter seulement nos assertions ; nous pouvons invoquer encore à l'appui, les résultats obtenus sur les maladies elles-mêmes, pendant une période de cinq années. Le tableau suivant a été dressé officiellement sur un registre destiné à cet effet. Si un grand nombre d'autres affections qui ont été guéries ne s'y trouvent point consignées, c'est qu'il a été impossible de constater leurs genres de maladies. La note suivante ne peut donc être défectueuses que parce qu'elle manquerait d'être complète :

| Indications des maladies. | Guéries. | Soulagées. | Non-guér. |
|---|---|---|---|
| Affections rhumatismales......... | 375 | 210 | 180 |
| Affections dartreuses, ou maladies chroniques de la peau......... | 295 | 115 | 115 |
| Paralysies diverses de la vessie, des membranes intérieures........ | 12 | 24 | 55 |
| Engorgements scrofuleux, ulcères scrofuleux, tumeur blanche avec gonflement osseux............ | 285 | 160 | 130 |
| Névralgies................... | 55 | 40 | 75 |
| Catarrhes pulmonaires de la vessie. | 83 | 22 | 20 |
| La leucorrhée, chlorose, aménorrhée | 47 | 20 | 90 |
| Entorses chroniques, ankyloses, raideurs, contracture des membres à la suite des fractures et luxations. | 120 | 82 | 45 |
| Accidents consécutifs aux plaies d'armes à feu, ulcères fistuleux, carie aux os..................... | 22 | 18 | 44 |
| Maladies syphilitiques, syphilides, blennorrhée................ | 77 | 16 | 34 |
| Total........ | 1371 | 707 | 818 |

Ainsi, sur 2896 malades qui sont venus à Luchon avec des maladies graves, 1371 ont été guéris, 707 se sont trouvés soulagés, 818 seulement ont résisté aux effets salutaires des eaux.

Tous ces différents détails n'étant que les produits mathématiques des chiffres, nous n'avons pas besoin de les faire suivre d'aucun commentaire; c'est au lecteur à les apprécier maintenant dans toute la sincérité de sa conviction d'homme.

## CHAPITRE SEPTIÈME.

Vallée de Luchon. — Sa position géologique. — Flore du bassin de Bagnères. — Ornithologie et histoire naturelle de cette vallée.

La vallée de Luchon offre cela de particulier qu'elle se trouve dans la plus belle situation géographique de toutes celles qui s'ouvrent dans l'intérieur des pyrénées. Elle est, en cela, dans une position exceptionnelle. Encadrée par de hautes montagnes, elle voit se dresser, autour d'elle, comme d'énormes géants, le pic de Cabrioulsqui s'élève, à l'extrémité de la vallée de Lys, à 1658 toises (3215 mètres 850 millimètres) au dessus du niveau de la mer; celui de la Tuque de Maupas, dans la même vallée du Lys, dont la hauteur est de 1615 toises (3147 mètres 850 millimètres). A ces deux derniers nous ajouterons ceux qui dominent la vallée à une distance plus ou moins rapprochée et dont nous donnons ici la nomenclature, avec la mesure de leur élévation, tant en toises qu'en mètres :

Maladetta, pic d'Anéthon ou Netto, près de Bagnères-de-Luchon, 1787 t. (3432,863). Son arête, accessible seulement à l'ouest, a de 1621 à 1671 t., et au pied de son glacier, 1371 t., (2622,079).

Port d'Oo, vallée de Larboust, 1540 t., (3001,460).

Lac glacé du port d'Oo, vallée de Larboust, 1381 t, (2652,589).

Pic Quairal, vallée de Larboust et vallée du Lys, 1585 t., (3089,165)

Pic de Hermitans, vallées de Larboust et de Louron, 1554 t., (3027,746).

A ces pics, dont les rochers bizarrement découpés, prennent des formes plus ou moins fantastiques, nous devons ajouter les glaciers qui, au lieu de se trouver dans une position ascendante, s'étendent dans une position longitudinale sur les flancs des montagnes. Ainsi, le glacier de la Maladetta, sur le versant méridional de l'Espagne, à cinq lieues (25 kilomètres) de Luchon, est un des plus beaux de tous ceux des Pyrénées; ses eaux vont se perdre dans le gouffre ou trou du Toro; sa longueur est d'environ 6,000 toises (11,684 mètres), et pourtant sa hauteur au-dessus du niveau de la mer n'est que de 1,172 toises (2,672 m.). Après le glacier de la Maladetta, celui de Cabrioules, qui est au fond de la vallée du Lys, s'étant sur la montagne du même nom ; il se joint à celui du Portillon d'Oo, et de ce dernier communique à celui du port d'Oo. Les eaux du glacier de Cabrioules servent à former la cascade d'Enfer et celle du Cœur, dans la vallée du Lys. Les lacs d'Oo, de la Maladetta, du Portillon d'Oo et de quelques autres dont nous parlerons plus tard complètent, avec les cascades de Montauban, de Juzet, des Demoiselles, des Parisiens et du Cœur, l'énoncé que nous avions à faire sur les beautés physiques et géologiques qui existent, comme des plis gracieux d'une riche ceinture, aux environs de la vallée de Luchon. Partout, dans ces montagnes, la nature végétale est sublime !

Mais notre œuvre de description serait imparfaite, si nous ne faisions connaître à nos lecteurs ce que la nature organique et animée, compte de richesses et de productions dans le bassin de Bagnères. Nous allons entreprendre nos explorations, en commençant par décrire la Flore des différentes vallées qui sont contiguës à celle de Luchon, et qui par ce seul fait sont situées sous la même zone floride.

Plusieurs savants naturalistes se sont occupés avec un rare talent à décrire les diverses plantes qui croissent dans les Pyrénées. M. de Lapeyrouse surtout s'est livré à cette étude avec un soin et une distinction remarquables.

Voici la nomenclature des différentes plantes classées par les naturalistes qui ont exploré seulement les montagnes et les vallées de Luchon. Nous suivrons un ordre méthodique dans leur énumération :

## VALLÉE DU LYS.

1 Le sureau à grappes, *Sambucus racemosus*.

Les feuilles qui composent cette plante sont très-variées, tandis que les pétales de ces fleurs sont d'une couleur riche et vive à la fois.

2. Atrops belladone, *Atropa belladona.*
3. Lunaire vivace, *Lunaria rediviva.*
4. Impatiente n'y touche pas, *Impatiens noli tangere.*
5. Gentiane jaune, *Gentiana lutea.*

La Gentiane jaune est la seule espèce qu'on trouve dans la vallée du Lys, tandis qu'elle abonde dans les autres vallées. Ces diverses espèces ont des fleurs jaunes ou bleues, et sont remarquables par l'éclat de leurs couleurs et par le dessin de leurs formes.

6. Lys des Pyrénées *Lilium Pyrenaicum.*
7. Lys Martagon *Lilium Martagon.*
8. Lys de Saint-Bruneau, *Anthéricum liliago.*

Ces trois sortes de Lys, qui sont communs dans cette vallée, ont un peu de ressemblance avec les lys de nos jardins, mais sous une forme plus petite. La couleur de leur corolle est rose sombre, marquetée de noir; leur anthère est purpurine et produit dans tout l'ensemble de la fleur un effet brillant.

9. Ellébore à fleurs vertes, *Elleborus viridis.*
10. Primevère à feuilles entières, *Primula integrifolia.*

La première à feuille entière tapisse les rochers sur lesquels elle s'élève. Sa couleur est d'un violet tendre; ses feuilles sont très-petites, et ses fleurs sont en nombre aussi considérable que ses feuilles, ce qui distingue cette plante d'une manière toute particulière.

11. Groseillier des Alpes, *Ribes Alpina.*
12. Violette à long éperon, *Viola cornuta.*
13. Campanule à larges feuilles, *Campanula latifolia.*
14. OEillet superbe, *Dianthus superbus.*
15. Prenanthe pourprée, *Prenathus purpurea.*
16. Erythrone, dent de chien, *Erythronium dens canis.*
17. Fritillaire pintade, *Fritillaria meleagris.*

18. Asphodèle blanc, *Asphodelus albus*.
19. Scille fausse hyacinthe. *Scilla lilio hyacinthus.*
20. Astrancie à grandes feuilles, *Astrancia Major.*
21. Silène des rochers, *Silene rupestris.*

L'astrancie à grandes feuilles est remarquable par sa fleur d'un bleu jaune, ses pétales, dont le nombre n'est pas fixe, sont disposées comme celles de la fleur du soleil de nos potagers; elle abonde dans les prairies et porte sur sa tige plusieurs feuilles d'inégale grandeur.

22. Renoncule à feuille d'Aconit, *Renunculus Aconitifolii.*
23. Anémone renoncule, *Anemone renonculoïdes.*
24. Aconit tue loup, *Aconitum lycothonum.*
25. Epiaire des Alpes, *Stachi Alpina.*

Cette plante a des feuilles grandes, quoique sa tige soit petite; ses fleurs, qui prennent naissance à sa tige à l'endroit où se développe le pétiole, sont d'un violet rose.

26. Digitale pourprée, *Digitalis purpurea.*
27. Digitale jaune.
28. Saxifrage hirsu *Saxifraga autumnales.*
29. Grassette vulgaire, *Pinguicula vulgaris.*
30. Epilobe en épic, *Epilobium spicatum.*
31. Lysimachia.

Les feuilles de la lysimachia sont en forme de trèfle; elle se trouve dans les bois; sa fleur est remarquable par sa belle couleur de jaune foncé; elle est une des plus jolies plantes de la vallée du Lys.

## VALLÉE D'OO ET SES ENVIRONS.

Cette vallée, qui embrasse les lacs de Séculéjo, du Portillon d'Oo, d'Espiga et du lac glacé, y compris le vallon de Midasol, la gorge d'Esquery, et les alentours du lac d'Esquery, a été appelée le jardin des Pyrénées par les botanistes; ces lieux, en effet, ont enrichi la flore des Pyrénées par la grande quantité des plantes rares et précieuses qu'ils ont fournis à la science. Voici le détail de celles qu'on y trouve:

1. Primule farineuse, *Primula farinosa.*
2. Pavot du pays des Galles, *Papaver camprienus.*
3. Primevère à feuille entière, *Primula integrifolia.*
4. Violette à long éperon, *viola cornuta.*
5. Violette à deux fleurs, *viola biflora.*
6. Aconite nappes, *Aconitum napelus.*
7. Aconit anthorre, *Aconitum anthorra.*
8. Rododendrum ferrugineux.
9. Ramondie des Pyrénées, *Ramondia Pyrenaica.*

La feuille de cette plante est veloutée et laineuse à son revers; ses fleurs violettes se détachent sur une tige très-faible et a cinq pétales presque égales; elle se trouve au lac d'Oo et tapisse la Cascade des Demoiselles.

10. Chevrefeuille des Pyrénées, *Leonicera Pyrenaica.*
11. Saxifrage pyramidal, *Saxifraga pyramidalis.*
12. Saxifrage étoilé, *Saxifraga stellaris.*
13. Androsace des Pyrénées, *Androsace Pyrenaica.*
14. Androsace des Alpses, *Androsace Alpina.*
15. Géranium des Pyrénées, *Geranium Pyrenaica.*
16. Véronique pons, *Veronica ponce.*
17. Véronique des Alpes, *Veronica Alpina.*
18. Véronique à feuilles de paquerettes, *Veronica Belldione.*
19. Veronique des rochers, *Veronica saxosa.*
20. Mufflier toujours vert, *Anthirrinum semper virens*
21. Pédiculaire courbée, *Pedicularis giroflexa.*

22. Tozzi des Alpes, *Tozzia Alpina.*
23. Campanule agglomérée, *Campanula glomerata.*
24. Campanule en gazon, *Cœspitosa.*
25. Buplèvre des Pyrénées, *Buplevrum Pyrenaicum.*
26. Statice armérie, *Statice armeria.*
27. Soldanelle des Alpes, *Soldanella Alpina.*
28. Tussilage des Alpes. *Tussilago Alpino.*
29. Bartsi des Alpes, *Burpsia Alpina.*
30. Erino des Alpes, *Erinus Alpinus.*
31. Liodent écailleux, *Leontodon squamosum.*
32. Cardamine des Alpes, *Cardamina Alpina.*
33. Gypsophille rampante, *Gysophilla repens.*
34. Silène sans tige, *Silene acaulis.*
35. Silène saxifrage, *Silene saxifraga.*
36. Anémone des Alpes, *Anemone Alpina.*
37. Anémone narcissiflore, *Anemone narcissiflora.*
38. Renoncule des Pyrénées, *Renunculus Pyrenaica.*
39. Renoncule thors, *Renuncule thora.*
40. Renoncule glaciale, *Renoncule glacialis.*
41. Ancolie des Alpes, *Ancolia Alpina.*
42. Aster des Alpes, *Aster Alpina.*
43. Tourmentille droite, *Tourmentilla erecta*
44. Potentille alchemille, *Potentille alchemiloides.*
45. Potentille des neiges, *Potentille nivalis.*
46. Geum ou Becolte des montagnes, *Geum montanum.*
47. Alchemille des Alpes, *Alchemilla Alpina.*
48. Nerprun des Alpes, *Rhamnus Alpinus.*
49. Saule des Pyrénées, *Salix Pyrenaica.*
50. Saule herbacée, *Salix herbacea.*
51. Cardamine des Alpes, *Cardamine Alpina.*

Nous terminons tout ce que nous avons à dire sur la flore du bassin de Luchon, par la nomenclature des plantes que renferment les vallées de Barca et du portillon de Bossost. On verra que ces deux dernières vallées ne le cèdent point aux premiers.

## VALLÉE DU PORTILLON DE BOSSOST.

1. Spirée ou barbe de bouc, *Spirea Aurunca.*
2. Campanule large-feuille, *Campanula latifolia.*
3. Thalictrom à feuilles d'Ancolie, *Thalictron ancolifolium.*
4. Balsamine n'y touche pas, *Impatiens nolli tangere.*
5. Pyrole à feuille ronde, *Pyrole rotundifolia.*
6. Muguet des bois, *Asperula odorata.*
7. Scille fausse jacinthe, *Scilla litio hiacinthus.*
8. Asphodèle blanc *Asphodèlus Albus.*
9. Saxifrage de Clusi, *Saxifraga Clussi.*
10. Atropa Belladone, *Atropa Belladona.*
11. Actes en épi, *Actea spicata.*
12. Valeriane des Pyrénées, *Valeriana Pyrenaica.*
13. Narcisse des poètes, *Narcissus poeticus.*
14. Pavot du Pays de Galles, *Papaver Cambrienus.*
15. Euphorbe d'hiver, *Euphorbia hyemalis.*
16. Lis Martagon, *Lilium Martagon.*
17. Digitale pourprée, *Digitalis purpurea.*
18. Digitale jaune, *Digitalis lutea.*
19. Astrance à grandes feuilles, *Astrancia major.*
20. Sureau à grappes, *Sambucus racemosus.*
21. Groseiller des Alpes, *Ribes Alpina.*
22. Phytème en épi, *Phytema spicata.*

Nous pourrions citer encore un nombre considérable de plantes qui se trouvent dans la vallée de l'hospice du port de Venasque, au Port de la Picade, au trou de Toro, dans les pâturages de Capsaure, à la cascade des Demoiselles et à celle des Parisiens, et qui sont toutes fort remarquables : mais ce serait fatiguer l'attention de nos lecteurs ; d'ailleurs on peut trouver une partie de ces détails qui concernent les plantes de ces localités dans la flore de M. Lapeyrouse.

Maintenant que nous venons de faire connaître les différentes plantes qui croissent sous la zone floride de Bagnères-de-Luchon, il ne sera pas inutile, sans doute, de nous élever plus haut dans l'échelle de la nature, en passant de la plante aux oiseaux. L'étranger qui visite ces montagnes voudrait tout apprendre, et souvent, en arrivant au sein des Pyrénées, son avidité est telle qu'il désirerait déjà se mettre en rapport d'intelligence avec tout ce qui l'environne.

Aussi, pour satisfaire cette curiosité bien naturelle, nous allons entrer dans quelques détails sur l'ornithologie de ces montagnes ; et quoique la nomenclature semble devoir paraître fatigante au lecteur, nous l'emploierons encore, afin de mettre plus d'ordre et plus de méthode dans notre récit.

Parmi l'espèce d'oiseaux les plus connus aux environs de Bagnères-de-Luchon, nous citerons :

La caille, qui est très commune toute l'année, excepté en hiver, où le froid la force à quitter ces vallées.

La petite et la grande bécasse abondent dans ces contrées, depuis le mois de mai jusqu'au mois d'octobre.

L'ortolan, au contraire, est très-rare dans cette partie des Pyrénées, tandis qu'il est commun dans les Pyrénées orientales.

Le coq de bruyère se fait remarquer dans les bois de sapins qui couvrent les flancs de ces montagnes ; sa ressemblance se rapproche beaucoup de celle du faisan. La femelle du coq de bruyère est entièrement noire.

La tourterelle et le faisan sont inconnus dans ces parages.

L'aigle surnommé *arian* est le plus grand de tous les

oiseaux qui existent dans les Pyrénées. Il est vraiment monstrueux ; il a environ quatorze pieds (3 mètres 70 centimètres) d'envergure ; il est surtout remarquable par ses griffes redoutables, son bec crochu et tranchant, ses yeux perçants et avides, enfin par son plumage d'un roux sale, mélangé, dans diverses parties du corps, de noir et de blanc. Le dessous de son ventre est d'un jaune très-clair, à leurs extrémités les plumes de ses ailes sont noires, elles sont blanches au milieu ; un collier blanc-cendré, tacheté de jaune-roux, entoure son cou. Cette espèce d'aigle habite les hautes régions dans cette partie des Pyrénées ; il descend dans les plaines pour assouvir sa voracité, lorsque les rochers ne peuvent plus le nourrir : alors il lutte avec les animaux les plus vigoureux et souvent même avec l'homme, dont il est un ennemi dangereux.

Il existe encore trois espèces d'aigles : le griffon, le gypaète et l'alimoche, tous plus petits que l'arian. Ils sont assez connus, ce qui nous dispense de les décrire ici.

Le Pégo-accenteur est un oiseau qui se perche sur les rochers. Il a la poitrine et le cou d'un gris cendré, le dos marqué de grandes taches brunes ; sa gorge est blanche, et forme des espèces d'écailles, son ventre et ses plumes sont d'un ton roussâtre, mêlé de blanc et de gris ; ses ailes et sa queue d'un brun noirâtre ; toutes ses plumes sont liserées de cendre, souvent elles se terminent par une tache blanche ; son bec est noir à la pointe et jaune à la racine, ses pattes jaunâtres ; ses ongles sont bruns ; sa longueur est d'environ vingt centimètres La femelle diffère du mâle par des couleurs un peu moins variées. Cet oiseau habite généralement les Alpes, et se tient le long des rochers : dans la belle saison il gagne successivement la cime des plus hautes montagnes ; dans l'hiver il descend dans les régions moyennes On le voit dans les plus hautes montagnes de France. Sa nourriture en été se compose de hannetons et d'insectes ; en hiver, il vit de semences et de plantes. Le Pégo-accenteur fait son nid dans les fentes des rochers, sur les pics des montagnes, et pond cinq œufs de couleur verdâtre. Il existe encore deux espèces d'accenteur : l'accenteur-mouche et l'accenteur-montagnard.

L'accenteur montagnard, qui est le seul dont nous voulons parler, a une espèce de capuchon noir à la tête ; ce capuchon, assez épais, la lui couvre toute entière ; il a une bande noire qui lui passe au-dessus des yeux, et qui va couvrir une partie de l'orifice de ses oreilles ; on lui remarque un large sourcil jaune qui prend son origine à la racine de son bec et aboutit à sa nuque ; les parties inférieures de son corps sont d'un cendré rougeâtre, marquées de grandes taches longitudinales d'un rouge assez vif, ses ailes sont d'un brun cendré rougeâtre, bordées de deux rangées de petits points jaunes qui forment sur ses ailes une double bande ; sa queue est d'une seule teinte brune, ses baguettes sont cependant d'un brun rougeâtre ; toutes les parties inférieures de son corps sont couleur isabelle jaune, variées sur la poitrine de taches brunes et sur les flancs de taches longitudinales cendrées rougeâtre ; la base de son bec est jaune, la pointe est brune ; ses pattes sont jaunes ; sa longueur est de vingt à vingt-cinq centimètres ; il habite la partie orientale du midi de l'Europe, et se nourrit comme ceux de son espèce ; mais on n'a pu encore découvrir comment il se propage.

Le tichodrome-échelètre est rare dans les Pyrénées ; on le trouve néanmoins quelquefois dans cette partie de nos montagnes. Il a la tête d'une couleur cendré-foncée ; la gorge, le sommet de son cou sont d'un beau noir ; la barbe inférieure de sa queue, qui est noire, est terminée par un blanc un peu cendré. Il est très-petit ; sa longueur est de seize à vingt centimètres ; il se nourrit d'insectes, de sa larve, de ses cocons, et plus particulièrement d'araignées ; quelquefois de ses œufs et des œufs des autres oiseaux dont il est très-friand ; il fait son nid dans les fentes des rochers les plus escarpés, dans leurs crevasses, dans les ruines des masures, situées à une grande élévation.

Le pyrocorax a les mêmes formes, les mêmes mœurs que le corbeau. Cette espèce de volatiles vit en troupe, le pyrocorax se perche sur les hêtres de ces montagnes ou s'abat aux pieds des rochers ; les individus de cette espèce se disputent les animaux morts ; leurs cris, leurs mouvements, leur vol et leurs habitudes sont les mêmes que ceux du choucas : ils peuvent en être regardés comme les représentants dans les hautes montagnes. Ils quittent rarement les régions couvertes de neige et de glace, à moins qu'ils n'y soient forcés par la faim ; ils font leurs nids dans les fentes des rochers les plus escarpés ; toute espèce de nourriture leur est bonne : graines, semences, charognes ; leur plumage est d'un noir brillant, avec un reflet pourpré vert.

La perdrix blanche de la famille des tetras abonde dans cette partie des montagnes de Luchon : en hiver ses plumes sont blanches, en été elles deviennent grises : cette métamorphose dans sa robe est un avantage réel pour ce volatile qui échappe ainsi facilement à la poursuite de ses ennemis. Les perdrix de cette espèce ont les pattes couvertes d'un fort duvet qui les garantit du froid ; ce duvet est moins touffu en été qu'en hiver. Il existe encore d'autres espèces de perdrix ; elles n'habitent que les plaines : ce sont les perdrix rouges, grises et bartavelles. Cette dernière espèce a un brillant plumage, assez semblable à celui des beaux coqs de nos basse-cours ; on la trouve principalement dans les bruyères. Toutes ces espèces pondent de douze à quinze œufs d'un rouge clair ; cependant ceux des perdrix rouges sont d'un roux foncé ; elles font leur nid par terre, dans les buissons et les bruyères.

Le hibou, grand-duc, quoique rare en France, se trouve pourtant dans les Pyrénées et surtout dans les montagnes qui avoisinent la vallée de Luchon. Il a le dessus du corps de couleur variée et ondé de noir et ocre jaune ; à la partie inférieure de cette dernière couleur sont des taches noires longitudinales ; sa gorge est blanche ; ses pattes jusques sur ses ongles sont couvertes de plumes d'un rouge jaunâtre ; son bec et ses ongles sont couleur de corne ; son iris est orange vif ; sa longueur est de soixante-cinq à soixante-dix centimètres ; il est très-carnassier, se nourrit de jeunes chevreuils, de cerfs venant de naître, de lièvres, taupes, rats, souris, grenouilles et de lézards. Il fait son nid dans le creux des rochers, dans les ruines de vieux châteaux ; il pond deux ou trois œufs très-arrondis et blancs.

Outre cette espèce de hibou, on voit le hibou moyen duc, le hibou scops ; ce dernier a deux petites cornes formées par des lames et deux petites plumes réunies formant une touffe ; il n'a que vingt-cinq centimètres de longueur ; il est commun en France.

Le Goëland, burger-meister, *(Larus Glaucus)*, habite ordinairement les contrées septentrionales ; aussi, est-il très-rare dans notre midi ; il existe pourtant dans nos montagnes où plusieurs naturalistes ont pu l'étudier. Il fait son nid dans le creux des rochers, pond six à huit œufs couleur verdâtre, allongés vers le bout et marqués de quelques taches noires ; son dos, le manteau de ses ailes sont d'un cendré bleuâtre-clair ; son bec d'un beau jaune ; l'angle de sa machoire inférieure, que l'on appelle mandibule, d'un rouge vif ; le cercle nu de ses yeux, rouge, iris jaune ; ses pieds livides ; sa longueur en général est de soixante-dix à quatre-vingts centimètres.

Le merle blanc ou merle-à-plastron est très-commun dans la vallée de l'Hospice du port de Venasque. Ses plumes noirâtres sont bordées de gris-blanc ; son bec est jaune et son plumage varie étrangement ; on en voit qui sont entièrement blancs. Cet oiseau habite les pays boisés et montagneux ; il se nourrit d'insectes, fait son nid par terre, au pied des buissons ; il pond de cinq à six œufs d'un vert blanchâtre tacheté de points rouges ou rougeâtres.

Il existe plusieurs autres espèces de merles ; entr'autres, le merle tordu, le merle draine, le merle grive, le merle litorne, le merle gorge noire, le merle mauvis, le merle de roche, le merle naumann, et le merle bleu. Il est inutile d'entrer dans le détail de ces divers oiseaux dont la plupart sont étrangers à nos montagnes.

Nous terminerons ce chapitre, ou plutôt nous le complèterons, en rapportant les noms des quadrupèdes connus dans cette partie des Pyrénées. Le lecteur aura ainsi une idée générale des productions si variées, des êtres qui peuplent les vallées de Luchon. Dans un ouvrage de la nature de celui-ci, la curiosité naturelle ne saurait être assez satisfaite. Or, voici une nomenclature des quadrupèdes connus dans ces montagnes.

En commençant ce détail, par les premiers degrés dans l'échelle des animaux, nous trouvons que le lapin, le lièvre et le renard y sont très communs.

L'écureuil, la belette, la fouine et les rats d'eau, abondent dans les fonds des vallées et au pied des ports et des passages.

D'après les anciennes chartes, les cerfs et les sangliers se trouvaient en grand nombre aux environs de Luchon, puisque le comte de Comminges s'était réservé de ces animaux *ez parts qui lui compétent, à sçavoir : la hure du sanglier et la jambe gauche du cerf, sur tous ceux qui seraient occis à Bagnères et autres lieux.* Mais depuis longues années, ni les cerfs ni les sangliers ne paraissent les vallées de Luchon.

Le chat sauvage est très-commun dans les bois qui dominent la vallée du Lys ; on en compte de plusieurs espèces, mais on a distingué principalement :

Le chat noir ;

Le chat gris,

Le chat noir, collier blanc.

Ce que ces animaux ont de plus précieux en eux c'est la fourrure ; quant à leur chair, elle n'a pas été reconnue encore mangeable.

Le desmans, qui vit toujours dans l'eau et qui a quelque ressemblance avec la souris, se trouve parfois dans les rivières de l'One et de la Pique. Cet animal a cela de particulier, que sa peau exhale une forte odeur de musc qui se conserve longtemps. Le desmans que Buffon n'avait rencontré que dans la Sibérie, existe pourtant dans nos Pyrénées.

Le bouquetin, qui se trouve communément sur le versant méridional, vient quelquefois habiter les montagnes de Luchon, qu'il traverse pendant les mois d'été.

L'Izard, cet animal si joli et dont la légèreté et la vitesse sont étonnantes, est très-commun dans ces contrées. Il habite indifféremment le sommet des rochers les plus élevés et descend dans les vallons où il se mêle souvent à des troupeaux de moutons. Le moindre bruit l'épouvante et lui fait prendre la fuite avec la rapidité d'une ombre qui passe. Il ressemble beaucoup au chevreuil ; sa couleur est d'un brun clair jaunâtre ; son poil est lisse, ses pieds très-fins ; il porte la tête élevée, elle est ornée de petites cornes ; ses yeux sont vifs, remplis d'expression.

Le loup n'est pas rare dans ces vallées, on pourrait même affirmer que ces dernières sont ses demeures de prédilection. En été, il habite les bois d'où il ne sort presque jamais; il n'en est pas ainsi en hiver, à l'époque des neiges : alors, il descend dans les plaines et jusque dans l'intérieur des villages, qu'il parcourt de nuit et souvent de jour. Son audace, à cette époque de l'année le porte à commettre des méfaits de toute espèce, il attaque les animaux et quelquefois l'homme.

L'ours est le plus grand et le plus gros de tous les animaux qu'on rencontre dans cette partie des montagnes : sa couleur est d'un brun fauve, et son volume d'une énorme dimension. La chasse qu'on en fait dans le pays est très-productive, car la peau, la graisse et même la viande se vendent à un très-haut prix. Cet animal se tient ordinairement sur les points les plus élevés et les plus inaccessibles des montagnes.

On trouve encore d'autres quadrupèdes dans ces contrées; mais leur peu d'importance nous force à ne pas même les énumérer. D'ailleurs, ils sont communs dans toutes les autres parties de la France.

## CHAPITRE HUITIÈME

Itinéraire dans la vallée de Luchon.—Division en quatre districts des lieux à explorer.

S'il est une contrée qui, par ses souvenirs historiques qu'elle renferme, mérite d'être distinguée d'une manière toute particulière, c'est évidemment, celle, au milieu de laquelle s'élargit la vallée de Luchon. D'un côté, se trouvent la vallée d'Aran et la ville de Saint-Béat, dont l'importance, comme pays et comme ville, est incontestable ; de l'autre, s'étendent les vallées de Larboust et d'Aure, qui ont fourni à la science archéologique et à l'historien tant de monuments, souvenirs de leur gloire et de leur ancienne splendeur ; à l'entrée de la vallée de Luchon, la cité de Comminges, (Saint-Bertand), autrefois *Lugdunum-Convenarum*, commande à ces populations qui viennent s'abriter jusques sous les rochers de Cierp ; enfin, on trouve ça et là empreints sur de vieux monuments, les noms des Celtes ou des Romains.

Aussi, avant les admirables travaux de M. d'Etigny, intendant d'Auch et de Pau, on ne parvenait à Luchon qu'en suivant les traces d'une voie romaine qui, de *Lugdunum-Convenarum*, s'étendait jusqu'à ses thermes, aujourd'hui si célèbres. Des restes de colonnes milliaires, épars çà et là, indiquaient, il n'y a pas encore vingt ans, cet ancien chemin ; il en existait un fragment dans la chapelle à demi-ruinée de Burgalays, à la droite de la route actuelle, on lisait sur ce marbre le mot abrégé IMP.... un autre fragment existait à Barcugnas avec les mots ITER RESTITVIT.

Ce chemin était un des nombreux rameaux qui jetaient, dans toute la Novempulanie, la voie *ab Aquis Tarbellicis Tolosâ*. » Plus tard, à cette voie romaine a succédé la route départementale que vous suivez, que nous suivons tous, en allant visiter cette vallée mystérieuse. Aussi, en sillonnant ce long ruban de chemin qui aboutit aux thermes de Luchon que de souvenirs de toute sorte se pressent-ils dans notre esprit ! Là, une route romaine a servi à des armées qui allaient porter la mort et la destruction dans la Péninsule ; là, des généraux de la ville éternelle, des libertins de familles consulaires, des courtisans, des décemvirs, des édiles peut-être, sont passés avec leurs charriots sur la voie qui conduisait aux thermes de Luchon ; là encore, le moyen âge avec ses comtes, ses suzerains, est venu effacer les traces du passage qu'avaient laissé, dix siècles auparavant, les seigneurs et les dames romaines. A la gauche du voyageur, c'est Burgalays, où se trouvait placé la pierre milliaire qui marquait les distances fixées par Rome ; à sa droite, en face, c'est le château de Guran, personnification de pierre, sur lequel la féodalité a laissé son nom. Burgalays et Guran, tels sont le deux monuments qui résument en eux la plus grande partie historique de la vallée de Luchon.

Aussi, en arrivant à Bagnères, lorsque dans l'angle de deux montagnes, l'étranger voit s'élever cette ville de 3,000 ames qui domine le bassin qui porte son nom, un sentiment de respect et de vénération s'empare de lui ; le sol qu'il foule sous ses pieds est un sol historique; la nature qui l'entoure est sublime ; tout réveille dans son ame le besoin de sacrifier à une croyance, à un culte ; ce culte, c'est la religion sainte du passé.

Pour satisfaire, en quelque sorte, à cet instinct religieux, à ce besoin de tout connaître, pour tout honorer et pour tout vénérer, nous allons tracer un itinéraire qui servira de guide à l'étranger qui voudra explorer les environs de Bagnères-de-Luchon. Afin de mettre de l'ordre dans le pèlerinage que nous devons entreprendre, nous diviserons la contrée de Luchon que nous voulons visiter, en quatre districts; ainsi en prenant pour point de notre départ et pour centre commun la ville de Bagnères; nous étudierons, en nous transportant sur les lieux : 1° toute la partie qui se trouve à la droite de la Picque, depuis le port de Venasque jusqu'à Juzet : 2° toute la partie qui s'étend sur la gauche de la Picque, depuis le même port de Venasque jusqu'à Luchon ; 3° à partir de Luchon et en remontant l'allée des Soupirs par l'allée d'Oueil, toute la contrée qui se trouvera à notre droite ; 4° enfin suivant la même direction, tout le pays qui s'étendra à notre gauche.

## I.

### CASCADE DE JUZET.

Nous commençons notre promenade par descendre la Picque, à une distance environ de demi-heure (2 kilomètres et demi) de Bagnères. Arrivé à cette station, on trouve le petit village de Juzet, remarquable par son église et par sa cascade. Pour visiter cette dernière, qui est placée entre deux rochers à pic, il faut traverser un arbre creusé qui sert d'aqueduc au moulin. La coupe sévère et gracieuse des rochers, la belle forme du bloc isolé, les sommets couverts d'une forte végétation, tout cela forme un coup d'œil magnifique. L'élévation de la chute de la cascade est de la hauteur d'environ cent vingt-cinq pieds (40 mètres); elle produit un effet admirable.

### CASCADE DE MONTAUBAN.

En remontant la Picque, et à quelques minutes de distance du village de Juzet, on rencontre celui de Montauban, en suivant un beau chemin qui longe les montagnes. En arrivant au village qui s'élève en amphithéâtre, on se trouve en face de la petite église, simple et modeste, située dans une prairie entourée d'arbres et au pied de hautes montagnes qui lui font un encadrement. Le jardin du curé est ce qu'il y a de plus remarquable à Montauban. A côté du jardin, qu'on a formé sur la pente des rochers, on peut admirer la cascade. Une enceinte de rochers démolis par les eaux est ce qui la caractérise.

### SAINT-MAMET.

Saint-Mamet, qui est le dernier village de France, n'est distant de Luchon que de vingt minutes. L'espace à franchir entre Montauban et Saint-Mamet, est d'environ demi-heure

(2 kilomètres et demi). La population de ce village se compose de 500 âmes; le clocher de l'église, dont la forme se rapproche de celui de Luchon, est d'un fort beau style. Une belle fontaine, quelques maisons d'un assez joli aspect et une ancienne fabrique d'azur qui existait autrefois dans Saint-Mamet, sont ce qu'il renferme de plus intéressant. Il est une remarque essentielle à faire sur ce village, c'est que sa population, composée presque en entier de bergers, a un type particulier. Ainsi les habitants de Saint-Mamet sont vifs, polis, pleins d'une urbanité exquise; ce qu'on ne rencontre point dans toutes les vallées environnantes. Les scieries de Saint-Mamet, situées sur les rives de la Picque, offrent au peintre le sujet d'un magnifique tableau.

Puisque nous voilà arrivés aux pieds de l'église de Saint-Mamet, disons un mot des peintures murales de M. Romain Cazes que nous allons admirer sous les voûtes du petit monument religieux.

La peinture murale était presque uniquement employée, comme on le sait, dans les églises des XIe et XIIe siècles. C'était ainsi que les vitraux, dans les temps d'ignorance, servaient de livre dont les pages restaient ouvertes à la pieuse curiosité des fidèles. Les découvertes faites à la Sainte-Chapelle, à Paris, et les rares fragments échappés à l'injure des temps, nous font comprendre combien elle était appropriée à la décoration des monuments religieux, et quel était le mérite des artistes qui s'y consacraient.

En Italie, les grands maîtres ne pouvaient se résoudre à abandonner ce genre de peinture. Michel-Ange, Léonard de Vinci méprisaient, en quelque sorte, les proportions de la toile, et ne se trouvaient véritablement dans leur génie, que lorsqu'ils exécutaient ces grands travaux, où leur imagination, embrassant les vastes proportions d'un édifice, pouvait en toute sureté calculer de grands effets et se livrer en liberté aux inspirations de leur art.

Aujourd'hui, plusieurs de nos artistes, en étudiant le passé, ont compris toutes les ressources que leur assurait ce genre, depuis longtemps abandonné. Les belles peintures de Flandrin à l'église de Saint-Germain l'Auxerrois, celles de Saint-Paul de Nimes, celles qui s'exécutent en ce moment à Saint Vincent de Paule de Paris, ont enlevé tous les suffrages et ouvert au talent une nouvelle et large carrière.

Les habitants de Saint-Mamet n'ont reculé devant aucun sacrifice pour ajouter à leur église, nouvellement restaurée, cette belle décoration, que l'on préférerait retrouver dans nos grandes basiliques et dont la coupole de l'église de Saint-Sernin de Toulouse, offre une heureuse exception. M. Romain Cazes a déjà terminé la petite coupole de l'église modeste de Saint-Mamet. On y voit se détacher, sur un fond d'or, la figure du Sauveur du monde, assis sur des nuages, bénissant de la main droite, et tenant de la main gauche les saints évangiles. A sa droite, la Sainte-Vierge est dans l'attitude de l'adoration, à sa gauche saint Jean-Baptiste dans la position de précurseur.

Au-dessous de cette coupole, et autour du cintre de l'abside, se développent, dans leurs diverses attitudes, les douze apôtres se détachant sur un fond bleu. Sur les deux côtés du sanctuaire apparaissent les figures de Saint Mamet, patron de l'église, et de Saint Bertrand, évêque de Comminges. Les figures du Christ et de la Vierge sont traitées de main de maître et empreintes surtout de ce caractère mystique, de ce cachet d'époque que rappellent les bons modèles des grands maîtres de la première partie du XIIe siècle. Le choix exquis des arabesques qui encadrent les figures, prouvent des études consciencieuses de l'art chrétien au moyen, et l'habileté de leur exécution fait honneur au talent de M. Abeillon, artiste décorateur de Toulouse, connu déjà par plusieurs ouvrages, et surtout par les peintures de la nouvelle église de Saint-Martin du Touch.

## VALLÉE DE L'HOSPICE.

Si vous continuez à remonter la rive droite de la Picque, en vous dirigeant toujours vers sa source, vous vous trouvez tout-à-coup dans la vallée de l'Hospice. L'entrée de cette vallée, qui commence au pont de la Padé, est distante de Luchon d'environ 2 lieues (10 kilom.). Cette vallée, plus ombreuse que celle du Lys et plus boisée le long des chemins, est une des plus agréables de toutes celles qui entourent le bassin de Luchon. Dès l'entrée de la vallée, et après Castel-Viel qu'on laisse à sa droite, en suivant la route d'Espagne, on trouve un chemin qui se bifurque : l'un monte à gauche et l'autre descend à droite ; c'est ce dernier que nous allons prendre.

### CASCADE DES DEMOISELLES.

Or, en le suivant, on trouve la cascade des Demoiselles. Un petit pont s'offre d'abord à nos regards ; en le traversant on est conduit jusqu'à la belle pelouse de Jouéou, où un tas de pierres indique un ancien hospice, lorsque le port de la Glère, qu'on voit en face, était fréquenté. Après avoir traversé la pelouse, et en remontant le gave, on arrive par un sentier facile jusques sous une grotte ténébreuse, au fond de laquelle tombe une cascade entre des rochers perpendiculaires, couverts d'une végétation luxuriante.

### CASCADE DES PARISIENS.

En redescendant le chemin qu'on a déjà pris, on trouve un petit sentier qui passe sur un pont jeté sur le gave; après quelques minutes de distance on admire la cascade des Parisiens. C'est une chute d'eau des plus pittoresques ; elle tombe par étages sur des roches qu'ombragent des sapins magnifiques et que protègent des débris d'arbres. Encaissée dans le sein de la montagne, la cascade des Parisiens semble vouloir se dérober aux regards curieux des mortels.

Si de la cascade des Parisiens, vous suivez un petit sentier boueux, vous rencontrez un petit ruisseau ou gave de Pesson. En le traversant, vous vous trouvez, après quelques pas de distance, en face de l'Hospice. Sa situation est ravissante. Cette demeure est un fermage de la commune de Luchon, qui sert d'auberge et de bergerie à la fois. Le bail en est passé moyennant une somme de 3,000 francs. L'éducation et la vente du bétail servent à couvrir cette somme plus que les bénéfices de l'auberge. Cependant primitivement l'Hospice a été destiné à donner des secours aux voyageurs qui traversent la frontière ; ainsi, d'après les termes du bail, les fermiers sont tenus d'avoir, pendant la belle saison, toutes les provisions nécessaires à la nourriture des passagers. La propreté dans le bâtiment comme dans les meubles, est ce qui distingue principalement cette hôtellerie qui reste inhabitable depuis la mi-décembre jusqu'à moitié mars.

## PORT DE VÉNASQUE.

La pente rapide qui s'élève vis-à-vis l'hospice est celle par où l'on gravit pour atteindre le port de Vénasque. On traverse le ruisseau ou gave qui descend du Pesson ; on monte un sentier couvert de gazon ; puis on passe encore un second torrent qui, descendant de la Picque, va former la cascade dite du Parisien. Alors, la solitude devient un véritable désert, quoique l'œil reste encore charmé par la vue de l'hospice qu'on a quitté et qui domine les pâturages et les pelouses de Kansor semées de troupeaux. Tout ce qui entoure le passant, tout ce qui se présente devant lui, contraste avec ce qu'il laisse en arrière ; le cri seul de la corneille donne encore signe de vie dans ce désert.

On arrive au Culet, où la roche perpendiculaire laisse glisser, par une fente, plusieurs cascades disparaissant sous les masses de neige que son ombre conserve ; c'est un lieu terrible pour l'imagination montagnarde. Les avalanches y descendent habituellement du plateau supérieur, et l'histoire des victimes serait déchirante à raconter. Le frère de l'hospitalier actuel y périt en 1827 ; on voit aussi à gauche le trou dit des Chaudronniers, où neuf malheureux de cette profession furent engloutis ensemble sous la neige, etc., etc.

On passe tantôt sur la neige, tantôt sur le ruisseau qui en

sort, et on tourne à gauche pour monter à travers des sentiers rapides et pierreux ; c'est le rail du Culet. Les difficultés continuent sans relâche pour les yeux et s'amoindrissent en approchant, tant on a bien pris les sinuosités, serpentements ou lacets, termes qui reçoivent en cette occasion leur meilleure démonstration pratique.

Au sommet du rail, toute difficulté semble finie. On entre dans une sorte de vallon sauvage qu'annonce l'*Hommé*, monument simple comme les lieux et leurs habitants : c'est une pierre chisteuse posée perpendiculairement, soutenue à sa base par d'autres pierres; une source ou gave souterrain apparaît en ces lieux entouré d'herbes vivaces et de rhododendron.

Les roches brusquement taillées au pied desquelles nous cheminons, vues d'ici avec leurs cimes déchirées, et les sommets de Barousse pour horizon, offrent un tableau grandiose qu'on ne cesse d'admirer. En suivant le sentier tracé dans le do la montagne, après trois heures de marche, on se trouve sur une plate-forme située au pied du pic de la Fraîche, élevé flanc au-dessus du niveau de la mer, d'environ 540 toises (1052 mètres). La nature est sévère dans ce lieu ; la montagne, déchirée en plusieurs endroits, présente une physionomie de deuil; quelques lacs s'étendent sur son sommet. Depuis le pic de la Fraîche jusqu'au port de Venasque, le voyageur doit encore monter trois heures. Ce n'est qu'en gravissant toujours qu'on arrive au sommet du rail. Alors s'offre une fente de rochers, résultat du hasard et du travail de l'homme. Nous sommes au port. Une petite croix en fer marque la ligne de démarcation qui sépare l'Espagne de la France.

### LA MALADETTA.

Au milieu des déchirures des rochers apparaît la Maladetta. Sa hauteur est d'environ 1173 t. (2286 m.). C'est le Mont-Blanc des Pyrénées; c'est la montagne maudite et redoutée, fatale aux chasseurs et aux curieux. Le plus récent de ses griefs est la mort du guide Barrau, en 1824, le 11 août; il conduisait deux élèves ingénieurs des mines. Partis à cinq heures du matin du plan des étangs, où ils avaient couché, ils atteignirent la moraine du glacier à huit heures; arrivés à peu de distance de la crête, aux deux tiers de la hauteur totale, ils furent arrêtés par une énorme crevasse. Barrau sonda, crut reconnaître la direction de la crevasse et s'élança; mais la crevasse formait un coude brusque, et le malheureux disparut en gémissant sans qu'aucun secours pût lui être apporté.

Depuis ce temps, l'ascension n'a plus été tentée. Du port de Venasque on peut aller visiter Venasque, petite ville espagnole, ou bien se rendre au port de la Picade qui est à l'est; de là se diriger vers le trou du Toro. Ce gouffre a dix mètres de largeur sur dix-sept de profondeur; il reçoit une partie des eaux du Pic, de la Fourcanado et du mail d'Epony, qui est à 1569 toises au-dessus du niveau de la mer. Du trou du Toro, on descend droit à Artigues-Tellin; de là on peut se rendre ensuite à Lasbordes, ancien Castel-Léon, et, sans arriver à Bosost, gagner le Portillon si fréquenté par les contrebandiers Aranais; et de ce lieu se diriger vers Luchon, en passant par la jolie cascade de la vallée de Burbi.

Le temps que l'on dépense à cette excursion, depuis le port de la Picade jusqu'à Luchon, peut être ainsi divisé :

Du port de Picade au flux d'Artigues-Tellin. 2 h.
Du flux à l'hospice d'Artigues-Tellin. . . 1/2
De l'hospice à Lasbordes. . . . . . . 1 1/2
De Lasbordes au Portillon. . . . . . . 1 1/2
Du Portillon à Luchon. . . . . . . 1 »

TOTAL. . . . 6 h. 1/2

Mais ayant entrepris le retour de la Picade à l'hospice de Bagnères, suivons cette direction. Après avoir descendu vingt minutes environ vers le nord, le chemin se bifurque, l'un descendant droit à Artigues-Tellin, l'autre tournant à gauche, c'est le nôtre. Nous cheminons sur une crête de roches taillées à coups de pic, d'où l'origine du mot Picade, et, inclinant plus à droite, nous semblons perchés sur la crête d'un toit d'où l'on domine les sommets catalans et les cimes de tout le Comminge.

C'est, en descendant des sentiers faciles et qui déroulent à nos regards de belles pelouses et de sublimes montagnes, qu'on arrive enfin à l'Hospice. De cet endroit, on suit la route tortueuse qui longe la Picque jusqu'à ce qu'on arrive à Luchon, qui est le point de départ de notre première excursion.

## II.

Le second district, selon la division géographique que nous avons faite du bassin de Luchon, comprend toute la partie qui se trouve sur la gauche de la Picque; dirigeons donc nos excursions de ce côté.

### CASTEL-VIEIL.

Au fond du bassin de Luchon, dans la direction de la vallée de l'Hospice, on aperçoit une vieille tour qui s'élève comme un géant debout sur le flanc de la montagne; c'est Castel-Vieil, château-fort qui appartenait aux comtes de Comminges, ainsi que nous l'avons déjà vu dans le cours de cette histoire. La distance qui se trouve entre Luchon et Castel-Vieil est une véritable promenade. Sur la route qui nous y conduit, on rencontre d'abord le poste des douaniers. Du poste à la tour, on peut franchir l'espace dans cinq minutes. Arrivé aux pieds de ces ruines, si l'on désire visiter la fontaine ferrugineuse, on suit une pente abrupte et tout près du gave, on trouve cette source abondante qui coule à travers une fissure de rocher. Ce site est admirable. En remontant la vallée, et presque à vingt minutes de distance, on rencontre le pont de la Padé, dont les alentours sont séduisants de beauté et de fraîcheur. Enfin, en continuant toujours son ascension, on se trouve à l'entrée de la vallée du Lys.

Voir Castel-Vieil, passer au-dessus du bocage de la source ferrugineuse, traverser le pont de la Padé, puis le premier pont situé à droite, lorsque le chemin se bifurque, laissant sur la gauche le chemin par lequel on se rendra une autrefois à l'hospice : tel est le début de la promenade. Après cela, on a toujours le torrent à sa gauche et on chemine sous des buissons; des noisetiers et des tilleuls ; puis c'est le torrent du Lys qu'une autre inclinaison du chemin fait suivre sous l'ombrage d'arbres pittoresques: trois ponts espacés, jetés aux endroits où la roche resserre le torrent, présentent un ensemble d'accidents poétiques, parmi lesquels on distingue surtout celui du milieu.

## VALLÉE DU LYS.

Le nom que porte cette vallée lui vient du grand nombre de lys qui croissent dans son sein, et dont nous avons fait la description dans le chapitre précédent. En s'enfonçant dans l'intérieur de la vallée, on rencontre sur la gauche, la cascade Richard, qui porte le nom du savant distingué qui a honoré la ville de Bagnères ; plus loin, sur la droite, on admire le pic Quaïrat ou *Carré* auquel les archéologues ont donné plus d'une distinction religieuse, monumentale et druidique; enfin, plus on avance dans l'intérieur, plus la nature est belle et riante: la vallée s'élargit, les montagnes sont plus boisées et la végétation plus forte et plus abondante. Le site change d'aspect, lorsqu'on est à son centre : alors, au fond de la vallée, on voit s'élever les monts Cabriouls qui s'étendent comme un rideau immense de verdure. La hauteur de ces monts est 3215 mètres; leur sommet domine toutes les montagnes environnantes. On rencontre dans leur sein un grand nombre de glaciers. La longueur de la vallée du Lys peut être de quatre kilomètres sur deux environ de largeur.

Mais ce qui est remarquable dans cette vallée, c'est qu'elle est, toute proportion établie, une des plus peuplées de toutes celles qui avoisinent Luchon. Ainsi, on y compte une centaine d'habitations, ce qui suppose à peu près une population de trois cents âmes. Le nombre des chevaux, des vaches et des bœufs qui paissent dans la vallée du Lys peut être évalué à deux mille. C'est ce qui fait la principale richesse de ses habitants, qui comptent encore un plus grand nombre de chèvres et de moutons : on parque ces bestiaux pendant le jour, tandis que la nuit on les fait paître dans les montagnes.

### CASCADE D'ENFER.

Si vous continuez votre excursion plus avant dans la vallée, et si vous arrivez à son extrémité, admirez la cascade d'Enfer. Elle se présente de loin à la vue par un simple filet d'eau dont l'importance augmente en approchant. Des sapins élevés qui l'entourent, des touffes de hêtres qui l'ombragent et qui se groupent autour des rochers, l'étroit espace à travers lequel l'eau impétueuse et bruyante s'échappe, la solitude sombre du lieu, tout cela lui a fait donner le nom d'Enfer qu'elle porte.

### CASCADE DU CŒUR.

A gauche, on peut admirer un autre torrent qui forme la cascade du Cœur. Il faut d'abord traverser à gué le torrent près la réunion des deux eaux. Voici, au reste, la description qu'en a faite un Touriste :

« D'abord les eaux d'Enfer, puis les eaux du Cœur, et, longeant la rive droite du dernier gave, on arrive en dix minutes au sentier tracé de cette cascade ; ses eaux tournant un rocher d'une part, tandis qu'elles se joignent d'autre part à celles versées par un autre gave, se trouvent au point de jonction former l'angle aigu d'un Cœur, et comme au-dessus du mamelon entouré d'eau se trouve une pente échancrée ; comme c'est dans la direction de cette échancrure que tombe la cascade, placée là comme la flamme sur un cœur, de là cette dénomination.

« Cette chute est plus remarquable que celle d'Enfer, parce qu'elle est plus entourée de sapins, de débris et désordres de toute espèce; son site est un assemblage gracieux et sauvage.

« Ses eaux dérivent de trois cascades superposées qui dérivent elles-mêmes d'un petit lac ; tout cela est très-intéressant pour le dessinateur et le naturaliste, mais ne convient pas à la grande majorité, qui regretterait la fatigue. C'est une excursion pour ceux qui séjournent longtemps à Luchon. »

Du fond de la vallée du Lys on pourrait gravir la montagne pour aller visiter le lac de Cabrioules. Les rives de ce lac sont délicieuses; elles ont fourni au célèbre paysagiste, M. Latour, notre compatriote toulousain, de magnifiques tableaux. Du lac de Cabrioules, si l'on continue son ascension, on atteint un col étroit, resserré, qu'on nomme le Tuc de Maupas. De ce point, le voyageur intrépide suit la crête des montagnes jusqu'au port de la Glère et même jusqu'à celui de Venasque, et rentre ensuite à Luchon par le chemin que nous avons déjà parcouru.

Mais si de la cascade du Cœur, on songe au contraire au départ, au lieu du détour indiqué, on passe le torrent sept ou huit cent pas plus bas que la petite auberge, sur un point où il est très-guéable ; on traverse les prairies jusqu'au groupe de granges où l'on rencontre un abreuvoir, et l'on se retrouve sur ses pas. Cette excursion est une des plus agréables que puisse faire l'étranger qui vient visiter ces montagnes.

## III.

Après quelques jours de repos, le baigneur qui veut continuer ses excursions, doit parcourir le troisième district, celui qui s'étend sur la gauche de l'One jusques dans la vallée d'Oueil, en réservant la vallée de Larboust pour la quatrième exploration. En conséquence, le jour déterminé pour cette excursion, il traverse la ville de Luchon, se rend à l'allée des Soupirs et prend le chemin qui s'ouvre en face de lui. Après quelques kilomètres de marche, il rencontre le

### PONT DE TRÉBONS.

On peut alors admirer parfaitement à son aise des précipices, de hautes forêts de sapins, les magnifiques prairies de Gouron et jusqu'à la montagne aride de Cazaril. De quelque côté qu'on considère les alentours de ce pont, a dit un Touriste, le site est délicieux de grâce et de vie: ombrage, verdure, eaux bouillonnantes, etc. En descendant sur les bords du gave, un peu avant d'arriver au pont, l'aspect du rocher, aux fentes duquel les tilleuls et noisetiers se sont accrochés, présente avec le pont le motif d'un beau paysage. Lorsqu'on a assez contemplé, on passe le torrent, et aussitôt se trouve à gauche un petit sentier accessible aux chèvres ; ou quelque pas plus en avant, près du deuxième pont de Trébons, un sentier meilleur qui amène sur le rocher admiré, puis se rapproche du torrent et continue à le dominer, en suivant son cours sur le versant opposé.

Ce sentier, ombragé de feuillages et d'arbres, conduit à un site où l'on peut admirer les lignes perpendiculaires des rochers qui dominent le torrent et sur lesquels on a passé en venant, puis il se dirige vers la carrière de marbre gris.

### BENQUE.

A cinq minutes du deuxième pont de Trébons est le charmant petit pont de Saint-Aventin, et cinq minutes après on arrive à la chapelle miraculeuse qu'on laisse à sa gauche ; et puis, en suivant le cours de l'One, on rencontre les villages de Benque-Dessus et Benque-Dessous, célèbres par une charte que leur octroya Bernard VIII, comte de Comminges [1]. Les communautés de Mayrègne, Maylin et Saint-Paul, qu'on trouve ensuite sont connues dans l'histoire par un compromis qu'elles passèrent avec Bernard VII, comte de Comminges. Dans cet acte, il est dit que le seigneur Os, du Comminge, l'un des arbitrateurs, Guillaume Gardias de Fronsac, chevalier, et Jacques de Saint-Paul, clerc, aussi arbitres, prononcèrent touchant les prétentions communes qui s'élevaient entre les habitants de ces trois localités. Le notaire Bernet a retenu cet acte qui porte la date de 1292, régnant Philippe, roi de France, et Os, *comte du Comminges*. Cette dernière suscription est évidemment une erreur du copiste, puisque ce même Os est regardé dans le corps de l'acte comme chevalier et connu sous le titre d'arbitrateur [2].

## MAYRÈGNE.

Le lieu de Mayrègne, en particulier, offre cela de remarquable que les armoiries des seigneurs de cette localité se composaient de deux corneilles appuyées chacune sur une des branches d'une croix épatée. Or, les seigneurs de Bossost, village situé auprès du Portillon, étaient sortis de la même maison de Mayrègne.

## SACCOURVIELLE.

En suivant cette vallée, on pourrait arriver jusqu'au port de Pierrefitte, mais lorsqu'on est parvenu au petit village du Bourg, il est bon de revenir sur ses pas. Alors, sur la gauche de l'One, on peut visiter le lieu de Saccourvielle. L'histoire a recueilli une charte octroyé par Bernard VIII, en 1315, concernant ce village et dont voici les principales dispositions.

[1] Histoire des Populations pyrénéennes, etc., not., pièc. just., chartes, etc., t. II, p. 318 seq.
[2] Hist. des Populations pyrénéennes, etc., t. I, p. 313.

« Les habitants dudit lieu ont la faculté de chasser aux bêtes rousses et noires, comme sangliers, cerfs, ours, dans les forêts, montagnes et vacans qui sont dans leur consulat;

« De faire paître bestiaux et d'y prendre toute espèce de bois;

« Il est dit que ledit lieu a pour limites, bornes et confrontations certaines du levant avec Antignac; du midi Cazaril et Trébons; du couchant avec le lieu de Benque, et du nord avec celui de Saint-Paul;

« Lesdits habitants ont la faculté de prohiber la chasse et la pêche dans le district de leur juridiction à toutes sortes de personnes et d'y mener paître le bétail, etc., etc. »

### CASTEL-BLANCAT.

En quittant Saccourvielle, vous passez devant les ruines de Castel-Blancat; saluez ce vieux château, cette tour antique qui a vu, dans son sein, une grande partie de la race des comtes du Comminges. En descendant de la tour, on suit un petit sentier qui nous conduit au village de Trébons, remarquable par sa petite église

### CAZARIL.

De Trébons, on peut monter à Cazaril, en longeant un rocher d'où la vue s'étend au loin dans le cercle d'un horizon magnifique, borné par des montagnes. La petite église est ce que ce village renferme de plus remarquable : on trouve dans les murs de cet édifice religieux, extérieurement, plusieurs inscriptions et quelques fragments antiques. Nous citerons les deux inscriptions suivantes :

```
.... DM
ECLLAET
ETERESE
... CONIS
```

```
HOTAR. RIORCO
LARRISE SENATI
ELONI FILIA RE
BONIAR HOTAR
RISE EXIES LA
MENIO.
```

La première de ces deux inscriptions est surmontée de deux bustes dont l'un représente un homme et l'autre une femme. On trouve encore sur le comble de l'église une tête qui est sans inscription. Ce sont des monuments auxquels on doit assigner une date romaine. De Cazaril, on peut admirer le château de Moustajon qui, selon la description pittoresque d'un Touriste, est singulièrement construit sur la crête aiguë d'une fraction de rocher ; ce modeste rocher semble un factionnaire du manoir dont il fut sans doute la sentinelle avancée, comme Castel-Vieil vers les ports espagnols et Castel-Blancat sur les vallées d'Oueil et de Larboust. Il disparaît dans la couleur des rochers, lorsque le soleil ne l'éclaire pas ou l'éclaire trop ; mais, depuis une heure jusqu'à trois, le soleil tourne derrière et le détache dans son ensemble.

### SALLES ET ANTIGNAC.

Salles et Antignac, comme anciennes communautés féodales appelleraient notre attention. Mais il est mieux, arrivés à ce point, de rentrer à Bagnères-de-Luchon, par le pont de Mousquérès.

# IV

### VALLÉE DE LARBOUST.

En suivant l'allée des Soupirs, et laissant le pont de Mousquérès à droite, si l'on continue sa marche, on arrive à un petit pont sur le Gouéou ou gave de Gouron. Un petit sentier en zig-zag, bordé de prairies et de noisetiers, indique qu'on a pris le véritable chemin.

En vingt-cinq minutes, dit le Touriste auquel nous empruntons cette indication, nous arrivons aux premières granges où plusieurs chemins se croisent. Tournons le premier sentier à droite sur la même prairie. Ce sentier va nous mettre dans le chemin creux, espèce d'aqueduc, qui atteint directement en vingt minutes le petit hameau ou assemblement de granges de Gouron, dépendance de Saint-Aventin.

Passons le pont d'arrivée, montons aux maisons et repassons un peu au-dessus, à gauche, un autre pont sur le même cours d'eau. Lorsque le chemin se bifurque, prenons à gauche et montons bien attentivement les lacets à travers les sapins, car plusieurs sentiers d'exploitation pourraient ici nous tromper; restons long-temps sur la même hauteur, en vue du ravin notre droite : elle doit nous mener droit au sommet.

Ainsi, lorsque le sentier semble nous diriger dans ce ravin, après un quart d'heure environ, continuons à monter à gauche : le chemin nous conduira alors vers le versant de Luchon, et nous pourrons ensuite monter tranquilles, suivant toujours le sentier le plus rapide. En quarante-cinq minutes depuis le gave de Gouron, nous devons arriver aux pâturages de Superbagnères.

Au sortir des sapins, l'œil est surpris par de magnifiques pelouses qu'il domine et qu'on ne présume pas du fond de la vallée; les crêtes des frontières et la Maladetta terminent l'horizon d'un tableau riant et pastoral; mais quinze minutes encore, gravissons à notre droite ces pentes rapides qui nous promettent une vue plus vaste; l'extrême cime domine la croupe qui nous a guidés, et là, sur un plateau encore assez étendu, l'admiration sera provoquée autour de nous.

Luchon sous nos pieds, sa vallée, ses villages; la vallée d'Aran vue par-dessus le Portillon et son village d'Arres; Bocaner et toutes les pentes que nous avons gravies; les ports de Picade, de Vénasque, de la Glère, de Maupas, de Toas et les neiges de Cabrioulès, séjour des Crabes ou Isards, puis la cime blanche de la Maladetta; l'Arbizon, dominateur des vallées d'Aure et de Campan; la vallée d'Oueil, développée sous notre vue jusqu'à la cime de Moulné, voilà ce qui s'offre à nos regards.

Près de nous est ce pic Quaïrat ou carré dont la forme facilite la reconnaissance, suivons la crête devant nous, à droite, qui nous conduit à sa base. On domine alors la vallée du Lys et celle de Gouron; de là se distinguent les cascades dont nous avons parlé. De ce point, suivons le sentier de Larboust et par la vallée de Cazaux, arrivons à Saint-Aventin. Nous avons déjà dit quelle était l'origine de son église et son antiquité; nous ne devons donc nous arrêter que peu d'instants dans cette localité avec laquelle nous avons déjà fait ample connaissance.

### SAINT-AVENTIN, CASTILLON ET CAZAUX.

De Saint-Aventin on se dirige vers Castillon, petit village qui tire son nom du fameux *Castellum* ou château fort que Bernard VI, comte de Comminges, fit bâtir et dans lequel il se retira lors de la guerre contre les Aragonais. En suivant un petit sentier tracé sur la droite de la montagne, on arrive à Cazaux dont l'église est remarquable par sa forme architecturale et par les peintures qui décorent la voûte. Ces dessins qui se rapprochent beaucoup pour *le faire* du genre des fresques, sont du XIV siècle. Ils se composent de huit tableaux qui représentent la création du premier homme, le paradis terrestre où Adam et Eve furent placés, l'expulsion du premier homme et de la première femme de ce lieu de délices, selon la Bible. Les autres sujets sont empruntés aux cérémonies monastiques de l'église ou bien au nouveau testament. La date de ces peintures et l'originalité des figures rappellent l'époque des représentations, connues sous le nom des *Mystères*.

### GARIN.

En quittant le village de Cazaux et à une distance environ de demi-heure (5 kilomètres), on arrive à celui de Garin. Une tour en ruines et dont il est fait mention dans une charte que Bernard IX, comte de Comminges, donna à cette localité [1],

---

[1] Histoire des Populations pyrénéennes, du Nébouzan et du Pays de Comminges, t. II, pièces justificatives.

en 1298; et les inscriptions suivantes qu'on a trouvées dans ses ruines, sont ce que ce village renferme de plus remarquable :

```
ISCITTO DEO
SABINVS
MANDATI LIB
V. S. L. M.
```

```
ISCITTO DEO
SABINVS
VLOHOXIS
FIL.
V. S. L. M.
```

### GOUAUX ET PORTET.

Si vous continuez votre excursion dans la vallée de Larboust, en sortant de Garin vous pourrez voir le village de Gouaux ou *Gaux* dont il est fait mention dans la charte de Bagnères-de-Luchon, ce qui prouve en faveur de son antiquité. Le lieu de Portet a peu de renommée, si ce n'est qu'il servait de ligne de démarcation pour la perception des droits d'entrée pour les denrées ou autres objets qui venaient de l'Aragon par cette vallée. Son nom lui vient du mot *Port* ou *Porte*, endroit par où l'on passe. Aussi, Portet est-il le dernier village de la vallée de Larboust. Il est environ à 850 toises (1650 mètres) au-dessus du niveau de la mer.

### OO.

Quand on a quitté Portet, pour se rendre à Oo, il faut descendre une haute montagne, franchir des ravins et de là gagner la vallée d'Asto, dominée par une tour bâtie par les comtes de Comminges. On est enfin au lieu d'Oo.

« Ce village, dit un touriste, que précède et domine une tour carrée en ruines, comme Castel-Viel, semble acculé aux montagnes qui s'éloignent à mesure qu'on approche. Le chemin longe le torrent, nous amène sur une espèce de plage devant une petite croix en pierre qui apparaît avec le pont et les cimes neigeuses.

« Franchissons ce petit pont gracieusement construit sur un gave paisible; nous entrons dans le val d'Asto, dont cette partie inférieure est charmante. Nous passons sur des chemins ombragés de frênes, cernés de pelouses bien arrosées et inclinant jusqu'au gave où les digues de plusieurs petits moulins motivent de bruyantes cataractes. Pendant trente-cinq minutes, nous sommes sous l'influence d'une nature riante que dominent, il est vrai, quelques sommets âpres. Tout-à-coup, la végétation cesse; une nature plus sévère s'offre avec le silence du désert; le gave est redevenu silencieux, parce que son cours est plus libre. De gros blocs, épars dans ce vallon, témoignent des catastrophes passées et font craindre pour l'avenir. »

### LAC DE SÉCULÉJO.

Après trois quarts d'heure de marche et en tournant un rocher, on voit le gave gronder à votre gauche; ce gave porte le nom de Go; il est formé par l'écoulement des eaux qui proviennent de la fonte des neiges. Bientôt on admire l'eau s'échappant avec violence du lac qu'on n'aperçoit point encore. Au-dessus est un ruban de vapeur produit par la cascade. Enfin, ayant traversé un petit pont, on se trouve en face du lac de Séculéjo. Sa forme intérieure est supposé être celle d'un entonnoir incliné relativement aux pentes qui se voient. Sa profondeur est de 80 mètres; sa surface rond-ovale est de 24,000 mètres; sa chute a 320 mètres de hauteur, depuis les pierres sur lesquelles elle achève de glisser vers le lac. Il est, en outre, élevé à sept cent dix-huit toises (1397 mètres) au-dessus du niveau de la mer.

### LAC D'ESPINGO.

Du lac de Séculéjo au lac d'Espingo, il faut gravir la montagne, environ pendant deux heures. On passe près de filets d'eau et l'on gagne un chemin taillé dans le roc. On arrive enfin au lac d'Espingo dont la circonférence est moindre que celle du lac de Séculéjo. Il n'a que 585 mètres de diamètre et environ 1754 mètres de circonférence. Il s'alimente par les eaux du lac Glacé qui est situé au-dessus. Ces mêmes eaux se déversent dans les creux des rochers et vont former la cascade du lac de Séculéjo.

Arrivés au lac d'Espingo on est à 932 toises au-dessus du niveau de la mer. En face, sur le haut de la montagne, on admire des pics, des rochers, des monceaux de neige et d'immenses glaciers. Si on désire les voir de plus près, il faut s'armer de courage et de résolution, car, a dit un auteur moderne qui a écrit sur ces montagnes, pour franchir la distance qui existe du lac d'Espingo à la plus haute cime des montagnes du port d'Oo, qui s'élève en face, il faut toujours gravir sur la neige, la glace et les rochers, et souvent avec le plus grand danger. Ce n'est qu'en se cramponant avec force, dans divers endroits, que l'on parvient à surmonter tous les obstacles qui se présentent.

## LAC GLACÉ.

Pour arriver du lac d'Espingo au lac Glacé, qui est un de ceux des Pyrénées qui ne dégèlent jamais, il faut monter 429 toises (835 mètres 121 mil.), puisque le lac d'Espingo n'est qu'à 932 toises (816 mètres 486 mil.), et que le lac Glacé est à 1361 toises (2652 mètres 085 millim.) Il faut environ une heure pour franchir cette distance. On ne connaît point parfaitement l'épaisseur de la glace du lac Glacé.

Quand on est au lac on voit dominer autour de soi plusieurs pics; parmi lesquels on distingue facilement: le Pic Quaïrat ou carré, entre la vallée de Larboust et celle du Lys, a 1586 toises au-dessus du niveau de la mer ; auprès de ce dernier, le pic de Montarouge, 1438 toises; enfin plusieurs autres qui tous sont couverts de glaciers. Le Pic d'Oo est le plus remarquable parce qu'il se réunit, par des ramifications à ceux de Cabrioules, de la vallée du Lys et du Portillon d'Oo Réunis ensemble, l'étendue de ces trois glaciers est plus considérable que celle du glacier de la Maladetta, qui est pourtant le plus grand de tous ceux des Pyrénées.

## PORT D'OO

Du lac glacé d'Oo, pour atteindre le Port d'Oo, il faut monter encore 179 toises par le sentier tracé dans les rochers. Alors on a atteint la limite qui sépare l'Espagne de la France. Arrivé là, le voyageur peut aller visiter la petite ville de Venasque ou revenir sur ses pas. S'il prend cette dernière détermination, il retourne sur ses pas jusqu'au lac d'Oo, sur lequel il peut faire une promenade à bateau ; puis, il suit le chemin qui passe près l'église et il remonte directement sur le plateau de Cazaux. De là, il parcourt le chemin que nous avons déjà fait et il arrive à Bagnères-de-Luchon, satisfait de cet itinéraire.

En bornant ainsi notre promenade géographique dans la vallée de Luchon et ses environs, à ces quatre districts, nous n'avons qu'indiqué par cette division tout ce que cette contrée renfermait d'important et d'historique. Il nous aurait été facile d'entrer dans de longs détails, soit de descriptions, soit d'observations à propos de toutes ces merveilles de la nature que nous venons de désigner seulement d'une manière rapide et très sommaire ; mais comme nous sommes persuadés que le lecteur aimera mieux éprouver par lui-même les sensations que ces objets merveilleux peuvent faire naître dans l'ame, nous n'avons tracé qu'un simple itinéraire qui lui servira de guide dans les excursions qu'il entreprendra. Dans de circonstances semblables, il vaut mieux voir par soi-même que par les yeux des écrivains les plus exacts. Notre tâche s'est donc bornée à une simple indication de lieux.

## CHAPITRE NEUVIÈME.

Promenades de Luchon. — Ses eaux thermales. — Ses différentes propriétés. — Conseils aux baigneurs.

Jusqu'à présent, notre itinéraire a été tracé en dehors des bornes de Bagnères-de-Luchon ; nous devons rentrer maintenant dans ses limites. C'est ce que nous allons faire, en indiquant les promenades qui forment la topographie de la ville. Parmi ces dernières, nous en désignerons trois : le *Petit bois des bains*, la *Promenade de Pique* et celle de *la Casseyde*.

La promenade du *Petit bois des bains* s'élève derrière l'établissement thermal. Pour parvenir à l'atteindre, il faut suivre de petits sentiers qui se croisent à l'ombre de tilleuls et de hêtres; et, arrivés à une certaine hauteur de la montagne, dans la direction du Midi, on trouve une petite plateforme. Sur cette terrasse naturelle au milieu de peupliers et de saules pleureurs, on rencontre une source mystérieuse, entourée de gazon et de sièges. On la nomme *Fontaine d'amour*. Cette promenade, la plus ombragée, est une des plus agréables des environs de la ville.

La promenade de *Picqué*, qui est la plus fréquentée de toutes, se compose de la belle allée d'Etigny, bordée d'ormes et de magnifiques constructions ; à l'extrémité de cette allée, en face de l'établissement des bains, on prend la gauche en se dirigeant vers le torrent ou la rivière de la Picque. Arrivé à ce point, on longe la Picque jusqu'au pont de Montauban et l'on rentre dans la ville par l'avenue de ce même nom. Encore quelques années, et cette promenade ne laissera rien à envier aux plus jolies de toutes celles qu'on connaît en France.

La promenade de *la Casseyde* est la plus longue des trois. Vers l'allée de Barcugnas, en sortant de la ville, on arrive à une petite place. On passe alors, près d'un moulin, sur un pont qui se trouve à la gauche, non loin du cimetière ; on tourne à gauche et l'on va rejoindre le gave dont on est quelque peu écarté. Près de l'endroit où l'on est le plus voisin du torrent, il faut gravir un sentier qui serpente dans le rocher. Du haut de ce petit observatoire, on peut admirer les allées de Barcugnas, des Soupirs et des Bains. Castel-Viel, Saint-Mamet, Montauban et Luchon se dessinent aux pieds du visiteur.

En revenant au chemin qui longe le Gave, on le suit jusqu'au pont de Mousquères et l'on rentre dans la ville par l'allée des Soupirs.

Au sein de la ville où l'agréable, l'utile et le confortable se trouvent réunis, un des premiers soins de l'étranger qui vient la visiter, consiste à utiliser son séjour, dans l'intérêt de sa santé. Or, les bains doivent être une de ses principales préoccupations. Ainsi que nous l'avons déjà dit, les thermes de Luchon offrent, dans leur antiquité, une garantie de la bienfaisance de ses eaux. C'est un contrôle de plus que le passé ajoute à l'expérience du présent.

En effet, en donnant au mot Luchon l'étymologie de

*Lixon* ou *Lixo*, comme on lit dans diverses inscriptions, on trouve que toutes ces dénominations tirent leur nom de *Li* et *Lis* qui, en langue celtique [1], signifie *eau*; d'où s'est formé *Lixo* [2] *eau chaude*. De ce terme, dit Ducange, sont tirés les mots latins : *Lix*, Lescive et *Lixivia*, cendres lescivées. L'ancienneté des eaux de Luchon ne peut donc être révoquée en doute, en ne sortant point de termes de son étymologie ; mais elles renferment encore d'autres qualités, prises dans leur composition intrinsèque.

L'une des principales est leur légèreté. « En général, dit un savant médecin anglais, toutes les eaux légères et qui ne sont pas imprégnées d'aucun mauvais principe, sont des remèdes très-efficaces pour un grand nombre de maladies. Or, rien n'est plus propre à rendre au sang et aux sucs leur fluidité naturelle, lorsqu'ils sont devenus trop épais et visqueux, que la bonne eau prise dans la mesure et avec les précautions nécessaires. » Les eaux thermales de Luchon jouissent de ces propriétés, car, l'effet de la chaleur étant en général d'augmenter l'activité et la force de l'eau, elle en augmente le mouvement de ses parties.

On prend les eaux thermales de Luchon de plusieurs manières, mais le plus communément, c'est en boisson, dans les bains et en douches. Quoique ces détails semblent s'éloigner quelque peu des récits de l'histoire, nous ne les aborderons pas moins, persuadés que dans les bornes de cet ouvrage, leur utilité doit nous faire un devoir de les admettre. Instruire, plaire et être utile à la fois, telle est notre devise. Nous ne voulons pas lui donner un démenti dans cette circonstance.

---

[1] Dictionnaire celtique. — Essai historique sur les eaux de Luxeuil, p. 3.

[2] Ducange. Gloss., ad verbum Lixo.

## DE LA BOISSON

« La quantité d'eau minérale ou thermale que les médecins ordonnent en boisson, a dit un savant docteur, a pour principal effet le nettoiement des viscères; cet effet est considérable dans la plupart des maladies chroniques. C'est aux auteurs modernes que nous sommes redevables du premier usage d'un si grand remède. »

Le temps le plus propre pour boire les eaux, est celui où les chaleurs sont à un degré soutenu, sans néanmoins être assez fortes pour causer de grandes sueurs. On les boit à jeun, de grand matin et après le soleil levé. Pour ne point contrarier leur action, il ne faut point devancer le lever du soleil. Une remarque essentielle à faire encore, c'est qu'on ne doit les prendre que longtemps après le repas, parce que leur effet est bien plus efficace lorsque la digestion est achevée. La quantité à prendre est réglée d'après le tempérament, la force et le genre de maladie des individus.

## DES BAINS.

Après l'usage intérieur des eaux chaudes, l'effet qui se produit de leur usage extérieur est le plus salutaire. Au moyen des bains, les eaux thermales facilitent la transpiration, raniment les parties engourdies, soit par le froid, soit par les humeurs épaisses, soit par d'autres causes. On doit suivre dans l'usage des bains, une progression de temps régulière. Ainsi, on ne reste dans les premiers bains qu'un temps moral qu'on augmente tous les jours, jusqu'à ce qu'on a complété une heure. Le corps accoutumé à cet espace de temps, doit s'accoutumer, d'un autre côté, aux différents degrés de chaleur. Il faut suivre rigoureusement cette dernière méthode.

Le matin, depuis sept à huit heures, paraît être le temps le plus commode pour prendre le bain. Néanmoins, en suivant un régime convenable, on peut le prendre avant le repas du soir; et son effet n'en est pas moins salutaire. Au sortir du bain, il faut avoir bien garde de s'exposer à l'air frais; il est bon au contraire de passer dans un lit chaud pour se reposer et pour suer légèrement, s'il est possible.

### DE LA DOUCHE.

On emploie la douche pour surmonter la maladie lorsque l'action du bain est trop faible. Son usage est très-ancien. Les Grecs l'appelaient gouttière (*stillicidium*); les Arabes goutte (*guttam*); enfin, les Italiens douches (*de ducia*). Les douches dont on se sert ordinairement sont des caveaux plus ou moins élevés, remplis d'eau chaude, percés à leur extrémité, où est attaché un robinet qui s'ouvre et se ferme à sa volonté. L'eau qui tombe est reçue sur la partie malade et dans toute son étendue ; pendant qu'on prend la douche et même après, on fait des frictions sur les parties de bas en haut. On ne doit point prendre la douche sans user des précautions indiquées à l'article des bains. Le matin est le temps le plus propre pour la douche ; on peut aussi la prendre le soir : les effets qu'elle produit s'expliquent par cet axiome de physique qui établit que les liquides, selon la loi de pesanteur, sont en raison compensée de leur hauteur et de leur volume.

Voici, au reste, qu'elle est l'opinion émise par un savant docteur sur la manière de prendre la douche et sur ses effets. « On se baigne d'abord, dit-il, le premier jour pendant une demi-heure. Ensuite on reçoit la douche l'espace de quinze ou vingt minutes. Le second jour on prolonge le temps jusqu'à vingt-cinq et trente minutes, et successivement jusqu'à trois quarts d'heure.

« Jamais on ne doit recevoir la douche sur la tête, quoi qu'en aient dit quelques auteurs, ni sur la poitrine, ni sur le ventre, ni sur aucun viscère, parce que ces parties sont trop délicates pour soutenir son impression.

« On se sert de la douche avec succès dans toutes les maladies où les humeurs sont en stase, lorsque les vaisseaux lymphatiques et sanguins sont engorgés, lorsque les pores sécrétoires ou excrétoires sont obstrués, comme dans le rhumathisme, etc., etc. dans toutes les douleurs fixes, dans les douleurs des articulations, tumeurs œdémateuses, squirreuses, les ankiloses ; dans tous les mouvements spasmodiques, crampes, tremblements, et dans tous les cas où le sang circule trop lentement et avec inégalité, et sur les parties qui ont perdu le ressort naturel, et jamais, dans tous les cas, où il y a inflammation ou disposition inflammatoire, occasionnée par la partie rouge du sang. »

Pour profiter de la vertu des eaux thermales de Luchon, il y a bien des choses à observer encore, soit avant de prendre les eaux et en les prenant, soit en gardant un régime sévère, réglé sur les aliments, sur les liquides, sur l'action de l'air, sur l'exercice, sur le repos, etc. Mais on trouvera à Bagnères pour se fixer, à ce sujet, tout ce qui est nécessaire, c'est-à-dire d'excellents médecins, et entr'autres M. Fontan, à la science duquel l'art et la ville de Luchon sont redevables de tant de progrès qu'ils ont faits. Que ceux qui fréquentent les bains de Bagnères s'adressent à ces hommes de la science; leurs conseils sur la manière de vivre et de se conduire hygiéniquement aux eaux, leur en diront plus que nos écrits. Ils complèteront ainsi, dans ce que nous n'avons pu qu'indiquer, l'*Histoire de Bagnères-de-Luchon,* considérée dans sa partie purement historique.

FIN DE LA PREMIÈRE PARTIE.

# HISTOIRE

### SPÉCIALE ET PITTORESQUE

## DE BAGNÈRES-DE-LUCHON

## SECONDE PARTIE.

RENFERMANT DES FAITS PUREMENT DRAMATIQUES.

### LE CONTREBANDIER DU PORT DE VENASQUE.

#### ÉPISODE HISTORIQUE.

Quand, les yeux fixés vers l'Espagne où la liberté, en ce moment, joue le drame sanglant de la révolution, on arrête sa vue sur cette longue chaîne de montagnes qui brillent, capricieuses, au midi de notre belle France, comme les mille replis du serpent déroulant, au soleil du désert, ses écailles étincelantes; qui, à ce spectacle imposant, n'a pressenti d'avance que de grandes destinées ont dû être attachées invinciblement à ces hautes barrières de granit? qui n'a vu, dans la position géographique des Pyrénées, un de ces accidents sublimes de la nature que la providence semble, exprès, avoir fait jaillir du sein de la terre, soit pour servir à varier, comme ligne de démarcation, l'espèce humaine dans les modes nombreux de la civilisation, soit pour tracer des limites politiques à des peuples voisins, de mœurs et de races opposés; soit, enfin, pour mieux accentuer, dans ses effets innombrables, le grand travail de la création? Toutes ces considérations sont vraies, et pourtant la science n'a pu soupçonner, jusqu'ici, dans ces masses de structure colossale, que des couches géologiques plus ou moins concentriques, et le botaniste qu'un champ vaste à herboriser. La nature inerte de ces montagnes a été étudiée jusques dans ses secrets les plus profonds, et la nature intelligente reste encore inconnue.

Or, dans l'intérieur des Pyrénées, au versant des montagnes qui servent d'extrême limite au département de la Haute-Garonne et au royaume de l'Aragon, se dessine, creusé dans le roc, un sentier étroit, scabreux, qui sert de ligne de communication entre la France et l'Espagne; on le nomme le *passage de Venasque*. En gravissant ce sentier et vers le milieu de sa ligne aérienne tracée, le plus souvent, par le pas hardi du mulet des vallées d'Aran et de Montgarry, on arrive à une plate-forme couverte d'une pelouse longue et soyeuse, comme la chevelure d'une belle andalouse; c'est la halte du voyageur. De ce point élevé, le regard domine le bassin de Luchon avec l'immense amphithéâtre de montagnes qui lui servent de ceinture. D'un côté, se tient debout et menaçant comme un géant, le pic de la Maladetta dont la cime se perd dans les brumes du ciel; de l'autre, apparaissent, à droite, les sommets du *Portillon*, ceux du Bocaner et les montagnes des vallées d'Oueil; à gauche, se dessinent les ports de la Picade, les rochers du Caïrat et ceux qui dominent les vallées de Larboust; enfin, au fond de ce tableau dont tous les détails sont gigantesques et les proportions colossales, s'arrondit, en forme de coupe orientale, le joli bassin de Luchon, orné de ses vallons, de ses bois et de ses cascades qui composent autour de lui autant d'arabesques capricieusement découpées. Ce plateau que nous décrivons est un des plus beaux de tous ceux qui se trouvent sur toute la chaîne des Pyrénées.

Mais, comme au milieu de la joie et des plaisirs, la providence semble se plaire toujours à mêler le chagrin et la tristesse ; ce lieu de délices renferme aussi des souvenirs de deuil. Car, au centre de la plate forme, s'élève un monceau de pierres noircies par le temps et par les orages. Chaque muletier arrivé là, s'arrête, recueilli par des pensées pieuses et, ôtant religieusement sa *berrette* rouge, murmure à haute voix la prière des morts. Ces pierres sont un tombeau ; Voici leur histoire :

# I

## LE DOUANIER.

En 1823, pendant la guerre de l'insurrection espagnole, le gouvernement français avait ordonné une surveillance active sur toute la longueur des Pyrénées. Un poste de douaniers fut établi au port de Venasque. Au pied d'une gorge profonde, dominée par deux hautes montagnes perpendiculaires, on voyait, seule, isolée, la dernière maison française. C'était alors le bureau provisoire de la douane. Une chambre basse obscure, enfumée, servait de retraite à un brigadier et à quatre hommes, lorsqu'ils revenaient de donner la chasse au contrebandier. Pendant une nuit orageuse du mois de mars, les quatre *verts*, exacts au rendez-vous, se pressaient autour de l'âtre où pétillait un grand feu et fesaient sécher silencieusement leurs carabines. Après une longue pause et un silence non moins long : — Pied-de-fer, s'écria une voix fortement accentuée, qu'as-tu fait du brigadier ? C'est, pardieu, étonnant qu'il ne soit point ici ; car, par Saint-Roch ! ce n'est point lui qui est le dernier au rendez-vous du poste.

— Pas plus qu'il n'est le dernier à gravir le pic de l'Izard ou à braver le bâton noueux des *noirs*, répondit, sans détourner la tête, Pied-de-fer, occupé à faire sécher sa capote. Mais le brigadier sait ce qu'il sait, poursuivit-il encore mystérieusement. Ignores-tu, Crampon, que dans le service de la douane, tout le mot d'ordre est celui-ci : *obéir et savoir se taire ?* mais, si tu veux être mieux informé ; je l'ai laissé aux limites espagnoles, près de la caverne du loup, tu sais Crampon ?

— Oui-dà, caverne du loup ! dis plutôt caverne du sang ; puisque les *noirs* m'y laissèrent mort vingt-quatre heures. Que la Vierge des Pyrénées préserve donc notre brigadier de leur rencontre ! Car, par ce temps d'averse si favorable aux *noirs*, Crampon, mon ami Crampon, ce n'est pas toi qui volerais l'arracher à leurs coups !

— C'est qu'un mauvais conscrit n'a jamais su faire un bon soldat de la douane, repartirent, en chœur, les voix de ses trois compagnons.

— Ah dam ! répliqua aussitôt Crampon, le conscrit a fait aussi son feu de file, et si son pied glisse parfois sur vos rochers savonnés par la glace, sa main n'en est pas moins solide pour cela. Qu'en dis-tu, Rudon ?

Cette espèce d'apostrophe que signifiait, en ce moment, Crampon à un de ses camarades, n'était pas sans avoir un grand sens. Rudon, vieux douanier et rigide comme un grognard, n'aimait pas les conscrits, parce que le service souffrait toujours avec eux et que d'ailleurs, leur inexpérience était pour les anciens des motifs de surcharge de la part des chefs. Mais il aimait encore moins Crampon qui avait eu la maladresse de ne pas comprendre le caractère du douanier ; ce qui l'avait exposé à de nombreuses voies de fait, auxquelles il ripostait par des représailles ; ce à quoi il venait de faire allusion.

Aussi, la conversation ne pouvait pas en rester là, entre ces quatre hommes et, Rudon, le premier, répondant à l'allusion de Crampon :

— Toi, Crampon, dit-il, tu n'es qu'une poule mouillée ; au régiment comme à la douane, tu n'as servi que dans l'arrière garde, et pour preuve,....

Il se tut.

— Parle, Rudon, parle, répliqua avec animation son

interlocuteur; est-ce que le courage te manque? je suis disposé à te répondre. Car, me voici debout, continua-t-il avec un ton moitié solennel, moitié comique ; Crampon, n' jamais craint son adversaire : Marchons!...

Mais pendant que ces derniers mots se faisaient entendre, la porte s'ouvrit précipitamment et parut, au milieu des sarcasmes, des rires moqueurs des douaniers et des bruits de l'orage, le brigadier Lebrun.

— C'est lui, s'écria instinctivement Crampon, au premier ébranlement de la porte. C'est lui..., et le calme le plus respectueux s'établit instantanément.

Lebrun était un jeune homme de vingt-deux ans. Il avait la taille haute et bien proportionnée ; son teint était *foncièrement* brun et des cheveux noirs ombrageaient un œil ardent et plein de feu. On voyait sur son front éclater les passions que nourissait un cœur chaud et impétueux. Lebrun était, en un mot, le type vivant de ces hommes à qui il ne faut, pour grandir à la hauteur d'un héros, que les mille fureurs d'une guerre continentale ou les orages d'une révolution. Sous l'empire, il eut été maréchal de France, 93 en eût fait un fougueux Jacobin. C'était trop pour un brigadier de la douane. Un tel homme devait donc inspirer la crainte et le respect. Aussi, au moindre de ses ordres, les *verts* obéissaient-ils en aveugles. Sa présence était un ordre.

Il se posa, un instant, autour de l'âtre, l'esprit profondément préoccupé ; regarda fixement ses subordonnés comme pour les interroger. Mais rien de ce qui venait de se passer ne paraissait sur leurs physionomies humblement et sévèrement composées dans tous leurs traits. Et puis, par un mouvement brusque et qui marquait une forte détermination, s'adressant au plus brave de ses compagnons :

— « Pied-de-fer, ta carabine, ton sabre et en route. »
Il avait dit, et déjà les deux douaniers s'éloignaient du poste, affrontant une pluie battante, franchissant des ravins profonds, gravissant des sentiers glissants et rocailleux, et, au

milieu de l'obscurité d'une nuit infernale, atteignaient, dans la direction ascendante du port de Venasque, un rocher creux qui dominait le sentier étroit de la contrebande.

— Halte-là, Pied-de-fer. C'est ici, dans cette grotte qu'il nous faut passer la nuit ou plutôt, qu'il faut veiller jusqu'à l'aurore.

Mais s'interrompant tout-à-coup :

— Dors, Pied-de-fer, dit-il ; c'est à moi de veiller, dors..... Pauvre enfant !...

— Brigadier, je vais veiller aussi ; car c'est l'heure de la contrebande.

— Seule, elle est passée sur ces rochers, leste comme une gazelle, rapide comme un chevreuil et portant dans son cœur l'amour ardent d'une Andalouse......

— Qui ? brigadier ; la contrebande ?

— Seule, la pauvre enfant ! elle a bravé, pour moi, la nuit, l'orage et la fureur du vieux contrebandier ; et pourtant de cruels pressentiments torturent mon âme.

— Paix ! ce n'est point des *noirs* qu'il s'agit, murmura doucement Pied-de-fer ; *obéir et se taire*, c'est la devise de la douane, se dit-il à lui-même intérieurement.

— Pied-de-fer, s'écria alors Lebrun, interrompant son monologue qui exaltait déjà ses idées jusqu'au plus haut degré de la passion ; Pied-de-fer, la contrebande est ton rêve, à toi ; enfant de la douane, jeune, tu as appris à déjouer le bâton ferré du *noir*, à vivre de ruses et de sang, et ton élément à toi, l'élément de ton âme, ton existence, ce sont les rochers, les nuits orageuses des Pyrénées et ta carabine. Tu es heureux, Pied-de-fer, parce que tu suis ta destinée ! et ma vie, à moi, vois-tu, c'est l'enfer sur la terre. Aimer par tous les feux d'une passion noble, une femme, un ange, qui vous adore ; être séparé d'elle par toute la distance qui se trouve entre la haine espagnole et le nom français, entre la fureur du contrebandier et celle du douanier ; et, par-dessus tout, suivre par amour d'abord et par devoir ensuite une position que l'on condamne soi-même ; dis, Pied-de-Fer, si tu as éprouvé une torture de l'âme pareille à celle où me jette ma situation ?

— Brigadier, vous êtes jeune.

— Ajoute encore, dit Lebrun, que j'aime d'amour, comme toi qui ne vis que de douane. Mais tu ne comprends point l'un et tu rêves l'autre. Eh bien ! Pied-de-fer, avant que le soleil éclaire le sommet de la Maladetta, nous n'aurons rien à nous envier ; toi, tu auras la contrebande et moi la fille du contrebandier : chacun son lot. Ecoute :

Connais-tu la fille de Piétro, le vieux contrebandier ?

— Ritta, la plus jolie vierge de la vallée de Montgarry ? Connue avant vous, brigadier ; elle a seize ans. Sauf erreur, je l'ai vue, pour la première fois, lorsqu'elle entrait à peine dans sa douzième année : c'était à la chapelle de Montgarry. De toutes les filles de la vallée on la disait la plus belle. Je le crois bien ; avec des cheveux d'ébène retenus dans un réseau mauresque ; de gros yeux noirs sous des sourcils épais et une taille élancée à le disputer en souplesse au plus fluet de nos Izards, avec tout ça on pouvait dire que la fille de Piétro était la plus belle des Espagnoles. Je la connais, brigadier ; mais je la hais : elle est la fille du vieux contrebandier, le meurtrier de mon père.

— Pourquoi la maudire, Pied-de-fer ? L'agneau rente la paternité du lion ; et Ritta désavoue son père. Apprends donc à mieux la connaître, sévère douanier ? Ecoute : Cette nuit, pendant l'orage, j'étais à la caverne du Loup. J'attendais, seul, au rendez-vous de nos amours. Elle est venue, malgré l'horreur de la nuit, les difficultés de la montagne et la tempête ; pâle, les cheveux épars et se jetant dans mes bras : « Fuis, m'a-t-elle dit, car ta mort est certaine ; pour moi, je suis sacrifiée à la vengeance d'un père ! » A ces mots, les larmes, les sanglots ont étouffé sa voix. Je sais, Pied-de-fer, que le vieux contrebandier veut tenter son dernier coup de main. Cette nuit, il veut frauder la douane ; se défaire de l'amant de sa fille, et donner la main de Ritta à un *Picaro* d'Espagnol. Tu vois : l'amour et le devoir nous commandent une exacte et fidèle garde. La bande ne tardera point à se mettre en marche; reste à cette place, Pied-de-fer; tandis que je ferai le guet à la halte du muletier.

## LA VENGEANCE DU CONTREBANDIER.

Tandis que le brigadier, ayant donné ses ordres à Pied-de-fer, gravissait des rochers escarpés, franchissait des précipices, tournait des pics, à travers des sentiers, connus seulement des *verts*, pour arriver au poste de l'honneur, une autre scène se passait à l'opposé du versant, sur le territoire espagnol. Au pied du passage de Vénasque, à l'extrémité de ce ruban de chemin qu'on appelle sentier et qui touche à la vallée espagnole, s'élève une demeure toute aragonaise. Qu'on s'imagine un bâtiment immense, d'une couleur sombre et terne; de vastes salles éclairées par un jour qui pénètre dans l'intérieur de l'édifice à travers des ouvertures colossales, protégées par quelques barres de fer; un toit bas et écrasé abritant des murailles qui se cachent à moitié sous les feuillages du pied de la montagne; et l'on aura une idée à peu près exacte de la forme de la demeure dont nous parlons. Là, dans une salle reculée qui communiquait avec le parquet des chèvres, deux hommes se tenaient debout, dans un état moral de profonde préoccupation. L'un avait des formes sévères; sa taille était haute; ses bras et ses jambes à mi-nus laissaient apercevoir sur toute leur étendue les signes d'une force et d'une vigueur peu communes. Malgré ce caractère extérieur, la figure de cet homme était vieillie. De longues rides sillonnaient tous ses traits rudes et féroces. Sa tête seule avait quelque chose de gracieux, soit à cause de l'ornement de ses cheveux blancs comme la neige, qui tombaient ondoyants sur ses épaules; soit à cause de sa forme haute, sur laquelle dominait un front modelé. Cet homme s'appelait Piétro.

L'autre, sans être distingué par cette sévérité de lignes qui composent la correction des formes et du dessin, dans la charpente humaine, et dont la nature s'était montrée prodigue envers le vieillard, avait pour lui la jeunesse et la force. A voir leurs regards furieux, l'agitation fébrile de leurs corps, on devinait facilement qu'ils méditaient quelque grand, quelque infâme projet. Néanmoins, un silence profond était observé entre ces deux hommes, depuis environ dix minutes, sans avoir suspendu, pour cela, un langage terrible : celui des signes de la colère, de la fureur et de la rage ; lorsque le vieillard interrompant le premier ce silence infernal :

— Tu hésites encore, José, s'écria-t-il, en s'adressant au jeune homme, en donnant à sa voix un volume sourd et creux ; tu hésites ! la veux-tu ? prends-la. Mais prends-la telle que l'ennemi te la donne, comme un présent de boue et de prostitution !

— Que dites-vous, Piétro ? murmura à l'instant le jeune homme en faisant crier les dents, sous le mouvement involontaire de ses mâchoires. Mais elle est toujours la Vierge pure de la vallée !

— Elle !..... mais, ignores-tu donc, José, que hier, sur le haut de la montagne, pendant que tout dormait, ici, elle, l'infâme ! gravissait les rochers du port. Je l'ai vue, moi ; lorsqu'elle revenait de la caverne ; j'ai tout soupçonné ; j'ai tout deviné, et puis...

Le vieillard se penchant aussitôt vers l'oreille du jeune homme, lui dit quelques mots mystérieux qui semblèrent réveiller, en lui, un ressentiment mal éteint ; car, sans hésiter un seul moment :

— Puisqu'il en est ainsi, Piétro ; je suis à vos ordres !

Il ne prononça que ces paroles. Le vieillard le saisit spontanément par le bras ; et d'un geste convulsif, qu'il accompagna d'un éclat de rire diabolique :

— Viens, s'écria-t-il, suis moi.

Ces deux hommes se rendirent dans un endroit reculé de cette vaste demeure où ils se trouvaient ; et quelques minutes à peine s'étaient écoulées, qu'ils en sortirent par un passage caché qui donnait sur la montagne. Ils disparurent au milieu de l'obscurité d'une nuit profonde. Qui pouvait deviner ce que ces deux hommes venaient de faire ? Dieu seul le savait.

Néanmoins, le brigadier Lebrun, impassible comme un homme résolu dans sa profession, attendait en faisant le guet, sur le haut du passage de Venasque. Enveloppé dans sa capote, sa carabine sous le bras et l'oreille au vent, il était immobile comme une statue de marbre. Une révolution intérieure absorbait tous ses sens ; des réflexions affreuses naissaient et se produisaient dans son esprit. Trois heures venaient de sonner à l'horloge de la petite ville de Venasque ; ce son répété par l'écho des vallées, arrivait mystérieusement à ses oreilles, comme le dernier soupir d'une âme qui abandonne la terre pour s'envoler au ciel. Le brigadier espérait toujours avec cette patience naturelle au soldat de la douane.

Déjà une teinte pâle semblait colorer l'Orient, lorsque deux ombres allongées comme deux fantômes, se dessinaient mystérieusement sur le sommet le plus élevé du *Port.* L'œil vigilant de Lebrun ne fut pas en défaut, car il reconnut d'abord les gens qu'il attendait. Cependant, pour la première fois, tout son corps fut saisi d'un frisson involontaire, et le nom de Ritta fut prononcé avec effroi.

Mais tandis que le brigadier prenait son poste derrière la ligne d'une roche en saillie, le vieux contrebandier, silencieux, le regard sombre et féroce, descendait brusquement et à grands pas, le sentier dont il paraissait bien connaître les moindres lacets. Un jeune homme à la stature haute, aux membres vigoureux, portant sur ses épaules un fardeau qu'enveloppait une large *mante* brune, marchait derrière lui à une certaine distance. Ils allaient franchir le dernier rocher qui les séparait de la halte des voyageurs lorsque le contrebandier, immobile et avançant de quelques pas :

— Arrête, José, s'écria-t-il d'une voix impérative, en s'adressant au jeune homme, arrête ; c'est ici le charnier du loup ;

— Et la retraite du douanier, repartit aussitôt Lebrun, qui, ayant entendu les paroles de Piétro, s'élance de son rocher et se trouve en face de ses adversaires.

— Je savais que tu étais ici, répondit sans se déconcerter, le vieux contrebandier ; et, après avoir jeté sur lui un regard indicible de fureur : Penses-tu, continua-t-il, nous disputer le passage ?

— Oui, au nom du devoir et de la douane ; l'inspection de ton fardeau, jeune homme, ou gare à ma carabine ? S'adressant en même temps à José qui se tenait immobile sur un rocher, et lui ajustant son arme.

— Tu te ris de nous, douanier, dit encore Piétro, dont les yeux étincellaient de fureur, tandis que la main s'agitait convulsivement sous son vieux manteau déchiré ; pendant quarante ans les verts n'ont jamais eu de droits à me demander. Mais je veux aujourd'hui me réconcilier pour la dernière fois avec la douane. Brigadier, tu seras plus heureux que tes camarades morts ou vivants ? S'adressant au jeune :

— « José, l'inspection ! »

A ces mots, le fardeau est jeté aux pieds du douanier, entre lui et Piétro. « Brigadier, la taxe des droits ! »

Le douanier s'abaissant, soulevait déjà un plis de la mante :

— Dieu ! Ritta assassinée ? monstres !... et sa main se dirigeait sur son arme.

A l'instant, le jeune homme s'élance sur le brigadier ; le poignard de Piétro frappait d'un coup sûr. Le malheureux douanier se lève à demi, chancelle et retombe expirant sur le corps ensanglanté de son amante.

— Tu vois s'ils s'aimaient ! Ton rival, notre ennemi est mort, partons, José ; l'espagnol est vengé !

Sur les corps de ces infortunés, la douane éleva un mausolée de pierres, on lui donna le nom de l'*Homme*, nom qu'il porte encore de nos jours. La piété du passant a fait le reste.

# LES BAINS DE BAGNÈRES-DE-LUCHON.

## 1812

## I

### LE DÉFI.

C'était en 1612.

Amaury de Fronsac et Raymond d'Auré, tous deux jeunes seigneurs des plus puissants du comté de Comminges, tous deux amis des plaisirs et de la débauche, usaient des droits despotiques inhérens à leur pouvoir féodal. Ils se fesaient remarquer surtout, dans les environs de leurs terres, par de folles excursions et par des enlèvemens nocturnes. C'étaient des *Louvetaux* ravisseurs de jeunes filles. Le château de Fronsac qui dominait la vallée de la Barousse, s'élevait sur les bords de la Garonne, à peu de distance de la ville de Saint-Bertrand (*Lugdunum*) ancienne capitale de la contrée. Ce magnifique manoir, aux tours et aux créneaux gothiques, était l'œil-de-bœuf, le rendez-vous scandaleux de tous les mauvais sujets de race seigneuriale, qui se trouvaient dans le pays du Comminges.

Or, au mois de juillet de l'année 1612, joyeux ébats et grande réunion étaient au château de Fronsac. La salle dorée retentissait de rires moqueurs, de propos obcènes et de clameurs bruyantes ainsi qu'on les entend dans une orgie. Déjà le vin du Roussillon et de la Conque fermentait dans toutes les têtes, lorsque les mignons féodaux engagèrent ainsi une discussion érotique.

— «A la plus belle du comté de Comminges !» s'écrie avec intention Amaury de Fronsac qui, dans sa pose bouffonne ;

caressait d'une main sa fraise, et de l'autre, élevait comme par défi, un *rouge-bord* d'argent, au-dessus de son tricorne à gland d'or.

— « S'il en est une, sans doute, c'est Clotilde de Binos, » répondit fièrement Jacques de Levy, dont l'air prétentieux et fanfaron relevait le ridicule de ses manières grotesques. « Honneur donc à Clotilde de Binos, ma divine cousine ! »

— « Halte-là, beau cousin ! vociféra alors le jeune seigneur de Guran ; je tiens pour *honni* quiconque de vous, messeigneurs, ne déclarera point à la face du ciel, qu'Anne de St.-Ignan, est la plus belle damoiselle du comté de Foix.

— Tu en as menti, de Guran, repartit insolemment Pierre d'Orthez : il en est une dont le castel est baigné par la Garonne, à quelques milles des Tours. Celle-là est la plus belle des belles de l'Aquitaine, du Languedoc et de la Gascogne. A elle seule l'honneur de la fête ! »

De bruyantes dénégations suivirent ces différentes protestations. Chacun élevait jusqu'aux astres la beauté et la vertu de la dame de son cœur. Les défis se jetaient en face ; et dans le pêle-et-mêle de cris, d'enthousiasme sentimental et de provocations chevaleresques qui ébranlaient les voûtes du château, on était parvenu à ne plus s'entendre. Les rapières même commençaient à être mises au vent, lorsque Amaury de Fronsac, s'écrie avec toute l'énergique étendue d'une voix accoutumée à dominer, dans les montagnes, les cors des piqueurs :

— « Tout beau, mes mignons, paix et silence ! quel diable cherche ainsi à jeter au milieu de vous, la pomme de la discorde ? ne savez-vous point qu'on n'a ici que les droits de s'ébaudir ? et vous, infâmes lurons, vous allez frapper d'estoc et de taille. Patience, preux chevaliers ! c'est moi qui veux terminer le différend que j'ai provoqué le premier. Juges et parties, écoutez ! »

— « Ecoutez de Fronsac ! » fut le cri que murmurèrent nos fringans mauvais sujets, en gagnant tranquillement leurs sièges autour d'une table dressée.

Ni Clotilde de Binos, Jacques de Lévy ; ni Anne de St.-Ignan, de Guran ; ni la belle nayade de la Garonne, Pierre d'Orthez ; ni aucune de toutes vos dames, mes beaux mignons ; non, aucune d'elles n'est la plus belle, repartit Amaury de Fronsac. » Il en est une autre plus modeste qui les efface toutes en beauté, en vertu et en esprit, savez-vous laquelle, jeunes roués ? »

« Laquelle ? » répondirent tous spontanément et d'une voix unanime.

— « Laquelle ? humiliez-vous, fiers suzerains, héritiers de tant de manoirs ! la plus belle, c'est Joséphine de Montespan. »

— « Joséphine de Montespan ? s'écria ironiquement Raymond de Navarre. Oui, la plus belle ; mais c'est la fille d'un pauvre gentilhomme. »

— « Non ; celle d'une pauvre et jeune veuve, poursuivit froidement de Fronsac, mais dont l'exaltation du cœur trahissait sur son visage une terrible émotion.

— « Oui, fille et mère en veuvage : c'est là sans doute, ce que tu veux nous avouer mystérieusement, n'est-ce pas, chevalier de la belle Joséphine ? » répondit Raymond d'Aure.

— « Ta bouche en a menti Raymond ? » s'écria d'un air furieux, de Fronsac ; « la calomnie d'un mignon ne saurait flétrir la vertu d'une vierge. Joséphine est la dame de mes pensées ; mais elle a toujours dédaigné mes faveurs. Je suis le petit roi des montagnes ; eh bien ! je jure, par ma couronne Pyrénéenne, que je lui donnerai la moitié de mes terres, mon manoir de Fronsac, que tout manant salue à deux lieues de distance, et ma main, pour obtenir de sa bouche de vierge une parole d'amour. »

— « A d'autres tes serments, Amaury ! la fille d'un manant doit avoir trop d'honneur, en acceptant les hommages d'un seigneur. Les femmes, sur nos terres, ne sont elles point notre corvée ? sans doute, Joséphine de Montespan est fière ; mais elle céderait à mes vœux. Raymond d'Aure n'a su jamais trouver des cruelles à la cour ; en trouverait-il dans son comté ? qu'en dites-vous, messeigneurs ? »

— « Raymond d'Aure a dit vrai : » s'écrièrent en applaudissant, tous nos jeunes libertins; « respect à nos droits seigneuriaux ! »

— « Honte à nos droits de violence, messires ! et toi Raymond, je le jure par le nom de Fronsac, tu trouveras une cruelle dans Joséphine de Montespan. Vous riez, mes beaux cousins ? mais, vous semble-t-il bon de tenter l'épreuve ? Allons mettre fin à vos froides plaisanteries... Varlets, » s'adressant à des écuyers de service placés à l'angle de la grande salle, « nos palefrois, et soyez prestes ! Quant à vous, gentils galans ! » se tournant du côté de la joyeuse troupe, « soyez prêts à vous rendre aux bains de Luchon. Nous trouverons là nombreuse compagnie, et de plus, vous y verrez Joséphine de Montespan... »

A ces mots, chacun empressé se dispose au départ. Déjà le cor a retenti trois fois dans la vaste cour du château; et tous nos cavaliers étaient montés sur leurs dextriers. Le pont-levis franchi, on se dirigeait à courses forcées sur la route des bains. La vallée de Luchon ouvrait déjà son passage à la troupe joyeuse. On dépassait Cierp ; elle s'élargissait ensuite ; et dans toute sa longueur, nos jeunes seigneurs n'avaient pas le temps d'admirer leurs belles seigneuries qui se trouvaient sur leur passage, tant ils avaient hâte d'arriver au but de leur voyage ! Déjà le château de Guran était loin, bien loin derrière eux ; le dernier bassin de la vallée, arrosé par la Picque, s'offrait à leurs regards curieux lorsqu'ils arrivèrent à la ville. Bagnères, bâtie entre deux montagnes, au sein des Pyrénées, n'était composé à cette époque, que de quelques maisons d'assez triste apparence ; de chaumières recouvertes de paille, d'une cour de judicature dont l'édifice assez régulier dominait, au centre, toutes ces masures et, enfin, de trois vastes hangards qui abritaient les sources des eaux thermales et qu'on appelait *les bains*. Malgré cette pauvreté de construction, la foule des étrangers abondait à Luchon pendant la saison des eaux. Des familles riches de l'Aragon et de la Catalogne ; les Capitouls de Toulouse, les seigneurs de Mirepoix, du Comminges et du Béarn s'y donnaient un rendez-vous annuel de fêtes et de plaisirs. Ce même mois de juillet de l'année 1612 était surtout remarquable par l'affluence des étrangers réunis aux bains de Luchon.

Nos jeunes seigneurs ne furent donc point trompés dans leur attente. A l'entrée de la ville, leur bienvenue fut saluée par les acclamations des nobles châtelaines, des chevaliers, des troubadours réunis autour de la maison du Bailli, et dont l'air retentissait de ces mots : « salut et joie au seigneur de Fronsac ! » Le Bailly mit à leur disposition la plus belle salle du palais de justice dont la troupe joyeuse prit à l'instant même possession.

— « Raymond d'Aure, dit alors Amaury de Fronsac, au milieu de ses compagnons ébahis de la réception qu'on venait de leur faire, souviens-toi de ta promesse, car ton honneur est engagé. Ici tu pourras surveiller Joséphine de Montespan lorsque tous les soirs elle revient du bain : l'heure va bientôt sonner où tu la verras passer. Et vous, mes beaux sires, s'adressant aux autres seigneurs, soyez les juges dans cette lutte de la beauté. »

Il avait à peine prononcé ces derniers mots, qu'on vit sous la fenêtre de la grande salle, s'écouler légèrement une jeune vierge qu'accompagnait ces paroles flatteuses des assistants: *Qu'elle est belle !* Sa taille fine et élancée était serrée par une robe de couleur sombre. Des cheveux d'ébène s'échappaient en boucles dessous un petit bonnet en velours de jais, et de gros yeux noirs fortement arqués se dessinaient sur une figure brune dont les traits, mélangés de douceur et de passions nobles, exprimaient la bonté d'un caractère franchement prononcé. Un jeune Clerc, au manteau court, la suivait à peu de distance.

— « C'est elle ! » S'écrièrent alors nos gentils damoiseaux.

— « Oui, c'est elle ; » répondit de Fronsac, « et le poursuivant, c'est Pierre de Castelnau, le troubadour, le galant avoué de Joséphine de Montespan. A l'œuvre maintenant beau cousin d'Aure; joie et bonheur, sires de Guran, de Lévy et d'Orthez; car ce n'est plus avec Clotilde de Binos, avec Anne de St.-Aignan, ni avec la belle inconnue des bords de la Garonne que vous allez engager la partie. Faites donc valoir vos droits, messeigneurs, où je vous tiens pour vaincus. » Il le dit avec un rire moqueur, et dirigeant ses pas vers une porte, il disparut, en jetant sur ses compagnons un regard de mépris.

Un long silence se fit alors dans la grand'salle. Nos chevaliers galants, stupéfaits en apparence, restaient immobiles. Mais des sentiments divers se croisaient dans les têtes de ces jeunes esprits froissés par les dernières paroles de Fronsac. L'exaltation des passions, l'amour propre blessé, leur inspirèrent bientôt un parti décisif. Un seigneur qui ne pardonnait jamais une offense, interrompit le premier ce silence :

— « Que tardez-vous, sires, de vous prononcer ? » dit alors le fougueux marquis de Mirepoix qui, jusqu'à ce moment, avait suivi d'un air impassible les rôles de la soirée. « N'avez-vous point souci de votre honneur, lorsque l'insulte tombe aussi lourde et pesante sur nos fronts? Messires courtois, ne savez-vous plus agir? cependant Amaury adore Joséphine de Montespan; Joséphine de Montespan est la plus belle damoiselle du comté; elle est encore trop fière pour répondre à vos vœux, et pourtant vous devez vous venger de l'un et de l'autre par un triomphe sur la vertu. Qu'hésitez-vous encore, en présence d'une gageure d'honneur ? N'avez-vous point la force en votre pouvoir ? Un enlèvement violent épouvanterait-il de si braves aînés de tant d'illustres maisons? »

A ce mot magique d'enlèvement, tous nos libertins tressaillirent de joie; pas un seul ne refusa de se prêter à un coup de main si friant pour des Lovelaces!

— « Que de Fronsac meure de dépit ! » s'écria alors Raymond d'Aure : « Je le jure par mes tours de Valcabrère; dans moins d'une heure, la belle Joséphine de Montespan sera bâillonnée et livrée à notre bon plaisir, messeigneurs. Maintenant à nous, beaux cousins de Guran, de Lévy et d'Orthez, l'appui de vos bras puissants et habiles ! »

## II

## L'ENLÈVEMENT.

La nuit était sombre. La brise du soir, soufflant des Pyrénées, apportait un vent frais qui fesait oublier la chaleur d'une journée orageuse. La place du bailli, le sentier des sources, les avenues des maisons étaient encombrées d'hommes et de femmes qui venaient respirer, à l'envi, avec d'un libre abandon, l'air délicieux de la nuit. Là, c'étaient des chants, d'aimables causeries qui égayaient une foule attentive, se pressant en cercle sur des siéges de bois; plus loin des groupes de promeneurs traversaient comme des ombres rapides, à la faveur des ténèbres, un long espace qui s'étendait aux deux extrémités de la ville. Le marquis, la comtesse, le manant, le capitoul, le troubadour se trouvaient ainsi, pour la première fois, confondus par hasard dans ce pêle et mêle de gens de toute condition. A cette heure de bonheur, Bagnères offrait l'image riante d'une fête de famille.

Du côté de l'Espagne, au bout d'une rue isolée et sur le penchant du côteau où s'élèvent les bains, disparaissait dans le lointain une petite maison, seule, de forme presque carrée et au toit brillant d'ardoise. Un bosquet, bordé d'une large prairie, l'entourait de toutes parts comme une ceinture mystérieuse. Là, deux êtres, aux formes capricieuses et aux contours gracieux, révélaient, ainsi, à leurs cœurs amoureux, des secrets inconnus à la foule du vulgaire.

— « Joséphine, disait une voix tendre qu'une crainte pudique semblait voiler à demi; après une longue absence, qu'une soirée d'été devient ravissante auprès de l'objet qu'on adore! Hier, deux ans se sont écoulés depuis que je te laissai, là, toujours belle, toujours aimante, dans les bras d'une mère chérie. Aujourd'hui, je te revois jolie, et plus aimante encore. Sais-tu pourtant, tout ce que l'éloignement

a de cruel, et tout ce que le retour apporte avec lui de délices?
Que de tourments! que de joies! »

— « Mais aussi, Pierre, que de souvenirs agréables, la présence de l'être qu'on adore, ne dérobe-t-il point au bonheur? Le rêve le plus énivrant et le plus suave est enfant du cœur et de l'absence. Aussi ne me suis-je jamais senti plus heureuse que lorsque, loin de toi, je berçais mon âme de tout ce que le passé et l'avenir me promettaient de félicités partagées ensemble. Alors ma pensée brûlante s'attachait à ton nom, comme une esclave, et te poursuivait aventureuse dans tes voyages de Trouvère. Mon cœur, toujours avec toi, Pierre, savourait avec orgueil ta gloire et ta renommée de poëte. Le ciel m'en est témoin; j'étais folle d'espérance et d'amour. »

— « Ange de ma vie! et moi, je devais à ton souvenir seul, l'inspiration de mes chants. Dans la cour du Roi Philippe comme dans celle du roi de France, Pierre Castelnau, le dernier des troubadours, ne soupirait qu'après Joséphine de Montespan; et ma voix libre et indépendante n'essaya que pour elle des chants d'amour. Si je voyais dans les jardins de l'Alhambra ou dans les palais des souverains de Madrid, quelque belle Andalouse, l'orgueil des beautés espagnoles; oh, me disais-je alors, les montagnes de la Garonne renferment une vierge au teint plus chaud, aux cheveux plus soyeux et aux traits plus divins encore; et mon cœur sans hésiter murmurait doucement ton nom. Si dans la cour illustre de France, si dans les riches manoirs, de nobles dames, de belles châtelaines offraient au troubadour les faveurs de la beauté; merci, gentes demoiselles, répondai-je alors; je ne puis être votre galant avoué en tournée d'amour; une belle a reçu déjà ma foi; à elle j'appartiens, elle seule aura ma main et mon cœur; et j'essuyais alors une larme de souvenir. Heureux retour! tu as fait cesser mes peines! Aujourd'hui et pour toujours le bonheur doit unir et confondre nos destinées sympathiques; n'est-ce pas fille de mes vœux? »

— « Oui Pierre, répondit, tremblante d'effroi Joséphine de Montespan. Car une ombre venait de l'épouvanter. Elle avait vu s'agiter, à ses côtés les arbres du bosquet, et dans l'épais fourré du bois, elle avait cru distinguer un bruit de pas et de voix humaines. Tandis que son oreille attentive la confirmait dans ce pressentiment : fuyons, s'écria-t-elle, entraînant avec violence son amant vers la modeste demeure : fuyons, car nous ne sommes point en sûreté dans ces lieux. »

Mais à peine avaient-ils fait un pas de retour, que tout-à-coup quatre spadassins masqués sortirent précipitamment des massifs du bois et se jetèrent avec violence sur les jeunes amants. Deux se saisirent de Pierre Castelnau, qu'ils retinrent immobile à la même place, sans défense et comme bâillonné par une puissance invisible. Les deux autres emportèrent Joséphine malgré ses convulsions, sa résistance et les cris étouffés qu'elle s'efforçait de faire entendre, et disparurent dans le bois. Mais suivant un sentier détourné qui se perdait derrière la ville, ils s'arrêtèrent devant une porte masquée, basse et fort étroite. A un signal convenu, elle s'ouvrit, et nos deux spadassins, réunis aux deux compagnons, pénétrèrent ensemble, par un escalier dérobé, dans une vaste salle élégamment décorée, et toute étincelante d'ornements d'or, de glaces et de lumières.

« Triomphe ! s'écrièrent-ils alors, voici la victime ! et ils déposèrent, sur un lit de parade, l'infortunée amante, pâle et évanouie. »

— « Hôtes mystiques de ce palais enchanteur, murmura alors, avec un rire satanique, le plus vigoureux des masques, accourez à ma voix infernale, et venez contempler votre reine. »

Il dit, et la tapisserie s'ondule comme agitée par un léger frôlement. A l'instant, on voit entrer lentement, dans la salle d'honneur, la troupe de nos libertins dans tout le désordre de l'orgie. Avinés et chancelants, ces nobles héritiers de tant de châteaux accompagnent leur marche bachique de cris, de jurons et de sarcasmes.

— « Vive Raymond d'Aure ! dit alors le masque à la haute stature; il a gagné cette nuit ses éperons en véritable chevalier. Car c'est lui, messeigneurs, qui a su ravir cet adorable fardeau; » et il accompagnait ces paroles d'un signe indicatif de sa main gigantesque qui montrait, à la troupe ébahie, la victime innocente de leurs passe-temps seigneuriaux.

— « Honneur plutôt au sire de Mirepoix, qui a su, en habile ravisseur, étouffer les cris de détresse et d'alarme; » répliquèrent en cœur les trois autres masques qui dépouillant leurs déguisements, laissèrent voir les traits des seigneurs d'Aure, de Lévy et d'Orthez se pressant en cercle autour de l'infortunée damoiselle.

— « Oh! messire de Fronsac; vous êtes maître passé en fait d'expertise d'amour; » dit alors Raymond d'Aure, avec un accent marqué d'admiration : « vous aviez raison, sur mon ame! de déclarer Joséphine de Montespan la plus belle dame de notre comté; qu'en pensez-vous, mes cousins ? » et chacun d'admirer, dans ce libre désordre de l'évanouissement, les longues tresses de ses noirs cheveux, les traits nobles et réguliers de son visage et les formes ravissantes de sa taille ployée en saillie sur son lit de parade. « Tout beau! » continua-t-il; ne vous semble-t-il point, au mouvement de ses lèvres, que la jolie prisonnière veut reprendre ses sens pour hazarder un aveu d'amour. Courage, réveillez-vous, belle dame? » s'écria-t-il alors avec une voix faussement adoucie. « Montrez-nous vos charmes dans toute leur animation, et surtout...... ne soyez point cruelle envers un cavalier... qui vous donne sa foi. »

En prononçant ces derniers mots, il penchait sa tête sur le front de la vierge; mais elle fit un mouvement brusque, et se levant tout-à-coup, elle s'établit dans une pose immobile. Ses regards se portèrent de tout côté, comme préoccupés par un rêve pénible. A la vue de cette troupe curieuse qui l'entourait, le nom de son amant, la scène du bosquet, le souvenir de l'enlèvement lui vinrent à l'esprit. A cette pensée, des larmes de désespoir tombèrent de ses beaux yeux, et se jetant, par instinct, aux pieds de Raymond.

— « Pitié! » s'écria-t-elle; « Pitié pour la vertu d'une

pauvre femme, seule en votre pouvoir. » Et les sanglots étouffaient sa voix suppliante.

— « Rassurez-vous, belle Joséphine ; » répondit alors Raymond avec l'accent d'une feinte douceur ; « Nous sommes des fils de bonne maison ; jamais nous n'abuserons de votre position de femme. Pardonnez plutôt à un acte désespéré qui n'a pour but qu'un aveu libre de votre cœur. »

La vierge rassurée par ces dernières paroles :

— « Que voulez-vous de moi, Messeigneurs ? » dit-elle alors en se relevant avec fierté : « pensez-vous que la violence soit plus forte que ma volonté ? Si vous désiriez de moi un aveu libre, pourquoi me ravir brutalement à ma mère et à celui qui m'est le plus cher après elle ? »

— « Dame de mon cœur, » poursuivit Raymond d'un air plus humble que la dernière fois : » le comte d'Aure votre souverain, vous adore : il se jette à vos genoux, mais en demandant sa grace, il implore votre amour. Ma courtoisie, gentille dame, trouvera, sans doute, faveur auprès de votre beauté. »

— « Partout ailleurs, seigneur, j'aurais donné une réponse à votre galanterie ; ici, seule, sans appui, livrée aux caprices de mes maîtres, mon devoir est de me taire. »

— « Il nous faut pourtant une réponse favorable, ma jolie dame, » vociféra de Guran, impatient de voir leur rôle de ravisseurs transformés en celui de suppliants par Raymond ; « votre main et votre cœur doivent en être les garants, car le seigneur d'Aure les revendique comme sa propriété. »

— « Il le faut, » répondirent aussitôt tous les nobles gens du complot ; « il le faut, pour l'honneur de la gageure ; il le faut pour la honte de messire de Fronsac ! »

— « Je le vois, messeigneurs, vos supplications sont des ordres. Gens de noble race, vous n'êtes point habitués au refus d'une pauvre fille. Eh bien ! la pauvre fille se redressera et, sans crainte comme sans prière, elle osera vous dire qu'elle ne donnera jamais sa main à un seigneur. Je suis, il est vrai, en vos mains ; mais le désespoir saura me servir de défense. Arrière ? » Et par une force surhumaine, elle s'ouvre un passage à travers la foule de nos libertins qui la voient se diriger vers l'angle de la salle.

A ces paroles violentes, à ces actes de mépris, la troupe se portait à des menaces brutales, lorsqu'un bruit se fait entendre. La porte s'ébranle et cède avec violence. Apparaissent alors à tous les yeux étonnés, deux cavaliers : l'un, enveloppé d'un large manteau noir qui cache entièrement son visage, s'arrête au fond de la salle comme pour en interdire l'entrée. L'autre, armé d'une épée, se jette furieux dans la mêlée : c'était Castelnau.

— « Lâches, s'écrie-t-il, vils ravisseurs de femmes, à moi maintenant ! » Ses yeux étincelants de rage, en cherchant une victime, trouve son amante ; il vole dans ses bras, la presse d'une main, lui fait un rempart de son corps et s'animant de son danger : « Lâches, dit-il, venez maintenant me la ravir ! »

— « C'est trop d'insolence, » s'écria de Mirepoix, « un manant, un clerc ose nous défier ! Allons ; qu'il cède à la force ! »

— « Arrêtez, dit l'homme déguisé qui, se découvrant, laissa voir sous son large manteau les traits d'Amaury de Fronsac, « arrêtez, mignons, car vous êtes vaincus ! » A cette voix, l'effervescence s'apaise. « La violence, poursuivit-il, ne serait point ici loyale et vous n'êtes point félons. De Guran, d'Orthez et de Levy, vous devez maintenant tenir Joséphine de Montespan pour la plus belle du comté de Comminges, et plus encore pour la plus vertueuse ; et toi, Raymond d'Aure, tu peux avouer aujourd'hui que tu as trouvé une cruelle. Pour preuve, seigneurs, que ces sentiments sont les miens, *j'unis Pierre Castelnau à Joséphine de Montespan* ; je les tiens pour les plus heureux de ma suzeraineté et je leur donne mes terres de Montespan en vasselage, entendez-vous, seigneurs ? Et vous maintenant, s'adressant aux amants : soyez fortunés ! Quant à nous, joyeux convives, la nuit est sombre, allons continuer l'orgie au château de Fronsac. Mignons, vite sur vos dextriers !

# LES AVENTURES D'UNE DANSEUSE.

## I

### LA FILLE DES PYRÉNÉES.

Le 11 juillet de l'année 1804, à l'extrémité de la vallée si riante et si pittoresque de Bagnères-de-Luchon, dans une modeste chaumière, isolée au pied d'une haute montagne qui l'abritait de ses vastes flancs boisés, une jeune et pauvre fille de seize ans, seule, sans parents, sans amis, éprouvait les horribles et saintes souffrances d'un premier enfantement. Nulle voix tendre et charitable ne répondait, là, sous le toit de sa frêle cabane, aux cris déchirants qui brisaient les entrailles de cette infortunée. *Louise* (c'était son nom), n'avait que Dieu et ses remords pour témoins de la naissance d'un enfant qu'elle appela *Marie*, nom suave et consolant pour son cœur de mère.

Cependant la pauvre fille ne fesait que commencer une longue existence de douleurs et de déceptions, dont les illusions si douces et si tendres de la maternité, pouvaient à peine dérober à son imagination les premières angoisses. Dans le village, *Louise* était méprisée par toutes ses compagnes; les mères la montraient à leurs filles comme un objet d'horreur, et les vieilles femmes l'offraient dans la vallée, comme l'unique exemple de la corruption du siècle. Il était bien difficile à la jeune mère de soutenir une existence de besoins et de nécessités qui la rendaient tributaire de ses semblables, avec une telle réputation qui la flétrissait ainsi à leurs yeux, tous les jours et à toute heure. Si la séduction fut un grand crime pour l'homme qui lui avait ravi l'honneur, de son côté, elle eut plusieurs fois l'occasion de se repentir d'avoir été son innocente victime. Aussi, dans cet état de continuels mépris qu'on lui jetait à la face, comme des remords sur une faute impardonnable, s'était-elle arrêtée souvent à des idées de désespoir et de suicide. Mais le souvenir de son enfant, ainsi qu'une inspiration du bon ange, effaçait de son esprit de si sombres pensées. Elle vécut donc pour sa tendre fille, et traversa, avec elle, tous les obstacles qui l'arrêtait au début d'une carrière si malheureusement commencée.

Marie grandissait néanmoins, tous les jours, au milieu des soins ingénieux et des travaux continuels que sa mère savait se créer pour soutenir sa frêle existence; car *Louise*, jeune encore, et jolie, douce, sage et prévenante, malgré le souvenir de sa faute qui l'avait d'abord frappée de réprobation, forçait, par toutes ses vertus privées, le respect et la bonté des habitants de la vallée. Elle ne vivait plus que pour sa fille qui, déjà à huit ans, faisait l'admiration de tous ceux qu'elle approchait. Quoique née dans l'obscurité de la chaumière, les traits de Marie se développaient avec grâce et régularité; sa petite taille était admirable dans ses contours naissants, et, sous des habits simples et propres, on ne reconnaissait point en elle la fille d'une paysanne. D'ailleurs à ces grâces du corps se joignaient encore celles de l'esprit; car sa mère ne s'épargnait aucuns sacrifices pour former son intelligence. Aussi, sa fille, avait-elle, à son âge, des connaissances qu'on peut à peine espérer dans les autres enfants.

C'est au milieu de ces soins continuels que *Marie* avait atteint l'âge de quatorze ans, sans avoir jamais connu les privations et les besoins de la vie, lorsque sa mère résolut de la conduire, pour la première fois, à Bagnères-de-Luchon. C'était en 1818. La saison des bains s'offrait cette année, sous les plus heureux auspices. La beauté d'un été radieux, les fatigues, et, par suite, les délassements d'une politique brû-

lante de fureurs, la vogue avaient attiré à Bagnères une foule
nombreuse de gens de toute condition. Des marquis, des
comtes, des généraux de l'empire, des pairs de France, des
ministres, des dandys et des femmes galantes, se pressaient
autour de ces Thermes bienfaisants, et venaient respirer dans
les montagnes, l'air pur des Pyrénées. Au sein de ce monde
élégant, et parmi les fêtes et les plaisirs bruyants qui naissaient sous les pas de ces riches étrangers, *Louise* et sa fille
admiraient, en silence, tant de bonheur et de félicités. D'un
autre côté, l'air noble et distingué de la jeune *Marie*, la faisait
remarquer par tout ce que la petite ville renfermait d'élégants
et de riches personnages. Sa taille élancée, ses beaux cheveux
noirs et sa figure, dont les traits nobles et gracieux étaient
fortement accentués lui avaient mérité, auprès de tous ces
admirateurs, le surnom de jeune Romaine.

Mais cette admiration générale avait frappé plus particulièrement l'imagination vive et poétique de la jeune comtesse
d'Harcourt qui demanda à voir la jeune et belle personne.
Soit bienveillance de sa part, soit orgueil, vanité ou amour-
propre de coquette, la comtesse offrit à la mère de prendre
sa fille, avec elle, sous sa protection.

« Elle sera heureuse, dit-elle, avec moi; j'en ferai ma
compagne. » Une telle proposition convenait admirablement
aux rêves de bonheur et de félicité que *Louise* avait formés,
plus d'une fois, sur le berceau de sa fille. Mais se séparer de
son enfant ! cette idée torturait son âme. *Marie* au contraire,
se réjouissait de la faveur que le hasard lui offrait; elle se
voyait, enfin, dans un bien être et dans une de ces positions
brillantes qu'elle ambitionnait depuis longtemps. La fortune
et le bonheur avaient souri, plus d'une fois, dans la chaumière
de sa mère, à sa jeune et vive imagination. Elle accueillit donc
avec une secrète joie la proposition de la comtesse d'Harcourt
et, se séparant enfin de sa mère qui ne pouvait l'arracher de
son sein, elle partit en poste pour la capitale. Une autre vie,
et des mœurs nouvelles, commencèrent alors à s'offrir à son
imagination impressionnable ; elle oublia bientôt les lieux de

sa naissance, et la chaumière qui la vit naître. Aussi, le premier changement qu'elle opéra dans ses habitudes pyrénéennes, fut de quitter le costume de son pays et de transformer (sacrilège profanation!) son nom de Marie, que sa mère lui donna en venant au monde, en celui d'*Ernestine*. Alors commença, pour elle, cette vie d'aventures et de travestissements dont nous allons esquisser quelques traits.

## II

### LES SALLONS ET LE BALLET.

La fortune de M^me d'Harcourt, et la réputation de beauté, d'esprit et de bon ton dont elle jouissait dans la capitale, faisaient de ses salons un des plus brillants et des plus suivis de Paris. Des maréchaux de France aux manières impérialistes, des fils de riches émigrés, chargés d'or et de dignités, à la suite des Bourbons ; d'élégantes baronnes d'autant plus enivrées de plaisirs et de toilettes qu'elles avaient connu de plus près le denuement de l'exil, des généraux ennoblis par la cour, des marquis de bonne souche, des jeunes conseillers d'état connus par leur *dandysme*, en un mot, tous les régimes répandus à la cour, comme à la ville, étaient représentés dans l'hôtel de la comtesse d'Harcourt. Aussi, l'hiver de cette année, 1818, est-t-il mémorable dans l'*Histoire de la Fashion parisienne*, soit par les plaisirs dont se montraient prodigues les nobles parvenus, soit par les fêtes brillantes dont la jeune comtesse se déclarait la reine. Mais ce qui rehaussait encore l'éclat de ces soirées si délicates, par leur exquise urbanité, c'étaient les graces du corps et de l'esprit de celle qui en faisait les honneurs. Vive, enjouée comme une coquette, sévère comme une prude, spirituelle et gaie comme un vaudevilliste, M^me d'Harcourt, selon les circonstances et l'exigence du moment, savait prendre tour à tour les formes et les allures convenables à cette société si variée, d'ailleurs, de mœurs, de goûts et de caprices. Cette souplesse d'esprit n'était pas le moindre triomphe qu'elle pût remporter ; les nombreux adorateurs qui se pressaient encore, tous les jours, dans son boudoir, prouvaient suffisamment qu'elle avait d'autres titres à cette idolâtre préférence.

Ainsi s'écoulèrent, joyeusement pendant plusieurs années, les soirées d'hiver des salons de la jeune comtesse d'Harcourt, qu'on plaçait au-dessus de tous ceux qui s'ouvrirent dans la capitale, pendant la première époque de la restauration. *Ernestine*, la pauvre fille des Pyrénées, parut d'abord s'étonner de cette nouvelle vie, entièrement excentrique pour ses goûts modestes. Elle semblait devoir s'abituer difficilement aux exigences de sa nouvelle position, tant l'éclat de la grandeur de sa protectrice éblouissait ses yeux novices et peu faits à ce luxe et à ces profusions de la fortune. Mais accoutumée à voir, tous les jours, de plus près ce qui d'abord avait frappé singulièrement son imagination, elle se familiarisa peu à peu avec les hochets du grand monde. La jeune comtesse, qui lui avait paru d'abord comme un être mystérieux, d'une nature différente à la sienne, étudiée dans son boudoir, où elle était sa confidente, perdit à ses yeux insensiblement de son prestige. Les faiblesses de la coquette, ses caprices, ses fantaisies, nuisirent considérablement encore à la considération qu'*Ernestine* aurait dû conserver dans son cœur, pour sa protectrice. Enfin, l'éducation futile qu'elle recevait aux dépens de la comtesse d'Harcourt, qui voulait, selon son expression, *rehausser les grâces matérielles de la paysanne, par tous les agréments de la société*, finirent par lui tourner la tête. Il n'en fallait pas autant. Aussi, à dix-sept ans, c'est-à-dire après trois ans de séjour à Paris, elle était parvenue à ce degré d'imitation tellement perfectionné qu'on n'aurait su dire s'il était au-dessus ou au-dessous de la coquette. L'antichambre et les secrets du boudoir avaient changé le cœur de la fille simple et naïve des montagnes ; l'orgueil et la passion devaient le pervertir, en le rendant ingrat.

Parmi les habitués des salons de la comtesse d'Harcourt, on

remarquait principalement le jeune marquis d'Orval. Fier de sa naissance et d'une fortune considérable, épris de ses belles formes physiques qui le faisaient regarder comme le plus beau cavalier de Paris, le marquis cherchait à jouer le rôle du *Lovelace* de l'époque. La plupart des femmes de distinction, comme les petites bourgeoises, étaient asservies à ses lois; et il comptait ses bonnes fortunes par centaines, lorsqu'il porta ses hommages aux pieds de la jeune comtesse d'Harcourt. Déjà leur intimité n'était plus un mystère pour personne. On en répandait la nouvelle aux théâtres, à l'Opéra, sur les Boulevards, lorsqu'un incident en rendit la rupture éclatante et scandaleuse.

Dans une soirée de l'année 1821, une foule nombreuse et des plus brillantes se trouvait réunie dans les salons de la comtesse, qui, assise sur une bergère, présidait un cercle riche et élégant. Jamais on ne l'avait vu plus belle; ses beaux cheveux blonds retombaient en boucles ondoyantes sur ses blanches épaules; une couronne de roses et de rubis pressaient sa belle tête grecque, et une robe de brocart et d'or se dessinait en larges replis au dessous d'une taille de déesse. A ses côtés, sur le derrière de son trône, *Ernestine* dont les cheveux noirs d'ébène, négligemment rattachés et une simple robe blanche formaient toute la parure, se tenait à l'écart, les yeux modestement baissés, comme pour obéir aux ordres de la reine de la fête. Il était difficile de dire laquelle des deux pouvait être la plus belle, de la comtesse ou de la jeune suivante. Cependant tous les yeux se portaient avides sur la belle fleur des Pyrénées. Ses yeux noirs fortement dessinés ; son front large où deux bandeaux noirs glissaient sur une peau d'albâtre, une taille divine et une jeunesse de dix-sept ans faisaient donner la préférence à la jeune fille. Ce fut au milieu de cette attention générale et au moment où la comtesse d'Harcourt se promettait un triomphe assuré pour sa vanité, qu'on demanda, de toutes parts, une walse. On applaudit à cette proposition. Tandis que les premières notes d'un piano et d'une harpe résonnaient un accord et que déjà l'on se disposait au plaisir de la danse, les cavaliers par le choix de leurs dames, et les dames en rajustant les plis capricieux de leurs robes ; la comtesse d'Harcourt, se retournant vers le jeune marquis d'Orval qui n'avait pas encore engagé sa danseuse :

— Marquis, lui dit-elle, votre galanterie est en défaut ; renonceriez-vous ainsi à la walse ? Allons, voyons, un peu de complaisance.

— Vous trouveriez, sans doute étrange, comtesse, que je fusse le seul à ne pas répondre à votre aimable invitation ? répartit le marquis un peu déconcerté ; mais il est des exigences que je ne puis surmonter et je crains...

— Allons, marquis, répondit la comtesse, en lui tendant une main obligeante, la musique commence, sacrifiez-vous avec grace ?

— Vous le voulez, madame ? Eh bien ! je vous obéis.

Aussitôt le marquis, distrait et fougueux, s'avance de trois pas et va prendre la main d'*Ernestine*, au moment où la walse était déjà commencée ; et se plaçant à son rang, il entraîne dans le tourbillon la jeune fille qui s'y prête avec orgueil. Ce mouvement singulier de prédilection fut aperçu d'une partie de l'assemblée qui, les yeux fixés sur le marquis et sur sa dame, suivent tous leurs pas. Une autre partie des danseurs se retire du cercle, afin d'admirer mieux à leur aise cette nouvelle et singulière intronisation. Enfin, le marquis seul et *Ernestine* emportés par le mouvement de la musique, exécutent les mesures vives et rapides de la walse. On admire la souplesse, la légèreté et les poses ravissantes de la jeune fille ; cette grace d'action et d'élasticité provoque, dans l'assemblée, de vives comparaisons : « Vestris ne danserait pas mieux », disait un maréchal de France ; » Je doute, disait un duc, que Mlle Dorival eût autant de graces et de noblesse. Ce fut au milieu de toutes ces flatteuses comparaisons, que le marquis d'Orval ramena sa belle *Ernestine* sur le siège de sa domesticité.

Un silence morne succéda aussitôt à la folle vivacité de la danse ; on murmurait néanmoins, par intervalle, quelques mots entrecoupés; la comtesse, gênée sur son trône, prétexta une migraine qui la forçait, malgré elle, de se retirer un instant dans son boudoir; ses salons furent fermés depuis ce moment, et ils ne s'ouvrirent plus dans la suite. Le lendemain tout Paris apprit la déconvenue de M<sup>me</sup> la comtesse d'Harcourt et l'enlèvement de sa jeune suivante qui vint habiter dans la rue Richelieu, l'hôtel fameux du marquis d'Orval. Le faubourg Saint-Germain s'entretint longtemps de ce double scandale qui fut oublié, à son tour, au milieu de tant d'autres. Ainsi vont les choses à Paris.

Trois ans après cette aventure qui était passée du souvenir des contemporains, peu soucieux, sans doute, de se rappeler les noms de la comtesse d'Harcourt, du marquis d'Orval et d'Ernestine, une affiche du théâtre de Toulouse annonçait une représentation extraordinaire, donnée par une première danseuse en passage et qui était de grand renom sur les théâtres de Rouen, de Bordeaux, de Marseille et de Lyon; elle devait figurer dans le ballet intitulé : *Les amours de Vénus, en trois actes, de Danchet et Campra.* Ce genre de spectacle était nouveau pour les Toulousains, toujours avides de musique; aussi le directeur se promettait-il bonne recette; il ne se trompait pas.

C'était le 14 juin de l'année 1824 que la première danseuse en passage s'annonçait sur le théâtre du Capitole. Le spectacle devait commencer à sept heures du soir et la salle était déjà comble à cinq heures. Les balcons, les loges avaient été envahis par tout ce que la cité comptait de plus élégant. Les trépignements du parterre, l'impatience des premières que composait un flot mouvant de riches toilettes témoignaient de l'avide attente des spectateurs dont tous les yeux étaient fixés sur l'avant-scène. Tout-à-coup le rideau est levé, des applaudissements frénétiques éclatent de toutes parts, à la vue de la première danseuse qui s'avance sur la scène sous le costume de la déesse des amours. Un voile léger couvrait ses formes délicates et suaves; les grâces d'une immortelle ressortaient de toutes ses poses. Mais ce n'était là que le prélude d'un triomphe; car tout-à-coup, et au moment où l'orchestre annonce la rentrée des deux compagnes de la déesse, les trois *Graces*, les pas sublimes et gracieux de la danseuse ravirent d'admiration les spectateurs. Des applaudissements nombreux retentirent avec fureur : des couronnes jonchèrent les planches et, depuis ce moment, la danseuse qui n'était autre qu'Ernestine, ne cessa d'enlever les suffrages de l'assemblée.

— « Jamais, depuis la création du monde un semblable talent n'avait paru sur la terre. » Telles étaient les expressions dont se servait un journaliste de l'époque, en parlant de cette soirée et de celle qui en avait fait les honneurs.

## III

### INTRIGUES ET DÉNOUEMENT.

Les représentations suivantes qu'Ernestine donna sur le théâtre de Toulouse finirent par lui acquérir la bienveillance générale d'un public admirateur, avide de son talent. Mais si, comme artiste, elle avait remporté le triomphe le plus complet et le plus flatteur pour son amour-propre, sa beauté séduisante, ses bonnes manières et surtout la finesse de son esprit, qui avait franchi les secrets de la coulisse, pour servir de thèse aux conversations des salons de la ville, lui avaient fait éclore un grand nombre d'adorateurs. A vingt ans, quand on est belle, spirituelle et première danseuse, on peut se promettre des conquêtes. Ernestine avait, au reste, depuis long-temps l'habitude de ces sortes de victoires, et la vertu n'était plus pour elle un obstacle pour arriver à la fortune par la voie des sentiments et des passions.

Parmi les lions de l'époque, Toulouse comptait alors trois loustics de première race : l'un, fils d'un riche émigré qui jouissait, en propre, d'une fortune de soixante mille livres de rente et d'une habileté plus rare encore à les dépenser ;

un célèbre avocat, très-célèbre aussi par ses aventures scandaleuses, et un célibataire, ex-banquier, vieux rentier alors et que l'on disait cousu d'or comme un Crésus. Ces trois notabilités de la chronique scandaleuse s'étaient promis en secret d'emporter d'assaut les faveurs de la belle danseuse. Les compétiteurs avaient tous, comme on dit, une position sociale bien assise, c'est-à-dire qu'ils étaient riches. Mais ils différaient considérablement dans l'ordre de la naissance et de l'âge. Le premier était jeune, libre de corps, d'esprit et de tuteur; le second, d'un âge mûr, se trouvait enchaîné dans les liens de l'hyménée; le troisième, vieux célibataire, cacochyme, se ressentait des primitives passions de sa jeunesse, par habitude et par caprice. L'or et la séduction, qu'ils jetèrent avec profusion aux pieds de la danseuse, la trouvèrent insensible.

Toutes les tentatives individuelles étaient devenues inutiles, lorsque le vieux célibataire, M. Rustan, résolut de frapper un dernier coup à la porte de la cruelle qui refusait son cœur, ses hommages et ses présents. Il demanda donc une audience particulière à la jolie déesse, pour expliquer en sa présence ses dernières volontés. Il est refusé dans ce simple désir.

— Parbleu, dit-il, fatigué de tant d'instances, nous verrons bien si un homme d'honneur comme moi peut être ainsi impunément méprisé.

Il faisait en lui-même ces réflexions au sortir du spectacle, où son imagination exaltée par tant de séductions, venait d'être frappée par un refus formel que son valet de pied lui avait signifié dans sa loge, par ordre de la danseuse. N'écoutant alors que sa passion, M. Rustan qui se sentait rajeunir sous le poids de ses soixante-dix ans, se dirige vers la rue Matabiau, et pénétrant dans le logement de Mlle Ernestine il attend sa rentrée du théâtre avec la fierté d'un romain. Une secrète jalousie le portait encore à cet excès de bravoure ridicule. Il attendit avec calme mais non sans anxiété, le retour de la sylphide qui, en ce moment, entrait dans ses appartements, accompagnée d'une duègne.

— Mademoiselle, dit alors M. Rustan, en suivant ses pas jusques dans le sanctuaire des amours ; mademoiselle, pardonnez à mon audace, si j'ose violer ainsi le secret de votre demeure. Mais désespéré de vos refus, je viens apprendre de votre bouche même l'arrêt qui me force de m'éloigner de vous. Parlez...... » en prononçant ces mots, il disposait sans trop de façon d'un siége pour s'asseoir.

— Ma conduite, monsieur, répondit avec gravité et modestie, l'aimable danseuse, n'a pas besoin d'explications. Vous vous êtes mépris en m'adressant vos billets et vos offres, je vous pardonne, M. Rustan, mais c'est à cause de votre erreur. Je suis fâchée que mes pareilles ne vous aient pas habitué à tant de rigueur.

— Mais cette rigueur.....

— Est sans capitulation, Monsieur Rustan, répartit avec vivacité l'interlocutrice ; on ne transige jamais avec sa conscience. La vertu ne connaît point de semblables concessions.

Ces dernières paroles, prononcées avec un ton grave et solennel déconcertèrent le vieux séducteur. Il balbutia quelques mots et demanda la faveur de voir la belle déesse ; non plus en termes de visites équivoques, mais comme ami.

Des relations établies d'une manière si brusque et habilement conduites par la jolie déesse, finirent par être sérieuses par la suite. Car, à la veille d'une dernière représentation qui devait clôturer d'une manière brillante l'engagement de Mlle Ernestine, comme première danseuse, en passage à Toulouse, la ville apprit avec douleur, mais non sans force quolibets, son mariage avec M. Rustan, le riche célibataire. Ce désappointement général fut suivi du départ précipité des deux époux qui allèrent ensevelir les joies de leur hyménée dans le bruit et le mouvement de la capitale. Nous ne troublerons point les instants de leur repos et de leur bonheur en dévoilant un à un les secrets de leur vie intime. Nous dirons seulement que le vénérable mari ne vécut que peu d'années avec son auguste épouse, qui en fut délivrée heureusement, le 10 du mois d'octobre 1829, par suite d'un asthme humide. Cette mort laissa à la veuve de M. Rustan, pour la consoler de cette perte, une fortune d'environ quarante mille livres de rente.

C'est dans cette haute position sociale que la révolution de 1830 trouva Mme de Rustan, qui s'était ennoblie pendant son veuvage et qui, pour se mettre à la hauteur de sa position, occupait le même hôtel de Mme la comtesse d'Harcourt que des malheurs de famille et de fausses spéculations avaient forcée de se retirer à la campagne. Mme de Rustan se trouva plus à son aise, dans cet hôtel où douze ans auparavant, elle avait été en domesticité. Cette dernière circonstance ne se réveilla pas dans son imagination qui trouvait, dans les souvenirs de M. d'Orval, d'autres motifs d'illusions. Aussi, comme si elle eût voulu faire revivre, dans ce magnifique séjour, toutes les joies et les plaisirs qui l'avait rempli, à l'époque des soirées de la comtesse d'Harcourt, elle ouvrit ces mêmes salons. Mais cette fois ce fut sous son unique patronage et en faveur de la nouvelle aristocratie, née des barricades. Là, on vit tel avocat et tel journaliste qui, après avoir défendu les principes républicains, à une époque où ils n'étaient que citoyens, s'annoncèrent avec la morgue des marquis de l'ancien régime. En un mot, les salons de Mme de Rustan n'étaient fréquentés que par des ministres, des députés, des conseillers-d'état, des receveurs aux gages de la nouvelle révolution. Un autre ordre de choses et de récents personnages s'étaient naturellement substitués, sous ces mêmes lambris, au régime et aux nobles de la restauration. Ainsi vont les destinées des hommes.

La réputation de Mme de Rustan et son influence politique étaient proverbiales dans Paris comme en province. Tout le monde connaissait son intimité plus que particulière avec un des ministres de l'époque; c'est ce qui alimentait la chronique scandaleuse des journaux grands et petits, lorsque le hasard, le désœuvrement et plus que tout cela l'ambition de parvenir conduisit à la capitale Auguste d'Hauteville, jeune avocat d'une petite ville de province. Des lettres de recommandation lui avaient été données en grand nombre, comme c'est l'usage en pareille occurrence, lorsqu'il partit pour Paris en 1832. Mais ces missives de complaisance lui furent moins utiles que la présentation d'un ami de son père à M^me de Rustan qui, selon l'expression originale de ce protecteur, *tenait le haut bout dans la société parisienne*. En effet la jeune veuve se prit d'affection pour ce jeune homme qui voulait, disait-elle avec raison, faire son chemin. Elle le prit sous sa sauvegarde ; et lorsque le moment fut venu de le produire :

— Auguste d'Hauteville, lui dit-elle, votre avenir est près de se réaliser. Vous saurez bientôt à quelle condition.

— Ma reconnaissance pour vous, Madame....

— Ne parlons pas de reconnaissance, Auguste, interrompit-elle ; entre vous et moi ce mot doit être rayé de la conversation. Il y a plus que cela encore, entendez-vous, Auguste? Elle accompagna ces dernières paroles d'un sourire plus qu'affectueux.

— Je suis pénétré, Madame..... Mais je n'ose... serait-il vrai?

Eh oui, certainement, répondit la jeune veuve ; vous m'avez fait, depuis trois mois que vous habitez dans mon hôtel, des déclarations que j'accepte. Jusqu'alors j'avais feint de ne pas vous comprendre. Mais le temps est enfin venu de s'expliquer. Voilà ma main et votre nomination de président dans votre chef-lieu de département.

— Oh! Madame, que vous me ravissez ; c'est deux bonheurs à la fois que vous m'accordez.

— Oui, Auguste, voilà où conduit le mérite d'un jeune homme. Quant à moi, je serai fière d'être appelée désormais M^me la présidente d'Hauteville.

IV

## INGRATITUDE ET MALÉDICTION.

Deux maris en moins de six mois, une immense fortune et une présidence avaient fait oublier à Mme d'Hauteville ses premiers débuts dans la carrière des amours et du théâtre.

La considération et les flatteries dont l'entourèrent encore les notabilités du chef-lieu, opérèrent en elle une de ces transformations morales qui ne laissent plus le souvenir du passé. Elle ne voyait autour d'elle que le rêve des grandeurs et l'orgueil de sa position, dans ce bien-être d'une existence toute d'honneurs et de fortune. Elle vivait ainsi, depuis quatre ans dans cet atmosphère de félicités et d'illusions, lorsque M. le président d'Hauteville résolut de faire une partie aux bains de Bagnères-de-Luchon. Les graves préoccupations de la magistrature avaient ruiné, en quelque sorte, la santé robuste de ce jeune d'Aguesseau ; les thermes bienfaisants devaient la réparer. M. le Préfet et Mme la Préfète devaient l'accompagner ; il n'était pas fâché de cette circonstance pour faire briller, au pied des Pyrénées et au milieu du cercle d'étrangers qui fréquentaient Luchon, l'esprit et les graces de Mme la présidente. C'était là le secret amour-propre que se promettait de satisfaire M. d'Hauteville.

En conséquence, le 8 juillet de l'année 1837, une voiture, de poste à quatre chevaux partait de l'hôtel de la présidence et se dirigeait en toute hâte vers les Pyrénées. Un beau ciel d'azur s'étendait sur la tête des voyageurs. Le soleil était rayonnant dans l'espace et la nature s'épanouissait riche de tout l'éclat d'un printemps radieux. Le lendemain du départ une élégante calèche touchait les premières lignes de la riante vallée de Luchon, lorsque pour monter un petit coteau qui était le dernier terme de la route, les voyageurs mirent pied à terre.

— Que la nature est belle ! s'écria M. le Président d'Hauteville, en portant de tous côtés ses regards admirateurs. Ni les montagnes de la Suisse, ni les Alpes, continua-t-il, ne sauraient égaler les Pyrénées.

— Oh la délicieuse vallée ! exclama M. le Préfet, en voyant dérouler tout-à-coup à ses yeux cette large pelouse, au milieu de laquelle s'élevait comme une reine, la *villa* de Luchon.

Chacun des interlocuteurs exprimait alternativement son admiration sur chaque objet qui frappait leurs regards ; Mme la Préfète et Mme la présidente partageaient l'étonnement de leurs augustes époux. Arrivés au sommet du coteau, les voyageurs se disposaient à monter dans leurs voitures, lorsqu'une pauvre femme, courbée par le malheur et la misère, plus que par l'âge, s'approche de ces heureux du siècle, en leur tendant une main suppliante.

— Donnez, disait-elle avec une voix tremblante, donnez quelque chose à la pauvre infortunée ?

Elle répétait souvent avec importunité cette même prière, en suivant, les yeux baissés, les deux couples heureux qui rejoignaient à pas forcés les voitures qui les attendaient. La figure hâve et amaigrie, haletante de fatigue, la pauvre femme agitait péniblement ses haillons sur ses faibles jambes, afin de n'être pas en arrière de tous ces riches étrangers :

— Donnez, répétait-elle plusieurs fois, donnez donc quelque chose à la pauvre infortunée ?

Mais on était sourd à la prière que la pauvre femme fesait retentir, pour la dernière fois, à leurs oreilles, alors que les couples voyageurs s'arrêtaient devant leurs voitures. L'infortunée, debout, immobile, en face de la portière, les regardait monter sur le marche-pied du carrosse élégant, quand tout-à-coup et au moment où Mme la présidente se détournait pour prendre la main de son époux, elle a reconnu des traits qui sont familiers à son cœur. A cette vue, la pauvre femme pousse un cri de surprise qui frappe d'étonnement les augustes étrangers ; elle chancelle et tombe. Un instant, la pitié semble avoir pénétré dans leurs cœurs. M. le président lui même allait relever l'infortunée, lorsque Mme la Présidente, d'abord un peu embarrassé, reprenant tout-à-coup son air naturel :

— Qu'on fouette les chevaux dit-elle ; j'ai hâte de voir ces délicieux vallons qui s'élargissent devant nous. M. d'Hauteville, fermez la portière?

Le lendemain, aux premiers rayons de l'aurore, la pauvre femme qu'on avait laissée évanouie sur la voie publique, vint s'asseoir sur le seuil de l'hôtel où M. le président d'Hauteville était descendu la veille. Chaque domestique, valet de pied ou bonne qui descendaient des appartements du premier, trouvaient cette infortunée leur tendant la main, en murmurant ces mots :

— Dites à votre bonne dame que *Louise*, la pauvre mère de *Marie* lui demande un peu de pain.

Cette manière assez originale d'invoquer la charité des personnes fut rapportée à Mme la présidente qui envoya une pièce de dix sous à la mendiante. Elle accompagna la générosité de ce don par ces paroles :

— Allez porter cela à cette vieille folle ; et surtout qu'on la chasse des abords de mon logement. Qu'elle ne s'offre point à ma vue !

Lorsque la mendiante eut appris les ordres de la présidente, de la bouche même de son laquais qui lui remettait l'aumône de sa maîtresse, elle se releva convulsivement et reprenant le reste de vigueur qui s'échappait de son corps amaigri :

— Allez porter cette aumône à celle qui me l'envoie, s'écria-t-elle en jetant la pièce de monnaie à ses pieds, dites-lui que j'estimais sa vie à un plus haut prix, demain fera trente-trois ans. Ah ! continua-t-elle, la grande dame ne veut pas voir mes haillons qui la font rougir. Eh bien ! je reste ici, moi, et je publierai devant tout le monde le déshonneur de sa naissance. Dites-lui que le ciel…..

Elle ne put continuer, tant l'émotion et la colère se pressaient dans son sein. Elle se roula sur les dalles des marches de l'hôtel et tomba dans une espèce d'engourdissement moral et de prostration intellectuelle.

Le soir de la même journée, la voiture de M. le président d'Hauteville et son équipage reprenaient la route de Toulouse. Mme la présidente avait éprouvé des maux de nerfs et une langueur qui exigeaient un changement subit d'air et de climat. Le déménagement et le départ s'exécutèrent le plus promptement possible. La nuit fut calme. La mendiante revint le matin, et on lui apprit que la grande dame avait quitté Bagnères-de-Luchon.

— Elle est partie! s'écria alors la pauvre femme. Elle est partie! oh! c'était bien elle. Pauvre mère! plus rien pour toi que la honte, le mépris et la misère.... oui, le mépris! le mépris de sa fille. Malédiction sur elle et sur sa race! maintenant, je suis libre, s'écria-t-elle, après quelques instants de silence; rien ne m'attache plus sur cette terre ingrate. A pareil jour, le 11 juillet, il y a déjà trente trois ans j'aurais dû cesser de vivre : la pauvre femme se tût.

La mendiante triste et pensive prit alors le chemin de sa cabane; elle se renferma sous le modeste toit de chaume et vingt-quatre heures après un cadavre desséché fut porté en terre sans prêtre, sans parents, sans amis. C'était, disait-on, dans le village, le corps d'une damnée.

Maintenant, la prostituée du marquis d'Orval, la danseuse d'Opéra, la veuve de Rustan, la présidente d'Hauteville pourra désormais venir respirer l'air pur des Pyrénées, dans la belle vallée de Luchon. Elle ne verra plus la mendiante, assise à la porte de son hôtel, comme un remords au fond de la conscience d'un coupable. Mais elle y trouvera quelque chose de plus terrible : *la malédiction d'une mère et un suicide !*

# MARGUERITE, LA FILLE DU DOUANIER

ou

## LA VALLÉE D'ASTO.

Le 15 août, solennité de l'Assomption de la Vierge, le bruit et le mouvement des étrangers qui emplissaient la petite ville de Luchon, se communiquaient aux vallées environnantes. Bagnères, cette reine de nos montagnes, transmet, tous les ans, à la saison des bains, quelque chose de sa grandeur et de sa fortune à toute la contrée qui se presse autour d'elle. Mais, ce mois et cette année qui servent de date à notre récit, Bagnères-de-Luchon avait effeuillée sa couronne de reine des montagnes pour épandre çà et là, les mille joyaux qui lui servaient de fleurons. En d'autres termes et pour parler sans figure, les eaux de Luchon, cette année, avaient attiré une foule si considérable d'étrangers qu'il était impossible de les contenir dans l'enceinte de la ville.

Aussi qu'arrivait-il ? C'est que ceux qui n'étaient appelés auprès de ces Thermes que pour des motifs d'agréments et de plaisirs, profitaient de leur séjour dans les Pyrénées pour visiter les riantes vallées qui s'étendent autour de la ville des bains. Les vallées du Lys, de l'Hospice, de Larboust, d'Oueil étaient sillonnées, dans tous les sens, par de jeunes et de belles dames ou par d'intrépides Touristes, avides de tout admirer. Quel mouvement ? quelle vie ? surtout après le silence et le repos si solennels de l'hiver !

Néanmoins, une seule vallée restait plongée dans le mystère du calme et de la paix que ne troublaient point les courses bruyantes des turbulents visiteurs des Pyrénées. Cette vallée était celle d'Asto qui se prolonge à l'extrémité de la vallée de Larboust, autour des flancs de laquelle on la voit se dérober, comme un enfant épouvanté et craintif, se cache et se dérobe dans le sein de sa mère.

Or, ce même jour du mois d'août, fête de l'Assomption de la Vierge, le soleil se levait pur et brillant dans un ciel bleu et sans nuages. Ses rayons étincelants de lumière, bornés dans l'horizon des Pyrénées par de hautes montagnes, n'éclairaient pas encore la riante vallée d'Asto, assise comme un oasis du désert, au milieu des prairies, des bois et des ombres fugitives de la nuit. Tout dormait dans ce frais et sublime paysage de la belle nature. Bergers, troupeaux, femmes, enfants, aucun de ces êtres de la création ne semblait de long-temps vouloir donner, ce jour-là, signe de vie. Tout était plongé dans le repos. Silence solennel qui ravissait l'âme de tendres émotions ; bonheur indicible qu'il n'est permis de goûter seulement qu'au sein des Pyrénées ; repos des bonnes gens qu'on ne retrouve plus que dans ces vallons perdus, ignorés des montagnes ; malheur à qui, dans la pureté de son cœur, n'a pu jamais s'inspirer des charmes de votre délicieuse poésie !

Cependant le village d'Oo, situé à l'extrémité anguleuse de la vallée, sur un plateau de verdure, entouré de forêts, de sources jaillissantes et de pics gigantesques, sortait du calme de la nuit et avait secoué, seul, parmi tant d'autres villages, les voiles du sommeil. Car, dès les premières clartés de l'aube naissante, la cloche de la modeste chapelle avait réveillé les échos endormis de ces lieux solitaires, et à ses sons religieux s'était marié déjà le bruissement domestique des habitants. Or, ce mouvement, ce réveil matinal du village au fond de la vallée ombreuse, annonçaient de grands préparatifs, de joies ineffables. Plus d'un cœur de jeune fille s'était laissé surprendre, pendant les rêves de la nuit, aux tendres espérances qui devaient l'agiter dans la journée. Car ce jour était celui de la fête patronale d'Oo. Tous les ans la solennité de l'Assomption est, pour les montagnards de ce coin des Pyrénées, le seul jour d'oubli qu'ils se permettent dans le cercle perpétuel de leurs travaux annuels ; c'est la halte la plus douce dans le cercle de leur vie laborieuse, le sentiment le plus exquis de leur existence au milieu des absorbantes occupations de la brute. Il ne faut donc point s'étonner, si ce jour de fête excitait tant d'empressement à l'heure où le soleil commençait à peine à paraître sur l'horizon.

— M. Charles, dit alors un hôte de ces lieux qui avait devancé le réveil de l'aurore, à un jeune étranger arrivé de la veille, et que le trop-plein de Luchon avait engagé à visiter ces lieux ; M. Charles, levez-vous, l'aubade va commencer ; la musique patronale ne doit point vous surprendre endormi. Entendez-vous déjà les chants de notre jeunesse ? c'est le signal du réveil. Qu'on vous trouve donc sur pied comme tous les autres ; il faut ça dans nos montagnes.

En effet, quelques instants après, quatre commissaires, autrement nommés COMPAGNONS, bariolés de rubans de mille couleurs et ornés de bouquets, suivis de trois ménétriers, se présentèrent devant la demeure de l'hôte de Charles qui fut gratifié, à son tour, d'un concert matinal. Chaque habitant avait été déjà honoré d'une pareille sérénade. C'était pour le jeune étranger le commencement d'une fête qui promettait devoir être bien agréable. Ses espérances ne furent point déçues. Car, il put admirer successivement, avec son regard observateur, le naïf empressement des habitants de tous les points de la vallée qui se rendirent en foule à l'invitation de leurs parents et de leurs amis du village d'Oo ; leur tenue simple et religieuse aux offices de la sainte chapelle, décorée avec une simplicité élégante et rustique ; enfin, les mœurs patriarchales, les usages antiques gardés pendant les repas dont une joie franche et cordiale, telle qu'on n'en voit plus, faisait tout l'ornement. Il n'est point jusqu'à la parure des jeunes filles, à la familiarité de leur langage et au laisser-aller sans prétention de la danse qui ne fissent l'admiration de Charles.

— « C'est bien là, disait-il souvent en lui-même, le bonheur que l'on cherche dans les villes et qu'on ne retrouve qu'ici ! »

Et dans ces moments d'observation, il pouvait à peine contenir l'enthousiasme qui absorbait entièrement toute son existence.

— Que la méditation est douce dans ces heures si rares de satisfaction intérieure! Que la solitude a des charmes, disait-il, lorsque l'âme vient de contempler de semblables tableaux tracés par la main de la providence! on est jaloux de partager seul ce bonheur, tant on voudrait le communiquer si peu au reste des humains.

Sous l'influence de ces pensées généreuses, Charles tombait insensiblement dans de mélancoliques rêveries.

— « Pourquoi Dieu, s'écriait-il alors, ne nous a-t-il point fait naître avec la même destinée! Pourquoi ce bonheur n'est-il point celui de tous les jours de notre vie? » Et pendant qu'il donnait ainsi dans son esprit un libre cours à ces réflexions philantropiques, il venait d'être le spectateur obligé de toutes les félicités de ces bonnes gens du village. Leurs joies, leur éclatante allégresse arrivaient encore par intervalles à son oreille, comme le bruit lointain d'une vague expirante; tandis qu'échappé pour un moment à cette atmosphère de délicieux plaisirs, il contemplait non loin du lieu de la fête, l'horizon, les paysages et les accidents si variés de la montagne qui encadrait la scène.

D'un côté, c'était le port de Venasque qui semblait se perdre dans la brume du ciel, ainsi qu'un sillon fantastique tracé dans les nuages; c'était le pic Quaïrat qui, semblable à un vieillard brisé par les années, ne montrait que ses ossements décharnés de granit; c'était, enfin Super-Bagnères, le château de Castel-Vieil, Bocaner dans le lointain qui apparaissaient à sa vue enchantée, comme des hôtes gigantesques, dignes d'avoir ces vallons et ces montagnes pour demeures. Dans ces moments d'absorbante contemplation :

— Jacques, disait-il souvent avec une curiosité toujours

nouvelle, à son guide montagnard, quel est ce pic qui s'élève si majestueusement devant nous?

— C'est le pic de la Picade, monsieur; répondait sans trop de façon, le CICERONE du pays.

— Et ce passage étroit qui se dessine entre ces deux montagnes couvertes de sapins, qui s'étend sur de riches pelouses, s'évase, s'alonge et se perd aux pieds de ce rocher sourcilleux?

— C'est le col du Lys, le rendez-vous de tous les bergers de la vallée qui se réunissent là pour garder les troupeaux. Demain je dois y conduire mes vaches.

— Et ce site, au milieu de la montagne, ombragé par une touffe d'arbres groupés autour d'un toit de chaume?

— Oh! pour celui-là il n'a pas de nom dans la contrée; depuis deux ans seulement, on appelle ce lieu la cabane du douanier. Hem! c'est là qu'est.... Mais il vous importe peu à vous qui n'aimez que le paysage, comme vous dites souvent.

— Voyons Jacques, que renferme de mystérieux cette cabane? répliqua Charles étonné de cette réserve; un tueur de contrebandiers, sans doute: quelque sorcier peut être? que dis-tu, Jacques?

— Oh! non monsieur; c'est la demeure de Marguerite, la fille du douanier; voilà tout.

Et puis.....

Il fut impossible d'arracher d'autres explications de la bouche du guide qui gardait un silence obstiné. Le jeune étranger sentit redoubler encore plus sa curiosité par la difficulté même qu'on opposait à la satisfaire. Et prenant un ton d'impatience naturel à son âge:

— Eh bien, dit-il, puisque tu me fais des mystères sur cette Marguerite, je veux la voir. Est-elle dans sa cabane?

— Toujours.

— M'accompagneras-tu sur la montagne?

— Je suis à vos ordres.

A peine ces derniers mots furent-ils prononcés que Charles et son guide gravirent la montagne dans cette direction: et se perdirent à travers des sentiers détournés, couverts de gazon et d'ombrage. Le voyage fut silencieux de part et d'autre. Après une ascension d'environ trois quarts-d'heure, ils arrivèrent sur un plateau désert, resserré entre deux pics rapprochés par leurs sommets qui l'abritaient de tous les côtés. Ils dirigeaient leurs pas vers l'enfoncement d'un petit bois, lorsque Jacques s'arrêta tout-à-coup et désignant de sa main droite un toit de chaume qu'on entrevoyait à peine à travers le feuillage des arbres, il accompagna ce signe de ces deux syllabes indicatives.

— C'est là !

Le jeune homme à l'instant, sans aucune autre information s'avance seul, lentement, tourne en tout sens le bosquet, et n'aperçoit d'abord rien qui frappe sa vue, quand se glissant mystérieusement derrière la cabane, il vit, assise sur un arbre renversé et à l'ombre d'un pommier, une jeune fille les yeux alternativement fixés sur un livre. Sa beauté était ravissante; un air de mélancolique tristesse était empreint sur tous ses traits légèrement dessinés. Le délicieux ornement de sa parure et de ses cheveux négligemment noués, l'attention qu'elle prêtait à sa lecture, tout faisait bien soupçonner qu'elle ne s'attendait point à recevoir des visites. Ce jour, comme tous les autres, la pauvre enfant se croyait seule dans la solitude. Néanmoins, le jeune étranger, immobile, à une certaine distance, contemplait à son aise cet ange de la montagne. Un mouvement brusque de la fille le détermina cependant à faire quelque pas vers elle. A ce bruit, elle lève la tête et, pouvant à peine contenir sa surprise, elle voit l'étranger qui se dirige vers elle.

— Pardon ! belle enfant, dit-il un peu confus lui-même d'une entrevue si subite ; pardon ! en parcourant ces lieux, je ne croyais pas avoir une si agréable rencontre.

— Il est vrai, monsieur, lui dit la jeune fille revenue à peine de sa frayeur, que ces lieux sont peu faits pour y appeler des habitants.

— Et pourtant vous les habitez bien vous-même, répartit

Charles, surpris d'abord de l'accent et du bon ton de la fille du douanier. Car, il ne doutait plus que ce ne fût la mystérieuse Marguerite. Et prenant aussitôt un air d'intérêt et d'affection tendre: que faites-vous donc ici, seule, dans cette chaumière?

— Je vis ici avec mon père, en attendant de mourir seule.

— Vivre à dix-huit ans, c'est ce qui vous convient, mais mourir, n'est pas encore de votre âge. Il me semble cependant, si je ne me trompe, que la lecture fait votre unique passion, car je vois un ouvrage entre vos mains. Il est vrai qu'il faut avoir au moins une passion sur la terre.

— Celle-là, au reste, murmura la jeune fille, en soupirant, ne laisse point de regrets après elle.

Cette dernière réflexion échappée d'une bouche qui paraissait devoir ignorer encore le malheur, affligea singulièrement le cœur de Charles qui craignit d'être trop indiscret dans ses questions. Néanmoins il se permit de lui demander encore le nom de l'ouvrage qui l'intéressait lorsqu'il l'avait distraite de sa lecture si mal à propos.

— Les *Nouvelles* de Florian, dit-elle, avec timidité.

— Joli ouvrage; laquelle des nouvelles, je vous prie?

La jeune fille, hésitant un instant à cette demande, répondit enfin, mais cette fois avec des larmes dans les yeux : CLAUDINE, l'infortunée savoyarde.

Un silence craintif succéda un moment à cette réponse. De part et d'autre on n'osait point l'interrompre comme si l'on eût craint des explications fatales. Mais soit bienveillance, soit curiosité forcée, Charles se hasarda le premier à manifester un sentiment sur le choix de cette nouvelle.

— CLAUDINE, dit-il, pour un cœur sensible, a le mérite, dans son action dramatique, d'être une lecture touchante.

— Et consolante, répartit la jeune fille, surtout pour celle à qui elle n'a pu être instructive. Oui, monsieur, je suis Marguerite, la fille du douanier dit-elle un instant après ; il n'est pas qu'au village on ne vous ait dit mon nom ; je suis cette infortunée Marguerite qui, comme Claudine, déplore ici exilée de mes compagnes, la faiblesse d'avoir cru à un séducteur. C'est vous faire assez connaître ma prédilection pour cette nouvelle de Florian. Encore si je pouvais espérer de trouver comme elle mon enfant et un Belton, mais non.

Les sanglots étouffèrent sa voix. Dès ce moment, le mystère fut dévoilé, et le silence de Jacques expliqué. Le sensible jeune homme ne put, lui aussi, retenir ses pleurs en voyant ceux que versait la belle Marguerite. Profitant de l'identité de sa position avec celle de Claudine, il lui fit espérer que le séducteur reviendrait à de plus nobles sentiments ; surtout s'il était bien né.

— Lui ! répliqua-t-elle avec vivacité ; lui ! connaître les sentiments nobles ? Non jamais. On ne cherche point à égarer une jeune personne de seize ans, arrachée au couvent pour se jouer de son honneur ; ou si on a le cœur assez bas pour cela, il faut avoir l'âme assez élevée pour réparer cet outrage. C'est ce qu'il ne fera jamais, précisément parce qu'il se dit bien né. Vous ne connaissez donc point, monsieur, Auguste L..., fils du maire de notre chef-lieu ; membre du conseil-général du département, et plus encore électeur ?

— Quoi ! Auguste L..., serait le séducteur, le lâche séducteur, lui, mon ami ?

— Lui-même ; puisque c'est votre ami (vous ne lui ressemblez pas, sans doute !) vous savez bien qu'avec tous les nouveaux titres que vous lui connaissez, de propriétaire, de docteur et de futur député, il ne peut descendre à épouser la fille d'un douanier en retraite, qu'il a déshonorée. « Quand on a flétri une femme ? on ne se mésallie point pour s'unir à elle. C'est du bon genre d'en agir ainsi. » Ce sont ses propres paroles.

La foudre qui renverse ne frappe pas aussi terriblement que ces derniers mots firent sur l'imagination de Charles. Il resta quelques minutes muet et pensif, et cette révélation, si franche, si naïve, pénétra son cœur d'une forte résolution.

— Je le verrai ! s'écria-t-il ; il cédera ou je le flétrirai comme un lâche aux yeux de tous ceux qui le connaissent. Consolez-vous, Marguerite, vous aurez un vengeur.

— Inutile, généreux jeune homme, inutile ! fit la pauvre Marguerite, en agitant sa tête avec un signe d'incrédulité. Je suis destinée à subir toujours les justes et les légitimes reproches d'un père dont j'ai souillé les cheveux blancs. Heureuse encore d'avoir vu ma mère descendre dans la tombe, quand j'étais digne encore de porter le nom de sa fille. Ici voyez-vous, mon sort est de vivre encore quelques jours tourmentée par trois tyrans : ma conscience, le ressentiment d'un père et le mépris de tout le village. Voilà mes espérances et mon avenir, à moi.

— Permettez-moi, Marguerite, de prendre la défense de vos intérêts trop légitimes. Je reviendrai ici plusieurs fois encore avant mon départ de ces montagnes. Je verrai votre père au village, car je pense qu'il est en ce moment à la fête. Je l'informerai de mes projets. Le séducteur, par mon entremise, reviendra, je l'espère, à des sentiments dignes de l'honneur. Adieu, intéressante Marguerite, comptez sur moi !

Si la volonté et les intentions droites suffisaient seules pour réussir dans une bonne action, il est évident que Charles les possédait toutes les deux. Mais les hommes de la classe moyenne sont encore plus difficiles à convertir que ceux qu'on appelait les privilégiés. Aussi, la mission honorable de Charles échoua-t-elle devant l'homme le plus renforcé de la bourgeoisie. Car Auguste L... était un des croupiers les plus superbes de cette caste. De son côté, Marguerite, la pauvre Marguerite, si belle, d'une âme si magnanime, ne s'étonna point quand elle apprit l'insuccès des démarches de son généreux protecteur.

— Je le savais, dit-elle. Je connaissais depuis long-temps cet homme. Mais venez me voir encore quelques fois avant votre départ, si cette solitude, ce désert qui me séparent d'une société qui m'abhorre, ne sont pas capables de vous effrayer. Ce sera peut-être la dernière consolation que je recevrai sur la terre.

Charles se garda bien de manquer à une invitation qui devait lui procurer tant de charmes. Car il trouvait dans la fille du douanier plus de raison, de bon sens et d'instruction que dans beaucoup de grandes dames qui passent pour avoir de l'esprit. D'ailleurs, la méditation, la solitude et le malheur l'avaient ornée d'une certaine mélancolie qu'on pouvait appeler de la grâce. Une exquise sensibilité rendait surtout ses discours attachants ; et si parfois elle mêlait à ses souvenirs du passé quelque particularité qui l'intéressât, elle en relevait les détails avec tant de simplicité et de modestie qu'on ne pouvait cesser de l'admirer.

Les entretiens se soutenaient toujours avec un nouveau charme depuis un mois, lorsqu'un matin, en se rendant du village à la cabane, Charles trouva Marguerite plus triste et plus pensive qu'à l'ordinaire. Une idée fixe semblait l'occuper fortement. D'ailleurs les mauvais traitements du douanier envers sa fille étaient arrivés ce jour-là jusqu'à la brutalité. Le jeune homme avait même entendu, en se rendant au bois, jeter à la face de Marguerite ces paroles déchirantes : « Je suis fatigué de nourrir avec mes 250 fr. de retraite, une fainéante comme toi qui m'a déshonoré. »

Ces mots avaient meurtri le cœur de sa fille ; elle parla très-peu et se retira un moment dans la chaumière. Elle revint quelques minutes après et remit au jeune homme un papier le priant de ne l'ouvrir que dans trois jours. Prétextant ensuite une indisposition, elle l'engagea à différer sa visite jusqu'à cette époque. Les trois jours expirés, Charles se disposait à gravir le sentier qu'il connaissait si bien, lorsqu'il rencontra le vieux douanier, les yeux mouillés de larmes qui lui prononça ces paroles : *elle est morte!* Le jeune homme consterné à cette nouvelle inattendue, ouvre l'écrit cacheté, brise le sceau et voit tracées les lignes suivantes : « Intéressant jeune
» homme, quand vous lirez ces mots, je ne serai plus. Vous
» connaîtrez seul le secret de ma mort, car vous seul saurez
» la plaindre. J'ai mis fin à mes jours. Que pouvais-je faire
» sur une terre où j'étais pour tout le monde un sujet d'hor-
» reur? détestée d'un père, méprisée de mes amies, ne pouvant
» gagner ma vie qu'en exposant une seconde fois mon hon-
» neur aux outrages d'une grande ville, pouvais-je balancer?

» Le Ciel me pardonnera comme je pardonne à l'auteur de
» tous mes maux. Une seule grâce de vous. Mon enfant vit
» encore; des tigres me l'ont enlevé. Si jamais vous parvenez
» à découvrir sa retraite, ayez pitié de mon enfant. »

A cette lecture le jeune homme versa des larmes. *Si jeune suicidée !* Il revint au village sans pouvoir prononcer d'autres paroles. Le lendemain deux hommes descendirent une bière qu'ils portèrent sans cortége, sans suite à l'église. Une tombe fut creusée dans un lieu d'infâme distinction : nul ne vint prier, si ce n'est le sensible jeune homme qui visita pendant deux jours la terre nouvellement fouillée ; et il quitta le village avec la ferme résolution d'exécuter les dernières intentions de la pauvre Marguerite, la fille du douanier.

Cette triste nouvelle se répandit bientôt dans les environs et servit de commentaires à différentes versions plus étranges les unes que les autres. Le lendemain de cet évènement, tout Luchon retentit de la mort de cette jeune fille. Parmi le grand nombre d'étrangers qui affluaient autour des thermes de Bagnères, les uns furent émus du tragique récit que leur fit Charles, le dernier confident de l'infortunée Marguerite; les autres au contraire n'y prêtèrent qu'une attention éphémère, tant le malheur a peu d'empire sur certaines ames! de ce nombre, (qui oserait le croire?) était un jeune homme bien fait, riche, élégant, aux manières prétentieuses, qui, apprenant la nouvelle de cette mort avec un sourire ironique, répondit ces mots :

— On meurt à tout âge et de tant de façons ; sa mort n'est pas étrange, c'était sa destinée !

Cet homme sans entrailles était le séducteur de la fille du douanier.

# LA CHAPELLE DE MONTGARRY.

## NOUVELLE ESPAGNOLE.

Sur le versant septentrional des Pyrénées, dans l'intérieur de ces montagnes si riches en végétation et si pittoresques, se dessinent des vallées sombres et mystérieuses qui, dans leurs capricieuses sinuosités, renferment de nombreuses populations, vierges encore du contact mondain de notre civilisation. Là, on retrouve parfois la simplicité des mœurs primitives, l'originalité des caractères, le langage naïf du cœur et la pureté des formes, toutes choses, hélas! fort rares dans notre siècle de progrès et qui bientôt, grâce à ce même progrès, ne seront plus connues que dans les Romans.

Aussi engageons-nous l'étranger qui vient passer la saison des bains à Luchon, de ne pas quitter ces montagnes sans aller visiter ce qu'elles renferment de curieux et de pittoresque. Surtout qu'ils n'attendent point que la civilisation ou ce qui en porte le nom, ait pénétré dans leurs mystérieuses retraites ; car cette civilisation corrompt les mœurs les plus pures et efface tout ce que la nature a pu laisser d'original dans le caractère des habitants de ces montagnes. Encore quelques années et la simplicité des mœurs sera exilée des Pyrénées !

Or, à l'extrémité espagnole du val d'Aran qu'arrosent, dans son étroite longueur, les flots limpides de la Garonne, et depuis la source de ce fleuve, on voit une vallée solitaire qui s'ouvre entre deux rochers gigantesques, s'élargit insensiblement, s'étend et se perd jusques dans les montagnes de l'Ariége. Elle n'a point de nom. Des bois touffus de sapins, de pelouses épaisses, des sources jaillissantes d'eau pure, partout l'ombre et la solitude, tels sont les ornements de cette retraite que la nature semble avoir dérobée jusqu'à ce jour aux regards scrutateurs de l'avide exploiteur et que la guerre civile d'Espagne n'a pas osé souiller encore de sa présence. La religion seule a pris possession, depuis longtemps, de cet oasis des montagnes.

Car, au centre de cette vallée mystérieuse s'élève un monument chrétien. Ainsi l'œuvre du créateur trouve toujours à exprimer, même dans la solitude, une pensée de foi et d'amour. Isolée, loin de toute habitation humaine et au sein des forêts et des hautes montagnes, la *chapelle de Montgarry* domine tous les riants paysages qui l'environnent : rien n'égale, au reste, son élégante simplicité; car il faut connaître ce qu'à d'énergie le culte de la Madone dans le cœur d'un espagnol, pour se faire une idée de cette chapelle consacrée à la Vierge. L'édifice modeste mais régulier qui se distingue à l'extérieur par une flèche hardie, et à l'intérieur par une disposition parfaite du plan, qui n'est pas sans goût, éclate surtout par la richesse des ornements dont les restes merveilleux témoignent de sa richesse passée. Deux prêtres de la vallée d'Aran la desservent tous les mois et sont attachés successivement à une résidence continuelle. C'est une véritable chapellenie du moyen-âge avec droits de dîmes, dotations et offrandes, constitution pieuse de la jeune marquise dona Balmaseda, en l'honneur et pour la délivrance de son amant fait prisonnier par les Maures; vœu d'une ardente castillane qui, pour être conforme à son cœur passionné, ne pouvait se réaliser que dans un sublime désert. Aussi, la chapelle, un presbytère et une grange, telles sont les seules constructions qu'on retrouve dans la solitude de ces lieux.

Cependant, cet isolement que Montgarry partage avec la vallée, ce calme de tous les jours, cessent à deux époques de l'année : le 15 août et le 8 septembre.

Si vous tenez à connaître ce qu'on appelle l'esprit reli-

gieux des Espagnols, vous qui fréquentez les thermes de
Luchon, choisissez de préférence ces jours de fête pour votre
excursion au-delà des frontières. Partez de Luchon, gravissez le port de Venasque et, arrivé dans la vallée d'Aran,
dirigez vos pas vers la source ou l'*Oueil de Garonne*. Derrière le rocher d'où s'épand, en prenant naissance, l'eau du
fleuve, vous verrez une vallée étroite; suivez-la dans toute
sa longueur, et, après deux heures de marche, vous trouverez
la petite chapelle de Montgarry qui se cache derrière un bois
de sapins. Choisissez de préférence le 15 août ou le 8 septembre pour la visiter.

La foule qui s'y rend alors du fond de l'Aragon, de Sterry,
de la Conque et de la Cerdagne pour célébrer la fête de la
Vierge est immense; il faut voir ces populations différentes
de mœurs, de costume et de langage se presser autour de la
chapelle et attirées par des sentiments divers, n'avoir cependant qu'une idée fixe : l'adoration de la madone et une
grace à demander. Quel spectacle! quel sublime fanatisme!
On peut préjuger d'avance, au zèle que font éclater ces hommes et ces femmes, qu'ils sont tous sous l'impression d'une
de ces prières du cœur qui remplissent l'âme d'espérance et
d'amour. Comment pourrait-il en être d'impures? Le crime
et le vice n'oseraient les hasarder sans témérité. Aussi, la
Vierge de Montgarry n'est-elle connue que par sa miraculeuse
protection. Néanmoins, un évènement récent a jeté la consternation parmi les dévots espagnols de la sainte chapelle.

C'était en 1834, le 8 septembre, fête de la Nativité de la
Vierge. La vallée de Montgarry réunissait à cette époque,
une multitude plus nombreuse que les années précédentes.
Mais aussi une plus grande agitation semblait se faire remarquer sur toutes les physionomies mobiles de ces fiers Catalans
à la berrette rouge; des jolies Aragonaises à la taille amincie;
du muletier insouciant de Sterry et des jeunes filles de Vielle,
venus là pour prier. La révolution espagnole préoccupait
alors vivement tous les esprits, sur-excités par les récits des
meurtres commis par les bandes christinos et carlistes qui

sillonnaient, en tous sens, ces montagnes. Malgré la crainte naturelle que devaient inspirer les évènements politiques qui grandissaient encore dans leur imagination exaltée, une satisfaction personnelle, un air indicible de gaîté éclatait pourtant sur tous les visages. Jamais un jour de fête n'avait étalé autant de luxe, ni plus de beautés de formes.

Était-ce l'effet d'une joie religieuse, d'un sentiment patriotique ou d'une espérance dans un avenir meilleur, qui provoquaient, cette année, une animation nouvelle dans les personnes et dans les choses ? Je ne sais ; mais on peut dire que si la dévotion avait trouvé son compte, les graces n'avaient point perdu, en cela, leurs charmes.

Parmi toutes ces femmes si belles, si espagnoles, une surtout se faisait remarquer, au milieu de ces compagnes, par tous les dons de la nature ; c'était la fille du vieux Padillos, Alcalde de la petite ville de Huesca. Homme dur et sévère, dévoué corps et biens au parti du prétendant, il vivait, retiré de la politique et du monde, dans une habitation isolée de la vallée d'Aran. Ce jour de fête, la jeune Padilla, accompagnée d'Ulrique, sa nourrice, s'était soustraite un instant à la surveillance paternelle pour se rendre à Montgarry, où elle attirait tous les regards de ses compatriotes. Cependant, un air de langueur se peignait sur tous ses traits arabes. Ses beaux yeux noirs se portaient distraits de tout côté ; ses longs cheveux d'ébène étaient retenus négligemment dans un rézeau de soie, et son front, préoccupé par une idée fixe et incliné vers la terre, semblait être à la poursuite d'une résolution Padilla suivait ainsi soucieuse le sentier qui se perdait dans un petit bois éloigné de la chapelle, lorsqu'un jeune homme, un français, l'interrompt tout-à-coup dans sa méditation :

— Quoi ! vous ici, Padilla ? Quel bonheur !

La jeune fille, relevant alors sa tête penchée, reconnaît, après un mouvement spontané de surprise, celui que cherchait sa pensée. Mais répondant sans hésitation à cette demande toute naturelle, selon elle :

— Est-ce étonnant, Roger, de me voir à Montgarry ? Ne m'aviez-vous pas dit que vous y viendriez?

— Oui, mais pouvais-je espérer que le vieux Padillos aurait retranché un peu en votre faveur, de sa sévérité ordinaire ?

— Mon père ignore mon départ; car Ulrique et moi, nous nous sommes dérobés un instant à sa vigilance. Il m'a été je vous assure, bien pénible d'user ainsi de ruse. Mais il le fallait, Roger.

— Quoi ! toujours des entraves, pauvre enfant ! et c'est moi, c'est mon amour qui te ferme la route du bonheur que le ciel ouvrait à ton innocence. Pourquoi t'ai-je vu, Padilla ? Pourquoi faut-il que la politique française, en me forçant à chercher un refuge sur le sol espagnol, m'ait conduit par hasard, dans la demeure de l'alcade de Huesca ?

— Ne maudis point ce jour, Roger ; ce fut le plus beau de ma vie ; car j'aimais pour la première fois et pour toujours ; je viens d'en faire le serment aux pieds de la sainte madone. Mais écoute :

« Tu sais que mon père, cédant plutôt à ses idées politiques qu'aux goûts de sa fille, a promis ma main au féroce Hiéronimo ; demain Hiéronimo sera dans la vallée avec la troupe carliste qu'il commande et c'est pour m'épouser. Cet homme qui de moine s'est fait chef de bande, n'a pu jamais m'inspirer que du dégoût. Je ne l'aimais point avant de te connaître, je l'abhorre depuis. Roger, dis à Padilla ce qu'elle doit faire dans cette circonstance ? »

— Nous jeter ensemble aux pieds de ton père.

— Et puis..

— Avouer notre amour secret, et lui demander qu'il le sanctionne par notre union.

— Malheureux ! tu ne connais donc point l'alcade de Huesca ? Lui faire un aveu semblable, c'est appeler la mort sur ma tête ; que dis-je ? sur la tienne aussi peut-être. Mon père a eu toujours les Français en horreur. La révolution qui vient d'éclater à Madrid a mis encore le comble à cette haine. Ah ! Roger, s'il t'a reçu quelquefois chez lui, toi, pauvre fugitif de France, c'est qu'il a cru que tu étais victime d'une cause semblable à la sienne. S'il avait vu dans

Roger ce qu'il apppelle un *révolutionnaire* ; si, par une fraude d'amour, je ne t'avais dépeint à ses yeux comme un défenseur de ses opinions en France, jamais ton pied n'eût touché le seuil de la porte de Padillos ; jamais tes yeux n'eussent vu sa fille hors de sa présence. Saches seulement que je ne suis promise à Hiéronimo que parce qu'il est chef de bande. Veux-tu que j'appartienne demain à ce monstre ?

— Non, ma chère Padilla ; mourons plutôt ensemble. Ce fer...

— Mourir ainsi, Roger ; c'est jeter mon nom au déshonneur. Fuyons plutôt ces lieux de malheur et vivons heureux ailleurs ; nous le pouvons : la France n'est-elle point là ?

— Oh ! la France... oui, mais jusque-là, tu seras toujours la fille de Padillos.

— Non, je serai l'épouse de Roger ; l'épouse de Roger entends-tu ? Adieu, à ce soir, dans ces lieux.

Et sans attendre d'autre réponse, la jeune Padilla quitte brusquement son amant pour lequel ses dernières paroles devenaient un mystère. Être exilée d'une patrie adorée, aimer comme l'on aime à vingt ans et ne pouvoir posséder l'objet de son amour ; tels étaient les secrets tourments qui torturaient le cœur du jeune homme et le laissaient dans une indécision affreuse sur le parti qu'il devait prendre. Cependant une crainte mêlée d'espérance lui faisait désirer le prompt retour de la nuit. Aussi, dès que nul bruit ne se fit plus entendre autour de la sainte chapelle et que la foule s'était retirée, laissant Montgarry désert, Roger se rendit aussitôt au lieu du rendez-vous.

L'espoir et l'attente absorbaient toutes ses facultés !

— *A ce soir, dans ces lieux !* m'a-t-elle dit : mais qu'elle résolution peut avoir prise cette enfant ? me présenter à son père, et lui demander sa main pour moi ? ce serait là s'exposer à quelque chose de plus qu'à un refus. Veut-elle fuir avec moi en France ? pauvre exilé, je ne puis revoir ma patrie d'où m'a chassé une odieuse proscription. Ces frontières qui me séparent de ma mère, de mes frères en politique, doivent être encore pour moi et peut-être, pendant longtemps, des barrières de fer qui me retiendront loin de mon pays. Ah ! je dois porter malheur à tout ce qui m'approche.

Roger, dont la fierté naturelle composait le fond de son caractère, ne put résister néanmoins à tous les sentiments généreux qui se pressaient dans son âme, en rappelant toutes ces idées, tous ces souvenirs. Malgré lui, il resta plongé dans une profonde méditation, conséquence inévitable de la fatigue de son esprit.

Cependant Padilla ne se fit pas longtemps attendre ; elle parut bientôt, enveloppée de sa longue mantille noire et prenant la main de son amant livré à toutes ces diverses réflexions :

— Suis-moi, Roger, dit-elle avec un accent de ferme résolution ; suis-moi : tu verras si la volonté a jamais manqué à une femme qui aime d'un amour sincère.

Et sans prononcer d'autres paroles, elle suit un sentier dérobé à travers le bois de sapins qui entourent Montgarry ; et, quoique la nuit fût très-obscure, en prend tous les détours les plus cachés avec une connaissance admirable des lieux. Enfin, après une demi-heure environ de marche à travers l'épais fourré du bois, les deux amants arrivèrent ainsi au presbytère, et montant un escalier obscur, ils pénètrent tous deux dans une vaste chambre, éclairée par la flamme que projetait sur les murs quelques fragments de résine suspendus dans le foyer.

— Père Lopez, dit alors la jeune fille, nous voici. Le père Lopez était un prêtre vénérable et par son âge et par l'austérité de ses mœurs. Arrivé à l'âge de soixante-dix ans, il n'avait pas encore souillé ses cheveux blancs par une pensée mauvaise. Moine d'abord, au couvent de saint Ildefonse, il avait quitté la défroque monastique pour se livrer à la conduite des âmes chrétiennes. L'archevêque de Barcelonne l'avait nommé à une partie de la cure d'un village de la vallée qu'il administrait avec trois autres ecclésiastiques, ses confrères. Cette année 1834, il desservait, à son tour, pendant le mois d'août, la chapelle de Montgarry. La bonté de son caractère faisait du père Lopez un ecclésiastique respectable et tolérant à la fois ; aussi, reçut-il dans ses bras la jeune fille de Huesca, avec laquelle, au reste, il semblait être en secrète intelligence.

Car, dès que le vénérable ecclésiastique eut fait un accueil bienveillant aux deux jeunes gens :

— Ma fille, dit-il, en s'adressant à Padilla, persistez-vous dans votre première résolution ?

— Oui, mon père, répondit la jeune vierge.

— Il est écrit dans le saint Évangile ces mots : *tes père et mère honoreras*. Dans la résolution que vous avez prise, mon enfant, ce commandement de Dieu sera-t-il respecté ?

— Oui, mon père ; ce commandement est grand dans mon cœur ; mais en unissant ma main à celui pour lequel l'Evangile a dit : *tu quitteras ton père et ta mère pour le suivre* ; je suis loin de manquer aux prescriptions des lois divines et humaines. Mon père continua-t-elle avec exaltation, voici mon époux ! et aussitôt, prenant Roger par la main, elle le présente au vénérable ecclésiastique.

— Puisqu'il en est ainsi, murmura le père Lopez, en levant les yeux et les mains au ciel : « prosternez-vous, mes enfants, que le ciel vous bénisse comme je vous bénis ; qu'il unisse vos deux cœurs comme ils sont unis : Padilla et Roger, vivez heureux ! » Il dit, ses mains s'étaient posées sur la tête des deux amants. La jeune fille se relevant alors avec un air d'énergique fierté :

— Partons, Roger, je ne suis plus à Hiéronimo ; et vous, père Lopez, vous direz à l'alcade de Huesca, que sa fille s'est adresssée au ciel quand la terre n'a plus voulu écouter ses prières. Aujourd'hui pour toujours je quitte l'Espagne !

L'heure de la nuit était très avancée. Les deux époux en sortant du presbytère suivirent un sentier étroit tracé au milieu d'un bois fourré de pins. Ils dirigeaient leurs courses vers la France ; la marche de Roger était lente et irrésolue. Époux de la jeune espagnole, il n'avait pas eu le courage de résister à une union qu'il aurait lui-même demandé le premier dans toute autre circonstance; mais, cette fois, il désapprouvait par amour des liens qu'il voyait malheureux. Aussi, la force lui manquait; à peine pouvait-il faire mouvoir ses pieds; il savait qu'à quelques pas de là se trouvaient les frontières et la douane; pour lui, ces deux mots étaient la perte de sa liberté; et il n'osait pas confier ses craintes à Padilla qui, intrépide comme une Espagnole, hâtait ses pas pour atteindre plutôt la limite française.

— Marchons, Roger; répétait-elle souvent, fuyons cette terre brûlante; je ne respirerais à mon aise que lorsque je ne la foulerai plus sous mes pieds; allons, Roger, il me semble que la fatigue arrête tes pieds paresseux.

Le pauvre jeune homme se laissait entraîner machinalement; il n'avait point de craintes, lui; car le sol espagnol et la colère de Padillos étaient moins à craindre pour lui, que les lois politiques de la France qui l'avaient condamné. Déjà ils étaient éloignés de la vallée mystérieuse de Montgarry et, suivant leur marche à droite, ils portaient leurs pas vers le port d'Orle, lorsqu'un bruit se fit entendre dans la direction de la limite française.

— Roger, j'ai peur, s'écria la jeune fille, hâtons nos pas. Si c'était... et sans oser exprimer entièrement sa pensée, elle se pressait aux côtés de son amant, comme pour lui servir de rempart.

— Que crains-tu, Padilla? dit le jeune homme dont l'irrésolution tenait alors tous ses mouvements en suspens; que crains-tu? la mort...

— Pour moi, non, mais... c'est le vent, sans doute, qui agite le feuillage; ce bruit, n'est-ce pas, Roger, n'a rien qui doive nous alarmer?

— Pauvre enfant! que crains-tu, Padilla? viens te jeter dans mes bras, ce bruit n'a rien qui puisse t'effrayer.

Et ils marchaient plus lentement; mais à peine avaient-ils fait quelques pas et au détour du sentier qui pénétrait plus avant dans le bois, le même bruit semblable à celui des pas que font des hommes qui traversent une forêt, se fit entendre de nouveau, mais plus fort que la première fois. Alors se serrait auprès de Roger, Padilla qui, comme par instinct, fit entendre spontanément ces mots :

— Dieu ! ils sont là !

Au même instant, quatre assassins s'élancent du bois dans l'étroit sentier et, armés de poignards, tombent sur Roger qui sans défense aucune ne cherche même pas à repousser ses assassins. Frappé au cœur, il chancelle et tombe. Aussitôt ils le percent de coups avec une frénésie qui tenait de la rage. A la fureur qui attache les meurtriers sur le corps de leur victime, Padilla a reconnu l'alcade de Huesca et le féroce Hiéronimo.

— Graces pour lui ! s'écria-t-elle, c'est mon époux ; épargnez-le ! c'est moi, moi seule qui suis coupable ! Mais une main de fer la retient immobile, comme pour lui faire assister, malgré elle, à la dernière agonie de la victime.

Mais à peine lui a-t-elle entendu murmurer ces dernières paroles : « ici ou là, en montrant la frontière française, je devais être victime de la tyrannie ; j'aime mieux encore avoir Hiéronimo pour bourreau ; adieu France ! » qu'elle se jette furieuse sur les meurtriers ; ses mains cherchent un fer et, dans le désordre de ses sens, elle roule dans un abyme creusé par un torrent.

Le voyageur français qui, dans le mois d'août et de septembre, se rend par le passage d'Orle, au pélérinage de Montgarry, peut voir au pied du port Espagnol, une jeune fille, belle encore, malgré le désordre de sa parure, assise sur un rocher, dans l'attitude d'une personne qui attend. Ses mouvements sont vifs et semblent annoncer l'impatience ; ses regards sont tournés vers la France ; on dirait une Gitana en quête. Mais au désordre de ses paroles, au rire immodéré qui s'exprime sur ses lèvres, aux pleurs qu'on lui voit répandre presque dans le même temps, on reconnaît un de ces êtres privés de raison par une grande commotion morale. On l'appelle depuis long-temps la folle de Montgarry.

# UN PELERINAGE

## A LA CHAPELLE DE SAINT-AVENTIN.

— Senorita Inez, le ciel est beau, la neige a disparu des sommets des montagnes, et le port de Venasque ouvre, devant nous un passage de verdure et de fleurs; qu'il serait agréable le pèlerinage de la chapelle de Saint-Aventin.

— Agréable! oh, oui, Estève. Car, moi, aussi, j'aimerais à fouler sous mes pieds la pelouse de ces vallées ombreuses qui nous éloignent de la France; à suivre mes compagnes d'Araguez qui vont adorer le saint reliquaire et d'aller avec elles, offrir au miraculeux martyr les prières de mon cœur. Mais.....

— Je le sais, Inez; une barrière de fer s'élève entre ton amour et le mien. Ces inimitiés de famille finiront par nous tuer, nous, qui avons été toujours étrangers aux querelles de nos parents. Ainsi, ta mère te refuse à mon amour, elle t'ordonne de me fuir; et pourtant je t'aime, Inez: car, si tu devenais la femme d'Estève, tu sais combien nous serions heureux.

— Et nous ferions le pèlerinage de la chapelle de Saint-Aventin!

— Oui, et demain, avant que les premières clartés du jour n'eussent blanchi le pic de la Maladetta, nous aurions gravi ces monts qui nous séparent du val d'Aran; nous marcherions avec les joyeuses troupes des amoureux de notre village, et nous irions visiter la chapelle miraculeuse, pleins d'amour et de joie. Au lieu de tout cela, honte, mépris et désespoir pour mon cœur. Inez, tes parents sont bien injustes.

— Ecoute, Estève, une pensée me vient à l'esprit. Carvajal le viel ami de mon père, doit accompagner à Saint-Aventin la *Nina* de l'Alcade. Que sais-je? peut-être ma mère cèdera-t-elle à ses prières. Il ne faut qu'un prétexte, Estève ; je sens que je le trouverai. A ce soir au bois d'Arrocha ; car la sainte Madonne m'inspire de la confiance.

Ainsi, s'entretenaient ensemble, le 27 juin de l'année 1832, l'héritière d'une riche veuve de la vallée d'Araguès et le fils du plus hardi contrebandier de ces montagnes. La dévotion des Espagnols de cette frontière est proverbiale et celle qu'ils dévouent à Saint Aventin ne se caractérise chez eux, que par l'enthousiasme du fanatisme. Aussi le pèlerinage qu'ils font, tous les ans, en son honneur, en France, est-il une véritable fête générale. On ne doit pas s'étonner que les deux amants partageassent le goût de leurs compatriotes. Car, l'amour et la dévotion sont les mobiles les plus agissants des cœurs aragonais. Avec cela, on pense bien qu'il est difficile de résister à leurs résolutions. Aussi, les dernières paroles d'Inez, annonçaient d'avance le triomphe de ce vieil adage : *ce que femme veut, Dieu le veut*.

En effet, à peine la nuit commença-t-elle à voiler de son ombre prolongée l'étroite et mystérieuse vallée d'Araguès que la jeune fille se dirigea précipitamment au rendez-vous qu'elle avait fixé au bois d'Arrocha ; et dès qu'elle fut auprès de son amant :

— Par notre dame de Montgarry ! Estève ! s'écria-t-elle, haletante de joie, nous irons enfin à Saint-Aventin. Hâte donc tes préparatifs, car à deux heures du matin, *las ninas et los guapos*, doivent se mettre en voyage, sous la conduite du vieux Carvajal. Que de larmes ! que de prières ! que de caresses et de soins n'a-t-il point fallu prodiguer à la *madre* pour obtenir le consentement de mon départ.

— « Prends garde ! surtout, m'a-t-elle dit, de te rencontrer avec le fils du contrebandier, car son père a été toujours le mortel ennemi de ta famille. A cette condition seulement, je te permets le saint pèlerinage. »

Ces dernières paroles ont jeté d'abord quelque trouble dans mon ame et je n'ai pu me défendre d'une certaine méfiance. Mais, pardonne-moi, Estève ; bientôt j'ai rendu justice à ta loyauté. Pourquoi ma mère ne peut-elle te connaître comme moi ?

— Oh, ta mère ! répondit le fier Aragonais avec un air de dédain et d'hésitation sur ses lèvres ; ta mère, Inez, a maudit toute ma race, depuis le jour où la légitime défense du contrebandier et le droit naturel qu'a chaque individu de protéger sa vie, lui firent verser des pleurs sur un corps ensanglanté. Depuis ce moment, je ne suis à ses yeux que le fils d'un meurtrier. Sais-tu bien, Inez, tout ce que ce mot emporte avec lui de mépris, de honte et de sacrifices ? Moi, le fils d'un meurtrier, je dois te fuir, renoncer à ta main ; m'enfoncer dans les bois, et si je ne puis supporter encore l'idée de ta séparation, je devrais m'arracher la vie. Alors, peut-être, ta mère ne te commanderait plus de fuir le fils d'un contrebandier ; et toi, Inez, tu serais libre et heureuse, parce que le fils du contrebandier ne te dirait plus, sans cesse : *Je t'aime !*

— De grâce, Estève, ne m'afflige point par de semblables discours. N'avons-nous pas oublié, tous deux, le passé ? le présent nous appartient pour en jouir et l'avenir ne dépendra que de nos cœurs. Seulement, souviens-toi maintenant que nous allons faire ensemble le pèlerinage de Saint-Aventin. Plus tard, le ciel nous viendra en aide.

— Oui, le pèlerinage ; je l'oubliais. . . . Inez, dit-il après quelques instants de réflexion, le pèlerinage sera des plus heureux ; car la nuit est belle, les étoiles brillent au ciel, et j'entends déjà le chant des Caballeros qui se disposent au départ. Allons aussi, de notre côté, nous préparer pour nous mêler à la troupe joyeuse.

A ces mots, ils se séparèrent, se promettant tous deux, de

retirer bonheur et joie du saint pèlerinage. Cependant, les premières clartés de l'aube naissante commençaient à blanchir les sommets des montagnes, lorsque le cortège des garçons et des filles de la vallée d'Araguès annonça sa marche par les chants du boléro et par de gais refrains que l'écho répétait à l'envi. Le vieux Carvajal, comme un général d'armée, dirigeait leur course et faisait respecter son commandement parmi cette bande dévote, divisée en groupes. Déjà, aux premiers rayons du soleil, les avant-postes avaient atteint le sommet du port qu'ils descendaient du côté de la France. Alors se dessinèrent devant eux les vallées du Lys et de Bagnères qui forment un angle par leur réunion au petit village de Montauban, sur les bords de la Picque.

Cette fois, Inez et Estève ouvraient la marche des premiers groupes, lorsqu'ils arrivèrent aux dernières limites de la douane de Luchon.

Parmi cette foule animée de sentiments si divers, et dont chaque individu portait sur ses traits un type caractérisé par quelque forte passion, on distinguait surtout les deux amans du bois d'Arrocha. Inez était digne, en effet, de l'admiration qu'elle inspirait sur son passage ; car jamais les formes de la femme ne se sont développées par des signes plus suaves que dans cette jeune aragonaise. Elle avait seize ans : sa mantille noire, parsemée de simples dentelles, faisait ressortir l'éclatante blancheur de son sein ; l'admirable finesse de ses cheveux d'ébène, dont les boucles soyeuses s'échappaient d'une rezille de soie, ses grands yeux vifs, que voilait, sur un teint chaud, un rideau de cils noirs, et dont le regard était modeste, donnaient à sa physionomie une expression de timidité et de douce tristesse. Tous ses traits, en un mot, portaient l'empreinte de la passion et de l'enthousiasme.

Estève ne le cédait en rien à sa belle maîtresse. D'une taille élancée, comme celle des catalans ; il avait toutes les formes attiques d'un homme robuste et vigoureux. Sous sa longue berrette rouge qui retombait sur ses épaules nerveuses, on voyait se dessiner un grand air de tête et une noble figure pâle qu'éclairait la flamme d'un regard de feu. Sa démarche était fière, et sa pose castillane que réhaussaient les rubans de ses *espardilles* enlacés autour d'une jambe académique, en faisaient le modèle d'une véritable statue antique.

Il n'est pas étonnant que ces deux êtres, si bien faits, l'un pour l'autre, fussent les héros de la troupe. Aussi, les jeunes receveurs et les brigadiers de la douane, ces louveteaux ravisseurs des jolies espagnoles de la frontière, se disaient-ils avec regret, en voyant ce couple si parfait :

— « C'est dommage que ce soient là deux amoureux ! »

Néanmoins, après une halte de deux heures sur les bords de la Pique, les pèlerins d'Araguès continuèrent, vers le milieu du jour qu'échauffait un soleil ardent du mois de juin, leur course sainte. Sous leurs pas infatigables, se dérobèrent insensiblement le col de l'Hospice si renommé parmi les chasseurs de l'Izard, la montagne féérique de la Picade qu'ils tournèrent à sa base, la glorieuse vallé du Lys arrosée par le Go aux rives mystérieuses, Luchon la cité consulaire, libre et indépendante du moyen-âge ; enfin, ils arrivèrent au terme de leur pèlerinage à l'heure où le soleil commençait à peine à se dérober derrière les sommets des montagnes.

Saint-Aventin, peu éloigné de Luchon, est un groupe de maisons, assises sur le plateau d'un monticule, traversé lui-même par une fort belle route. A quelques pas de distance de ces habitations, et, au centre d'un bassin circulaire formé par des collines boisées, s'élève une petite chapelle antique. A ses pieds s'étend une grotte profonde, taillée dans le roc et d'où s'épand un ruisseau d'eau limpide. La grotte, la chapelle et la statue du saint, attirent, depuis un temps immémorial, une foule immense de dévots, venus la veille de la fête, de toutes les vallées des Pyrénées. Aussi la troupe d'Araguès se trouva-t-elle en nombreuse compagnie quand elle aborda la plate-forme que domine la chapelle.

— Estève, dit alors Inez, sans chercher, comme ses compagnes, à se reposer des fatigues du voyage, Estève, reste ici en paix ; pour moi, je vais offrir au ciel mes vœux et mes prières.

— Que Dieu t'accompagne! répondit l'Espagnol, en ôtant sa berretta et se signant au front. Il se jeta ensuite sur la pelouse, plongé dans une profonde rêverie.

Aussitôt la jolie Aragonaise descendit seule un petit sentier rocailleux et alla se perdre dans la profondeur de la grotte. Comme la malade de Siloé, elle se baigna dans cette onde miraculeuse de Saint-Aventin qui, tous les ans, opère tant de prodiges. La pauvre enfant! elle y cherchait un remède aux maladies du cœur. Puis, elle gravit la pente abrupte qui conduit à la chapelle. Ainsi que plusieurs autres jeunes filles, elle se prosterna, à leur exemple, devant le buste richement orné du saint, et ses mains se portèrent religieusement sur les draperies ondoyantes qui ornent l'image du bienheureux martyr, comme pour obtenir plus facilement la transmission du baume des affligés. On vit même des larmes couler de ses beaux yeux et l'on entendit par intervalles, des soupirs mêlés aux noms de sa mère et d'Estève s'échapper de ses lèvres de roses. Que les heures de la prière sont sublimes! Quelle expansion n'a point alors le cœur d'une amante! Inez éprouva ces divers sentiments de l'amour et de la religion; et trouva, en eux, une indicible consolation. Aussi, lorsqu'elle revint vers Estève, une douce gaîté éclatait sur toute sa figure.

— Père Carvajal, dit-elle au chef de la troupe qui alors paraissait s'entretenir en secret avec son amant, les droits de la religion sont accomplis pour moi en ce moment.

— Et ceux de notre union, répondit Estève, d'une voix fortement accentuée, n'ont pas encore commencé.

— La vierge et les anges viendront au secours de nos vœux, murmura doucement la frêle fille, effrayée du ton menaçant des dernières paroles du fils du contrebandier.

Cependant une partie de la nuit se passa en fêtes; car, après les devoirs religieux, viennent les exigences des faiblesses humaines. Ainsi, sur la terre le mal marche toujours côte-à-côte du bien. Saint Aventin est un exemple bizarre qui caractérise parfaitement la fragilité naturelle de notre espèce. Là, où tant de prières sont adrssées au ciel, là aussi on fait des promesses d'amour, l'on danse et l'on s'égaie avec la joie la plus mondaine possible. Les Espagnoles surtout se font remarquer par cet excès de mobilité qui les fait tourbillonner dans un cercle perpétuel de plaisirs et de passions. Ce qui fait de ce lieu de pèlerinage, la veille et le jour de la fête, un véritable rendez-vous universel qui ne trouve son expression que dans les mystères du paganisme. Ici, comme dans les temples d'Eleusis ou de l'impudique Déesse, la nuit est un voile qui couvre bien des crimes, et les bois de la vallée sont des ombres ténébreuses qui protègent d'autres saturnales. La nuit du 28 juin de l'année 1833 eut tous ces caractères de haute démoralisation.

Aussi, lorsque le jour commença à poindre, le spectacle qu'offrait tous ces étrangers épars dans les clairières et ces nombreux visiteurs qui affluaient de toutes parts, n'était point sans quelque enseignement. Mais avant que la nouvelle foule n'encombrât les avenues du Plateau de Saint-Aventin :

— Carvajal, dit Estève avec un rire sardonique, revenons à la vallée d'Araguez. Le pèlerinage de Saint-Aventin sera des plus heureux ; car, à dater de ce jour, la mère d'Inez ne dédaignera plus le fils d'un contrebandier. Partons.

Au signal du départ, *las Ninas et los Guapos* se réunirent en foule autour du vieux Caballero qu'ils pressèrent inutilement de différer leur retour. Inaccessible aux plaisirs du cœur, il se montrait inexorable dans ses résolutions, comme un vétéran dans l'exécution de sa consigne. Il fallut revenir dans la vallée. Ce n'était plus, hélas ! la même gaieté du départ. La belle Inez surtout était triste et sombre, comme si un remord eût oppressé ce cœur de vierge. Ses yeux modestes s'élevaient par intervalles vers le ciel et sa bouche ne proférait que des paroles d'amour et de religion. Pour la première fois, elle voyait, tous les jours, s'envoler les illusions et les enchantements de la vie ; et la nature perdait à chaque instant, en elle, quelques-uns de ses charmes. Pendant huit mois, elle dépérissait ainsi aux yeux de sa mère comme une fleur qui se dessèche ; lorsque le vieux Carvajal fut envoyé en mission à l'extrémité de la vallée, dans une mauvaise chaumière habitée par un jeune homme.

— Qui vous amène ici, à cette heure, père Carvajal, dit d'un ton ironique, un jeune contrebandier occupé à polir une escopette à demi rouillée?

— Qui mieux que toi, Estève, peut soupçonner l'objet de ma mission, dit le vieillard, en branlant sa tête, en signe de de tristesse?

— Moi!... mais vous savez que je ne suis pas habitué à de semblables visites de la part de vous, père Carvajal, et de ceux de la vallée. Car, vous tous, vous insultez à mon nom et à ma pauvreté. Depuis tantôt huit mois, je n'avais eu le plaisir de vous voir, père Carvajal; la date est, je crois, certaine, n'est-il pas vrai?

— Oui, depuis huit mois, c'est-à-dire depuis le pèlerinage de la chapelle de Saint-Aventin. Plût au ciel! que Carvajal fut tombé raide mort, le jour qu'il franchit cette frontière pour entreprendre un tel voyage; mais il suffit, Estève; laissons-là mes plaintes; je viens aujourd'hui pour une autre motif.

— Parlez, père Carvajal, parlez toujours, répondit avec intention le jeune contrebandier.

— Eh bien, écoute, Estève, dit le vieillard consterné, Inez demande ta main en mariage. Tu le sais elle a droit de l'exiger.

— Est-ce la fille seule qui vous a chargé de me faire cette proposition? répondit d'un ton sévère le jeune homme.

— La mère, par ma voix, t'en fait encore une prière.

— A cette dernière condition, j'accorde ma main.

— Demain, tout sera disposé pour la cérémonie; je t'attendrai pour te prendre au fond du bois; Adieu, Estève!

— Je savais bien, murmura doucement le jeune homme; je savais bien qu'elle descendrait envers moi jusqu'à la prière!

En effet la nuit du lendemain, le mariage fut célébré en secret et sans pompes, dans une modeste chapelle.

Nul, dans le village ne se douta de l'heure de la cérémonie

qui fut un véritable sacrifice. Inez, pâle et tremblante, la figure hâve, se présenta devant le prêtre comme une victime qu'on allait immoler. Dieu l'avait déjà choisie pour une terre meilleure et surtout pour une plus belle destinée. Car, un mois après, deux anges s'envolèrent au ciel, la mère et un enfant. Quant au contrebandier, il reprit ses crampons, et la mère vint pleurer sur un tombeau, en maudissant le pèlerinage de Saint-Aventin et le fils du meurtrier de son époux.

FIN DE L'HISTOIRE DE LUCHON.

# ÉTABLISSEMENT DE BAINS

## DE

## SIRADAN.

### I

Situation et origne de Siradan. — Itinéraire et promenades aux environs des bains. — Saint-Béat et la vallée d'Aran. — Col-du-Haut ou la chasse aux Bisets. — Saint-Bertrand de Comminges. — Divers détails historiques.

Le voyageur qui se dirige de Toulouse à Bagnères-de-Luchon, trouve sur son passage, entre Saint-Gaudens et Saint-Béat, une jolie vallée qui s'arrondit à sa droite en forme de demi-cercle. Au fond de cette vallée et à quelques minutes de la route nationale, il aperçoit, aux pieds des montagnes, un groupe de petites maisons coquettes, dominées par un clocher et par un établissement qui se dessine majestueux au milieu des prairies verdoyantes; ces maisons et cet établissement composent le village et les bains de Siradan. Jamais site pyrénéen ne s'est montré plus gai, plus majestueux et surtout plus agréable que celui qui s'offre à ses regards!

Aussi, avons-nous l'intention de faire connaître ce petit coin des montagnes qui n'est pas sans avoir son intérêt historique.

Le village de Siradan est situé dans le centre du pays appelé par les anciens écrivains, le pays des CONVENOE. Ces derniers étaient des peuplades que Pompée, allant combattre Sartorius en Espagne (l'an 676 de Rome), contraignit d'habiter cette partie des montagnes où elles fondèrent une ville nommée *Lugdunum convenarum*, aujourd'hui Saint-Bertrand de Comminges.

Voici, au reste, ce que disent à ce sujet, Pline, Strabon, Grégoire de Tours, Saint-Jérôme, etc.

« Pompée, avant de retourner à Rome pour jouir de son triomphe, revenant d'Espagne, franchit les montagnes qui séparent l'Ibérie de la Gaule Narbonnaise et se dirigea vers le pays des *Convenæ*.

« Ce qui l'engagea à prendre cette route, fut le motifs de connaître une population dont il avait eu l'occasion d'apprécier la bravoure, les mœurs et les usages.

« Arrivé dans le pays, il trouva une population sans ordre, ayant des habitudes grossières, mais des mœurs pures. En conséquence et pour les civiliser, il les contraignit de se réunir sur un monticule, où ils fondèrent une ville. D'où le nom de *convenæ* (se réunir); la ville prit le nom de *Lugdunum*. »

Siradan, qui est situé dans la contrée qu'habitaient les *convenæ*, a conservé des traces de cette antique origine. Ainsi, on a trouvé des inscriptions qui témoignent que la domination romaine a exercé, dans l'époque ancienne, une grande influence sur les populations de ces montagnes.

Quoi qu'il en soit de cette antiquité, Siradan occupe aujourd'hui par ses eaux et son établissement de bains, une position toute exceptionnelle. Avant d'entrer dans les détails de ses eaux et des avantages thérapeutiques qu'on peut en retirer, nous voulons nous attacher à bien faire connaître, sous le rapport topographique, ses agréments et surtout les plaisirs que peuvent y retrouver les étrangers qui viennent y passer la saison des bains.

Un des premiers agréments est, sans contredit, les promenades ou courses aux environs. Siradan est admirablement situé pour les entreprendre. Nous nous dirigerons donc vers Saint-Béat et la vallée d'Aran. En partant, le matin, de l'établissement Dosset, on arrive en quelques minutes sur la route nationale qui nous conduit, en moins d'une heure, à la petite ville de Saint-Béat.

Saint-Béat, situé entre deux rochers, est à 421 mètres au-dessus du niveau de la mer. Cette petite ville, chef lieu de canton est renommée par son commerce et par ses carrières de marbre blanc que l'on rencontre sur la route. Ces marbres sont aussi beaux que ceux d'Italie. Le château de Saint-Béat, actuellement en ruines, servait de défense, au XVI siècle, et protégeait la ville contre les excursions des ennemis du dehors.

En traversant la ville, et en suivant le cours de la Garonne, on arrive au Pont du roi qui sert de limite entre la France et l'Espagne, à travers de riantes prairies bordées de tous côtés par de hautes montagnes. Là, commence la vallée d'Aran dont l'étendue est de sept lieues de long. Sa population se compose de 20 à 21,000 habitants, répartis dans trente-deux petites villes, bourgs, villages et hameaux. Sous le rapport religieux, elle compte soixante neuf églises, chapelles ou ermitages.

L'aspect général de cette vallée offre à la vue, de gras pâturages, des bois, des sites variés et une belle culture. Le pic de la Maladetta et la source de la Garonne se trouvent à son extrémité du côté de l'Espagne. Les villes de Bossost, de Vieille, les ermitages d'Artigue-Telin et de Saint-Jean-d'Arros, l'église et le couvent gothique de Metg-d'Aran, sont des lieux dignes d'être visités, et que nous recommandons aux poètes, aux peintres et aux touristes.

Ainsi, la vallée d'Aran, sous le rapport historique, est-elle située à l'extrémité de l'ancien pays du Comminges, d'où elle dépendait sous le rapport du spirituel. Car le diocèse du Comminges l'enclavait dans ses limites. Mais dans les temps reculés, elle fut successivement sous la domination des Gaulois, des Romains, des Visigoths et des Maures. Les tribus celtes, nommées *Garumni*, l'habitaient primitivement. Les comtes du Comminges devinrent ses derniers suzerains.

Ce ne fut qu'en 1198, que Bernard, comte de ce pays, la donna à Alphonse II, roi d'Aragon, qui épousa sa fille. Depuis cette époque, elle ne cessa d'être sous la dépendance des rois d'Aragon, excepté sous l'Empire auquel la réunit Napoléon. Mais par une étrange concession, l'Empereur consentit, après le concordat de 1802, que la vallée d'Aran, qui avait été sous la domination des évêques du Comminges, quant au spirituel, fût soumise à celle de l'évêque d'Urgel. Les traités de 1815, la détachèrent de nouveau de la France pour la remettre encore une fois sous la puissance espagnole, sous laquelle nous la voyons aujourd'hui.

Les mœurs, les costumes et les usages des Aranais méritent d'être connus sur les lieux. Aussi laissons-nous à la curiosité des baigneurs le soin d'aller eux-mêmes les y étudier.

Lorsqu'on a consacré une journée à explorer la vallée d'Aran, on peut rentrer à Siradan satisfaits d'une telle excursion.

La seconde course qu'on doit entreprendre dans l'exploration de ces montagnes, doit être consacrée à visiter Saint-Bertrand, l'ancienne cité romaine, connue sous le nom de *Lugdunum convenarum*. De Siradan à Saint-Bertrand le trajet n'est pas long. Il suffit de prendre la direction de la route de Saint-Gaudens jusques avant d'arriver au pont de Labroquère. On se détourne à gauche, en suivant une jolie route qui vous conduit en quelques minutes en face d'un monticule sur lequel s'élèvent des remparts et des maisons aux teintes grisâtres. C'est la ville de Saint-Bertrand, à laquelle on arrive en gravissant un sentier tracé en forme de rue.

Sans nous préoccuper ici de son antiquité romaine, ni du siège qu'elle soutint en 584 contre Gontran, en faveur de Gondewal prétendant à la couronne; ni de tous les autres événements qui s'attachèrent à cette révolte, nous dirons seulement ce qui a rapport aux monuments et aux faits qui concernent la ville moderne.

Le premier édifice digne de notre attention est l'église dont la fondation remonte à l'an 500, sous le règne de Clovis I. Le premier évêque de *Lyon de Comminges*, ainsi qu'on appellait cette cité, avant le XI siècle, fut Suavis qui assista au concile d'Agde en 506. Mais en examinant, dans tous ses détails, les diverses parties de ce monument religieux, on peut se convaincre avec raison qu'il avait été détruit, lorsque St.-Bertrand le reconstruisit en 1086, époque à laquelle cette cité changea son nom de Lyon de Comminges, contre celui de Saint-Bertrand, nom du saint évêque qui la releva de ses ruines.

Ainsi l'église est-elle remarquable par la hardiesse de sa voûte et par les seize contre-forts qui soutiennent son vaisseau. On admire, dans l'intérieur le buffet de l'orgue et des boiseries qui sont d'un travail rare. Le tombeau de saint Bertrand, érigé derrière l'autel par ordre du Pape Clément V, quoique dégradé en partie, conserve néanmoins quelques uns de ses anciens ornements. Celui de Hugues de Chatillon, placé dans la chapelle de Notre-Dame-de-Pitié, et formé de marbre blanc, mérite d'attirer notre attention. On lit sur le mur, en face du mausolée, une inscription latine dont voici la traduction :

« L'an 1352, le 4 octobre, mourut le seigneur Hugues de
« Chatillon, par la grâce de Dieu évêque du Comminges, qui
« fit construire cette chapelle et qui termina l'église cathé-
« drale. Que son ame repose en paix ! Ainsi-soit-il. »

Sur le côté droit, en entrant dans l'église, on se dirige vers l'ancien cloître qui était fort beau. Des colonnes très bien sculptées l'ornent encore, et ces colonnes se distinguent par des bas-reliefs fort remarquables. Des tombeaux incrustés dans les murs de l'église et du cloître, des inscriptions et un caveau qui servait de sépulture aux membres du Chapitre, aujourd'hui hermétiquement fermé, sont tout ce qui reste de l'ancienne splendeur de ce cloître qu'on disait fort beau.

Aussi, après l'avoir visité dans ses détails, on revient dans l'église pour monter à la tour d'où se déroule un panorama magnifique, ou bien l'on s'arrête devant les voussures du portail formé de marbre blanc avec des colonnettes dont les chapiteaux sont très bien sculptés et représentant des sujets religieux. On peut voir au-dessus de l'arc-boutant de la porte, l'adoration des images, sculptée sur marbre blanc en demi-grandeur naturelle.

Nous dirons un mot, avant de quitter l'église, sur les boiseries qui entourent le chœur, sur celles de la chaire et du confessionnal. Ce sont des chef-d'œuvres de l'époque de la renaissance. Les principales sculptures que l'on voit sur les stalles, sont la foi, l'espérance, la justice et la force représentées sous la figure de femmes. Celles du confessionnal et de la chaire ne le cèdent en rien, à ces dernières, soit par le fini du modèle, la hardiesse du ciseau et la vérité du dessin, unie à la science du sculpteur. Le crocodile appendu à la voûte de l'église et qui, dit-on, ravageait le pays, lorsque saint Bertrand le fit mourir, est la dernière curiosité qui doive fixer l'attention du visiteur qui tient à admirer le monument religieux.

Dans l'enceinte de la ville, ce qui fixe d'abord l'attention, ce sont les murailles qui font le tour du monticule sur lequel est située la ville. On remarque, en les parcourant, le rocher hitsorique d'où Gondewald, le prétendant royal de la première race, fut précipité. Ce rocher est à vingt pas des murailles, il se nomme *Matacan* (*tuer un chien*). Son élévation est de 117 mètres environ au-dessus du sol des précipices qui entourent la cité.

En faisant le tour des murailles de Saint-Bertrand, on voit sur une pierre incrustée dans une muraille, près la porte de Valcabrère, l'inscription suivante :

*Taxe du poisson pendant le Carême 1661.*

TRUITES, trois deniers.     LOCHES, trois deniers.
SIÈGES, trois deniers.      CABILLAS, deux deniers.

Au dessus de la porte principale on lit une partie de cette inscription incomplète :

IMP. XXVI.
COS · VPP.
CIVITA COVENEVM.

On voit la figure d'une louve à la suite de cette inscription.

La visite faite à Saint-Bertrand doit se terminer par une excursion de quelques minutes qu'on doit tenter vers Tibiran et Valcabrère. Selon la tradition, ces deux localités n'auraient été, dans les temps anciens, que des faubourgs de *Lugdunum Convenarum*. Ainsi, la première, fondée par Tibère, remonterait vers l'an 37 de l'ère chrétienne ; et la seconde, dont le nom signifie *vallée des chèvres*, aurait servi de quartier général à Leudegesile, lieutenant de Gontran, en 585, époque où la cité romaine soutint un siège mémorable qui se termina par sa ruine.

Sans apprécier au fond l'étymologie de ces localités, il est évident qu'elles renferment des restes d'antiquité qui sont dignes d'attirer l'attention. Les nombreuses inscriptions qu'on a trouvées à Valcabrère et à Tibiran sont des arguments puissants en faveur de son ancienneté.

Dès qu'on a vu Saint-Bertrand et ses deux anciens faubourgs, selon la tradition, on peut jeter un coup-d'œil sur le château de Barbazan, situé sur un côteau qui domine la Garonne, en face la route, non loin du pont de Labroquère. Le château et le lac qui est aux environs sont deux choses à voir dans une autre journée ; puis, on rentre à Siradan par la route de Bagnères-de-Luchon.

La troisième excursion que les baigneurs peuvent faire aux environs des bains de Siradan, après celle qui a pour objet les chalets Saint-Nerée où se rendent de nombreuses cavalcades des environs, la plus agréable et la plus importante de toutes, est, sans contredit, l'excursion qui a pour but les panthières du Col-du-Haut.

On appelle panthières, dans les Pyrénées, des montagnes bifurquées qui servent de passage aux bisets ou pigeons sauvages. Celles du Col-du-Haut ont une réputation justement méritée. Pour l'amateur de la chasse comme pour le chasseur de profession, une visite aux panthières dont nous parlons est plus qu'un délassement, c'est un plaisir de tous les mois de la saison des bains.

Pour cela, la course n'est pas difficile, ni longue. Lorsqu'on quitte Siradan, il suffit de traverser la Garonne à deux kilomètres et demi de l'établissement et l'on se dirige vers la route nouvellement tracée qui conduit de Saint-Béat à Aspet. Au sommet de la montagne on arrive au but de la promenade. Nous ne pouvons mieux faire connaître les agréments de cette course qu'en rapportant les détails qui concernent la chasse aux bisets.

# LES PANTHIÈRES DU COL-DU-HAUT

ou

## LA CHASSE AUX BISETS.

Au versant septentrional des Pyrénées, entre les petites villes d'Aspet et de Saint-Béat, s'élève, en forme de cône empanaché de majestueuses forêts, une montagne gigantesque, ombreuse et solitaire, nommée KAGIRE. A ses pieds, moitié français, moitié espagnols s'abritent, bizarrement groupés, d'innombrables villages ; se dessinent en tout sens, comme les rayons d'un cercle de riantes vallées; et sur ses flancs veloutés, disputés en partie par le Val-d'Aran, d'autres montagnes plus modestes s'épanouissent, à la faveur de sa haute protection aérienne. Or, un de ces monts, le plus voisin de KAGIRE et que distingue le petit village de Moncaut assis sur la pelouse, est surtout en réputation, sous le nom du

*Col-du-Haut*, pour la chasse aux bisets et pour les rendez-vous annuels d'étrangers que les panthières appellent de toutes parts : de Saint-Gaudens, de Vielle, de Saint-Béat, de Montrejeau, de Bagnères-de-Luchon et même de Toulouse. Mais la grande réunion a lieu principalement le 16 octobre, fête de Saint-Bertrand. Avant ce jour, marqué par de joyeux plaisirs, des festins, des divertissements et de nombreuses cavalcades, les chasseurs montagnards sont rarement troublés dans leurs ingénieuses opérations. Pour eux, les grands travaux, les travaux importants, indispensables à leur activité turbulente, commencent au 9 septembre. A cette époque, les filets sont radoubés, les chaînons tendus, les pieux aiguisés et les arbres à mats, à échelons et à guérites, coupés, travaillés, façonnés pour servir à élever une charpente aérienne. Le mouvement est alors général parmi les habitants du Col-du-Haut. La chasse va commencer.

On sait que l'émigration des bisets s'opère à l'approche de l'hiver. Déjà le refroidissement de la température, la fraîcheur des nuits d'automne, la font devancer, par les plus prévoyants et par ceux qui sont les plus voisins des Pyrénées, vers les derniers jours de septembre. Alors des troupes innombrables de bisets s'élèvent dans les airs, apparaissent dans la direction du nord et s'avancent en serre-file pour effectuer le fatal passage des montagnes. L'instinct guide ces bataillons ailés mais la ruse des hommes, plus puissante encore, se joue de leur instinct. A la volonté de l'homme, leur vol hardi s'abaissera ; leur marche à tire d'aile s'arrêtera tout-à-coup et les engins du chasseur les forcera, malgré leur prévoyance, à tomber dans une gorge meurtrière.

Il faut le dire aussi, le *Col-du-Haut* est favorable à cette coupable industrie de l'homme contre l'oiseau. Deux pics surgissent parallèlement et forment des deux côtés, dans la longueur d'une demi heure, une palissade de rochers chargés de bois en amphithéâtre et ornés d'une riche végétation. Au milieu, s'allonge un vallon étroit dont l'extrémité forme un défilé qui détache son bleu-clair dans l'horizon espagnol.

Là, un filet aux jours infinis et aux mailles imperceptibles, barre transversalement et dans toute son étendue le passage du col, à la hauteur d'environ vingt pieds. On ne se douterait point de sa tension, si, une *guérite* isolée au milieu des filets, ne laissait flotter, dans le vague des airs, une ligne de cordages. Or, cette *guérite*, en termes de l'art du chasseur pyrénéen, n'est composée que de trois longs mâts fichés perpendiculairement en triangle par le bas et réunis en faisceaux par le sommet. Des échelons, grossièrement tracés s'élèvent jusqu'au plus haut de la guérite où se balance un vaste, profond et large nid, bâti de branches de feuillage et de gazon. Ce nid devient indispensable pour la chasse; car il sert de retraite et de cachette à un adroit *bisetier*, connu sous le nom d'arbalétier, et dont la fonction, comme on le verra bientôt, est d'une haute importance. En attendant son rôle, balancé dans sa demeure aérienne où il se blottit, il prête une oreille exercée au signal convenu.

Mais sur les deux penchants des collines qui aboutissent face-à-face au Col-du-Haut et dans toute leur longueur du nord au midi, s'élèvent, à égales distances, ainsi que des avant-postes croisés, huit guérites semblables à celles de l'arbalétier. Elles servent de réduit aux vedettes de la chasse. Une seule, placée à l'extrémité du nord et suspendue sur un sommet très élevé, est destinée à former un observatoire. La sentinelle, ainsi haut perchée dans son nid, découvre facilement au loin, par dessus les monts, l'immensité du ciel qui se déploie, à sa vue, dans toute sa majestueuse étendue. Chacun alors est à son poste. Viennent maintenant les bisets.

Cependant, au milieu du vague des airs, apparaissent dans un ciel d'azur, des points noirs qui se meuvent imperceptibles. Chassés par le vent d'est, ces points noirs se rapprochent, grossissent, se multiplient en raison inverse de leur distance. Ils présentent alors aux yeux attentifs, des myriades de volatiles se dirigeant vers les Pyrénées. « Bonne curée! » s'est écrié, en ce moment, un chasseur transporté de joie: « *Vent de Perpignan, biset en gibecière.* » En effet, du haut de son observatoire, la sentinelle de l'avant-poste a fait retentir par trois fois le son aigu et perçant de sa corne. A ce signal de reconnaissance que l'écho transmet de guérite en guérite, les têtes des *bisetiers* sortent en observation de leurs nids. La colonne aérienne se découvre alors à leurs regards curieux. Déjà elle plane immobile à l'entrée du vallon ; un instant on la voit hésiter dans sa marche, mais les sons redoublés de la corne retentissant à l'arrière de plus fort encore, la commotion de l'air hâte en avant le vol douteux des bisets épouvantés et une fois engagés dans le vallon, on les voit, en biaisant, tantôt se porter à la droite, tantôt se jeter sur la gauche. Mais repoussés alternativement vers le centre par les hurlements, les clameurs et les bruissements des hommes des postes qu'ils approchent, ils arrivent forcément et en losange à quelque distance des filets. Ils semblent alors se poser un instant indécis ; ils s'exhaussent tout-à-coup comme pour franchir la gorge qui se trouve béante devant eux. L'adroit *bisetier* de la guérite du centre a su déjà contre-mander leur marche. Armé d'une forte arbalète, au ressort vigoureux, il projette, bien haut au-dessus de la troupe, *le mail*, morceau de bois adhérant à deux ailes de faucon. A cette ombre de l'oiseau de proie qui semble les poursuivre, les bisets par un vol spontané, plongent, en traçant un arc de cercle dont la tangente est le vallon, jusqu'au pied des filets. Ils se relèvent instantanément pour fuir ; aussitôt la corde de l'arbaletier agite une forte détente, et cette large et haute masse de filets, cédant à la pesanteur d'énormes rochers qui hâtent sa chute par le sommet, tombe sur toute la vaste étendue du col et enveloppe le gibier qui bat encore de l'aile. Un appel de loup, hurlé par l'arbaletier et transmis de poste en poste, est le signal joyeux d'une abondante capture.

Alors on voit déboucher, par tous les angles des rochers, du milieu des troncs d'arbres et dans toutes les directions, une foule de gais chasseurs dont on n'avait point encore soupçonné l'existence. Les uns, armés de fusils, rappellent, mou-

rants du haut des airs; les quelques bisets qui çà et là veulent
regagner leur sauvage liberté ; les autres, se saisissent un à
un des prisonniers qui s'agitent encore sous les filets et leur
tournent impitoyablement la gorge. Le massacre terminé, les
vastes corbeilles d'osiers se remplissent des victimes gisantes
sur la pelouse. Alors tout redevient calme ; les filets se relèvent majestueusement ; le *Col-du-Haut* semble un instant
désert ; chacun à son poste, attend impatiemment l'instant
d'une nouvelle fortune.

Mais si la chasse aux bisets présente pendant sa durée passagère d'un mois quelques-uns de ces tableaux plus ou moins
variés et dont nous venons de hasarder une esquisse, elle
offre encore, le jour de la fête de Saint-Bertrand, un spectacle
autrement pittoresque et intéressant.

Le 16 octobre, à peine l'aurore commence-t-elle à poindre,
que le calme de la nuit des Pyrénées et le silence imposant
et gigantesque des montagnes, sont troublés par la foule
immense d'étrangers qui stationnent depuis la veille ou qui
vont et viennent se réunir aux pieds du Col-du-Haut. Lorsque le soleil commence à briller au sommet de *Kagire*, c'est
déjà un grand jour de fête. La musique des Pyrénées jette
alors ses sons rapides, lents ou saccadés à l'écho qui les répète
à l'infini avec ses différentes fioritures. Les danses sont en
train. Les broches du bon vieux temps des héros d'Homère
tournent le gibier, en plein vent, sur leurs fourches de bois.
La fumée de la cabane, la seule cuisine de ce vaste hôtel qu'on
appelle les *Panthières*, est d'un bon augure à l'appétit des
convives ; et le Vatel de ce Louvre de Gascon, la gentille et
proprette montagnarde offre déjà avec le sourire du laisser
aller et de l'aisance, ses services reconfortants au mylord, à
la dame élégante, au bourgeois, à la duchesse, au député,
à l'industriel, au ministre passé ou futur, à l'homme de lettres, que Bagnères-de-Luchon cède pour un jour au grand
banquet du Col-du-Haut. Certes, si l'égalité des rangs est
quelque part, elle est aux *Panthières*. Point de distinction.
Le gazon et la pelouse servent également de siège et de table

dressée pour tout le monde. On ne dispute là que du bon appétit.

Aussi, quel spectacle plus beau, pour l'observateur, que ces groupes nombreux de gens de toute fortune, de tout sexe et de toute considération, assis pêle et mêle sur le penchant d'une montagne ignorée des Pyrénées ! que ces toilettes riches, modestes, négligées, contrastent bien ensemble dans leurs confusions ! que les plaisirs bruyants du festin et de la danse inspirent alors de tendres sentiments à l'âme innocente! une seule pensée, celle du bonheur se déploie vive et brillante à l'imagination de tous les assistants. Mais la joie commune va être plus complète encore, car ce jour de fête est aussi un jour de chasse. Le son de la corne vient de retentir par trois fois du haut de l'observatoire. Aussitôt le bruit des instruments est suspendu. Les cris, les joyeux ébats cessent instantanément. Chaque convive emporte à la main les restes de son repas interrompu et tout le monde fuit se cacher derrière les rochers où se dérober, à la vue de l'oiseau de passage, dans les bois. Le vallon du col est maintenant désert. Quel silence ! on craint le bruit de son souffle ; on comprime les pulsations du cœur, et chacun, dans une attente impatiente, suit des yeux et des oreilles tous les mouvements et les signaux des *bizetiers*. A chaque rapprochement des bisets attirés adroitement dans le passage et dont la troupe plane, comme un brouillard épais au dessus de toutes les têtes, on trépigne des pieds, on craint, on espère dans une indicible attente.

Ce tourment de la foule curieuse ne cesse que lorsqu'un bruit s'est fait entendre, et que le cri de l'arbaletier a frappé les nues en annonçant la chute des filets. En présence de tant d'innocents captifs, que de sentiments divers s'échappent des cœurs des spectateurs ! Une main douce et blanche soulève lentement la maille et caresse le biset prisonnier ; tandis qu'une main dure et impitoyable le tue. Ici des voix papelardes se jouent du sort malheureux de l'oiseau sauvage ; là, des voix féminines répandent sur lui de tendres regrets ; et souvent on a vu la beauté sensible laisser tomber une larme d'amour en présence de la victime mourante du chasseur. Le plus grand nombre enfin se réjouit de l'abondante capture. Les plaisirs, la danse et les festins recommencent alors de plus belle, pour ne finir qu'à la veillée. A l'heure du soir, la foule s'écoule lentement, et le lendemain tout redevient triste et sublime. Le berger et le bruit du torrent troubleront seuls pendant un an le silence de ces montagnes.

Parmi les *Panthières* que compte le département de la Haute-Garonne dans les Pyrénées, on distingue encore celles du *Col-de-Lazare*, de *Coulerlous* et de *Portet*; mais les Panthières du *Col-du-Haut* ont une plus grande réputation que ses trois rivales, soit par l'affluence d'étrangers qu'elles attirent dans leur site enchanteur, soit par la quantité des bisets et l'adresse des chasseurs qui les distinguent. Le Col-du-Haut est le Longchamp de la chasse dans les Pyrénées.

## II

Analyse des eaux de Siradan, par M. Filhol. — Source saline (du lac). — Comparaison des eaux de Sainte-Marie avec celles de Siradan. — Eaux minérales ferrugineuses. — Eau de la source du chemin. — Analyse de M. Savo, comparée avec celle de M. Filhol. — Différence des deux analyses.

Ainsi que nous l'avons dit plus haut, la situation de Siradan joint au nombre des étrangers qui vont faire usage de ses eaux, en fait un séjour assez vivant et assez agréable pendant la saison des bains. D'ailleurs ce petit village n'est pas déplaisant par lui-même, surtout au printemps et en été.

Alors, en effet, on aime à voir ses jardins, ses vergers entourés de haies vives, et entremêlés de touffes d'arbres et de vignes, dont l'agréable verdure contraste avec les toits de chaume répandus çà et là, qui en font ressortir la fraîcheur. Ajoutez que sa position, à la base des Pyrénées, offre une perspective charmante. Car si l'on porte ses regards du côté de l'orient, on découvre un vaste amphithéâtre auquel la nature et la main des hommes concourent à donner l'aspect le plus diversifié.

Mais sans insister davantage sur sa position si favorable pour la santé, nous devons dire que sa température y est des plus saines et des plus agréables. Ce qui joint à la bonté et à l'excellence des eaux doit attirer l'attention des malades et de ceux dont la santé est délabrée.

Avant de connaître les effets salutaires des eaux de Siradan, nous devons rapporter l'analyse qui en a été faite par le savant M. Filhol, professeur à l'école de médecine et de pharmacie de Toulouse. Nul n'est plus compétent en pareille matière.

Siradan possède des eaux minérales de deux sortes :

1° Une eau minérale saline dont l'analyse n'avait pas encore été faite et qui constitue le lac de Siradan.

2° Plusieurs sources ferrugineuses dont une a été analysée en 1812, par M. Save.

M. Filhol a analysé, 1° l'eau du lac ; 2° une source ferrugineuse qui s'écoule sur un chemin situé au-dessus de Siradan ; 3° il a répété l'analyse de l'eau ferrugineuse déjà analysée par M. Save et appartenant à M. de Sarrieu.

### SOURCE SALINE (Lac de Siradan).

L'eau du lac de Siradan est d'une limpidité parfaite ; elle est sans odeur, sa saveur est légèrement amère ; sa densité prise à la température du 16° centigrade est de 10,024.

Un thermomètre centigrade plongé dans l'eau du lac à une profondeur de plus d'un mètre marquait, après un quart d'heure de séjour dans l'eau, 18°.

Un thermomètre tout pareil placé dans l'air marquait 14°.

Cette eau exposée à l'air conserve sa limpidité ; chauffée elle se trouble légèrement et laisse déposer une très-faible quantité de carbonate de chaux, de magnésie et d'oxide de fer.

Elle ramène lentement au bleu le papier de Tournesol rougi par les acides.

La potasse y produit un précipité blanc.

L'action des divers réactifs employés prouve que l'eau renfermait :

Des Sulfates,
Une trace de Chlorures,
Des Carbonates,
De la Chaux,
De la Magnésie,
De l'Acide carbonique.

En résumant les données que fournit l'analyse précédente, on constate que 10 litres d'eau minérale de Siradan renferment :

| | |
|---|---|
| Acide carbonique. . . . . . . | 0,066 g$^r$ |
| Sulfate de chaux anhydre . . . | 14,828 |
| Sulfate de Magnésie anhydre. . . | 2,780 |
| Sulfate de soude . . . . . . | 0,100 |
| Chlorure de Calcium . . . . . | 0,050 |
| Chlorure de Magnésium . . . . | traces |
| Chlorure de Potassium . . . . | traces |
| Carbonate de Chaux . . . . . | 1,072 |
| Carbonate de Magnésie. . . . . | 0,200 |
| Oxide de fer . . . . . . . | traces |
| Silice . . . . . . . . . | traces |
| Matières organiques . . . . . | traces |
| | 20,000 |
| Perte. . . . . | 0,100 |

Si l'on compare les résultats de cette analyse avec ceux que M. Save a obtenus dans l'analyse de l'eau minérale de Sainte-Marie, on sera tenté de considérer ces deux eaux comme essentiellement différentes, tandis que l'inspection des lieux dans lesquels elles se trouvent situées, porterait au contraire à penser qu'elles ont une origine commune ; cependant cette différence énorme n'est qu'apparente ; et l'eau minérale de Siradan qui, d'après les chiffres que je viens de donner, serait plus pauvre en matière saline que celle de Sainte-Marie, renferme au contraire, ainsi que je vais le démontrer, une quantité plus considérable de sels que cette dernière : peut-être une nouvelle analyse des eaux de Sainte-Marie faite par des procédés susceptibles de plus de précision que ceux qui étaient en usage à l'époque où celle de M. Save fut faite, conduirait-elle à démontrer l'identité de ces sources.

Quoiqu'il en soit je vais tout d'abord placer en regard les résultats obtenus par M. Save dans l'analyse de l'eau minérale de Sainte-Marie avec ceux que j'ai obtenus dans celle de l'eau minérale de Siradan.

### QUANTITÉ D'EAU ANALYSÉE : DIX LITRES.

| SAINTE-MARIE. | | SIRADAN. | |
|---|---|---|---|
| Sulfate de chaux.... | 14,756 g. | Sulfate de chaux..... | 14,828 g. |
| | | — de magnésie... | 3,750 |
| — de magnésie. | 5,426 | — de soude..... | 0,100 |
| | | Chlorure de calcium.. | 0,050 |
| Carbonate de chaux.. | 3,688 | — de magnésium... | trace |
| | | — de potassium... | trace |
| | | Carbonate de chaux.. | 1,072 |
| — de magnésie. | 0,216 | — de magnésie... | 0,200 |
| | | Silice ............ } | |
| Acide carbonique... | 3,255 | Oxide de fer........ } | 0,100 |
| | | Mat. organi. et perte. } | |
| | | Acide carbonique.... | 0,660 |
| | 27,341 | | 20,760 |

Il ressort en apparence de cette comparaison que 10 litres d'eau minérale de Sainte-Marie auraient fourni 3,255 grammes d'acide carbonique, tandis que je n'en ai trouvé que 0,660 grammes, c'est-à-dire environ 5 fois moins que dans celle de Siradan. Mais en examinant le mémoire de M. Save j'ai vu que ce chiffre était purement arbitraire, que M. Save n'avait pas dosé directement l'acide carbonique et que sa quantité ayant été déduite de celle du carbonate de chaux que ce chimiste avait trouvé dans l'eau, une erreur dans la détermination de ce sel pouvait en entraîner une très-grande dans celle de l'acide carbonique.

On remarquera aussi que j'ai trouvé dans l'analyse de Siradan un peu de sulfate de soude qui n'a pas été signalé dans celle des eaux de Sainte-Marie, mais rien ne prouve qu'il n'en existe pas aussi dans cette dernière. Car M. Save ne l'y a pas cherché : j'en dirai autant d'une trace d'oxide de fer et d'une trace de matière organique; d'après M. Save, en effet, les sources de Sainte-Marie ont toutes la même composition, et l'une d'elles, dite Source-Noire, repose sur un fond formé par une boue noirâtre répandant une odeur légèrement sulfureuse. L'eau du lac de Siradan se trouve exactement dans les mêmes conditions. Je dois dire, au reste, que j'ai été étonné de trouver si peu de matière organique dans une eau stagnante en apparence, mais qui se renouvelle cependant d'une manière fort rapide, ainsi que le démontre la constance de son niveau dans toutes les saisons de l'année, même lorsqu'on en retire pour les bains une énorme quantité d'eau.

Si nous comparons maintenant les résultats des deux analyses, nous trouverons que 10 litres de chacune de ces eaux contiennent :

| PRINCIPES MINÉRAUX. | S$^{te}$-Marie. | Siradan. |
|---|---|---|
| Sulfate de chaux cristallisé. | 14,786 gr. | 18,464 gr. |
| — de magnésie cristallisée | 5,426 | 5,662 |
| Carbonate de magnésie. | 0,216 | 0,200 |
| — de chaux. | 3,688 | 1,072 |
| Sulfate de soude. | » | 0,100 |
| Chlorure de calcium. | » | 0,050 |
| Oxide de fer. | » | » |
| Chlorure de magnésium. | » | traces. |
| — de potassium. | » | traces. |
| Perte. | » | 0,100 |
|  | 24,086 | 25,548 |

## EAUX MINÉRALES FERRUGINEUSES.

### EAU DE LA SOURCE QUI S'ÉCOULE SUR LE CHEMIN DE SIRADAN.

Cette source s'écoule sur un petit chemin situé sur la montagne au pied de laquelle se trouve l'établissement de Siradan, et à une très petite distance de ce dernier. L'eau qui se répand sur le chemin se recouvre presque immédiatement d'une pellicule irisée, et ne tarde pas à laisser déposer de petits flocons d'oxide de fer hydraté. Ses propriétés sont les suivantes :

Elle est parfaitement limpide, mais elle ne tarde pas à se troubler au contact de l'air; elle laisse déposer alors un mélange de carbonate de chaux et d'oxide de fer

Sa densité diffère bien peu de celle de l'eau distillée : cette dernière étant 1,0000, celle de l'eau ferrugineuse est 1,0004.

Elle a une légère odeur ferrugineuse.

Sa saveur est styptique.

Dix litres de cette eau, évaporée à siccité dans une capsule de porcelaine à une très douce chaleur, ont donné, 1562 gr. de résidu. Ce résidu a été successivement épuisé par l'alcool, l'eau distillée et l'eau régale.

La partie soluble dans l'eau renfermait donc :

Sulfate de chaux,
— de magnésie,
— de soude.

La portion de sel qui avait résisté à l'action dissolvante de l'alcool et de l'eau fut épuisée par l'eau régale bien pure ; il se produisit une vive effervescence et il resta 0,025 grammes d'une matière insoluble grisâtre, rude au toucher et formée de silice.

En résumé 10 litres d'eau ferrugineuse de Siradan ont donné :

| | |
|---|---|
| Acide carbonique. | 0,289 gr. |
| Chlorure de magnésium. | 0,120 |
| — de calcium. | traces |
| Sulfate de magnésie (anhydre). | 0,108 |
| Sulfate de chaux. | 0,160 |
| — de soude. | 0,030 |
| Carbonate de chaux. | 0,602 |
| — de magnésie. | 0,200 |
| Oxide de fer. | 0,200 |
| Manganèse. | traces |
| Silice, matière organique et perte. | 0,014 |
| | 1,753 |

# EAU MINÉRALE DE SIRADAN,

## ANALYSÉE PAR M. SAVE.

Les propriétés de cette eau sont absolument les mêmes que celles de l'eau de la source précédente.

J'ai versé deux litres d'eau, un peu d'ammoniaque et un excès de chlorure de barjum. La bouteille fut bien bouchée et agitée. Le liquide filtré 24 heures après laissa sur le filtre un résidu qui pesait après avoir été rougi 0,914 ; en faisant toutes les déductions convenables, on trouve que les deux litres d'eau renfermaient d'acide carbonique 0,172 grammes.

En resumant les données précédentes, on trouve que 10 litres d'eau ferrugineuse de Siradan renfermaient :

| | |
|---|---|
| Acide carbonique. | 0,633 gr. |
| Chlorure de magnésium. | 0,102 |
| — de calcium. | traces |
| Sulfate de chaux. | 0,102 |
| — de magnésie | 0,105 |
| — de soude | 0,017 |
| Carbonate de chaux. | 0,149 |
| — de magnésie. | 0,035 |
| Silice. | 0,050 |
| Oxide de fer. | 0,106 |
| — de manganèse. | traces |
| Matière organique et perte. | 0,034 |
| | 1,835 |

Cette analyse diffère beaucoup de celle de M. Save. Elle en diffère surtout par la quantité de fer qui est environ le quart de celle que M. Save avait trouvée dans l'eau de la même source. Je puis cependant garantir l'exactitude du chiffre que je donne; car j'ai apporté un soin scrupuleux dans le dosage du fer. La différence qu'on remarque sur les quantités de sulfates de magnésie et de chaux est plutôt apparente que réelle, car, dans les analyses, ces sels ont été dosés à l'état anhydre, tandis que M. Save a pesé des sels renfermant leur eau de cristalisation. Si l'on fait des calculs nécessaires pour rendre le résultat des deux analyses comparable, on trouve que la différence est moins considérable qu'elle ne le paraît sans cette précaution.

Le sulfate de soude, le carbonate de magnésie et le manganèse ne sont pas indiqués dans l'analyse de M. Save; mais il faut dire aussi que ces sels n'ont pas été cherchés par ce chimiste.

Quoiqu'il en soit, je vais mettre en regard le résultat des deux analyses.

## QUANTITÉ D'EAU ANALYSÉE : DIX LITTRES.

| PRINCIPES MINÉRAUX. | ANALYSE DE M. SAVE. | ANALYSE DE M. FILHOL. |
|---|---|---|
| Acide carbonique. | 0,833 gr. | 0,653 gr. |
| Chlorure de calcium. | » | traces |
| Chlorure de magnésium. | 0,025 | 0,102 |
| Sulfate de magnésie. | 0,296 | 0,214 |
| — de chaux. | 0,197 | 0,340 |
| — de soude. | » | 0,017 |
| Carbonate de chaux. | 0,394 | 0,449 |
| — de magnésie. | traces | 0,055 |
| Oxide de fer. | 0,420 | 0,106 |
| Manganèse. | » | traces |
| Silice. | 0,025 | 0,040 |
| | 2,245 | 2,199 |

L'eau de la source qui s'écoule sur le chemin à Siradan, est évidemment plus riche en fer que celle qui s'écoule sur la propriété de M. de Sarrieu ; c'est ce qui ressort clairement de la comparaison suivante.

## QUANTITÉ D'EAU ANALYSÉE : DIX LITRES.

| PRINCIPES MINÉRAUX. | EAU DE LA SOURCE de M. de Sarrieu. | EAU du CHEMIN. |
|---|---|---|
| Acide carbonique. | 0,633 gr. | 0,289 gr |
| Chlorure de calcium. | traces | traces |
| — de magnésium. | 0,102 | 0,120 |
| Sulfate de magnésie. | 0,214 | 0,108 |
| — de chaux. | 0,340 | 0,160 |
| — de soude. | 0,017 | 0,030 |
| Carbonate de chaux. | 0,449 | 0,602 |
| — de magnésie. | 0,055 | 0,200 |
| Oxide de fer. | 0,106 | 0,200 |
| — de manganèse. | traces | traces |
| Silice. | 0,050 | 0,042 |
| | 2,199 | 2,149 |

Il résulte évidemment de ces analyses que les trois sources dont je viens d'indiquer la composition chimique, sont riches en matière saline, et tout porte à penser que celle du lac doit jouir de propriétés médicamenteuses, analogues à celles des eaux minérales salines de Sainte-Marie, Capvern.

Quant aux sources ferrugineuses l'expérience a déjà démontré leur incontestable efficacité.

# III

Propriétés médicinales des eaux de ~~dan~~. — Guérison de diverses maladies. — Description du nouvel établissement. — Avantages qu'on y retrouve. — Fin de la notice.

« Les eaux de Siradan, a dit un célèbre médecin moderne, sont bien évidemment toniques et purgatives. Elles augmentent les forces radicales de chaque organe affaibli en particulier, et de toute l'économie en général.

« Elles jouissent d'une spécificité d'action bien marquée sur les organes abdominaux, et possèdent la propriété d'activer la circulation de ces organes, et surtout celle des vaisseaux hémoroïdaux et de la matrice.

« Leur spécificité d'action sur le système abdominal est prouvé par la circonstance d'agir sur ce système, lors même qu'on n'en fait usage qu'en bains. Car alors encore, elles purgent et poussent par urines, longtemps après qu'on est sorti du bain. »

Ainsi, d'après l'opinion de notre docteur et par les faits de l'expérience, les eaux de Siradan prises dans l'état de santé donnent plus d'appétit, de force et d'agilité sans produire aucun symptôme de surexcitation. Outre leur propriété tonique, ces eaux possèdent encore une vertu, en quelque sorte spécifique, pour ramener l'action vitale de la matrice à son type naturel. Ainsi, elles réussissent à faire reparaître les menstrues supprimées, à les modérer quand elles sont trop abondantes et à les régulariser quand elles s'écartent de l'ordre naturel dans leurs retours. Ce qui se réduit à dire que la propriété de ces eaux ramène la matrice à son état normal et à la condition vitale qui préside à l'exercice régulier de ses fonctions.

Les eaux de Siradan sont encore efficaces contre les ophtalmies dont le fond est la faiblesse, ou qui sont entretenues par le mauvais état des premières voies. Aussi, cette propriété tonique les rend-elle très utiles dans les catharres les plus aigus ; contre des toux invétérées ; contre l'asthme humide et l'état glaireux. Mais c'est surtout contre le catharre de la vessie que ces eaux sont efficaces; elles agissent également par une véritable action de spécialité ou plutôt de spécification sur le système abdominal.

Il n'est pas rare, en effet, de voir des malades qui ont fait usages de remèdes pharmaceutiques, contre ce qu'on appelle faiblesse, relâchement de l'estomac ou des intestins, et n'en tirer aucun avantage ; tandisque souvent, après quinze jours de boissons des eaux de Siradan, l'appétit revenait, les digestions s'amélioraient et les forces reprenaient leur cours. Nous pourrions citer plusieurs exemples en faveur de cette vérité. Les affections du foie, des reins et la jaunisse ont cédé et cèdent tous les jours à l'usage de ces eaux.

Les eaux de Siradan agissent sur l'estomac, comme nous l'avons vu, et sympathiquement sur le foie, ne pourraient-elles pas être efficaces, dans certains cas de constipation, dépendant d'un défaut de sécrétion de la bile, par l'inertie de l'organe hépatique ? N'est-ce pas là une présomption favorable relativement aux bons effets de ces eaux dans divers cas ? Quant à leurs effets sur le sang hémorroïdal, et à leur efficacité sur les dérangements menstruels ; cela est incontestable. Pas de femme, en effet, dans le pays, qui, venant à éprouver une suppression, ne se mette à leur usage, et n'obtienne une guérison certaine.

Avant d'en finir sur les propriétés des eaux de Siradan, nous devons dire que le nombre des malades qui ont été guéris par leur emploi, augmente tous les jours. Il est à espérer qu'avant peu d'années, ces eaux auront toute la réputation à laquelle elles ont tant de droits à prétendre.

Il faut dire, au reste, que le propriétaire du nouveau établissement n'a pas peu contribué à leur renommée. Avant que M. Dosset, maire de Siradan, n'eut contribué à l'embellissement de ces eaux, le village n'offrait que peu de logements aux étrangers, aux visiteurs et aux malades. Le besoin d'exercice et le défaut des promenades sur les lieux, faisaient que les baigneurs ne fréquentaient que rarement ces eaux qui, comme on voit, se recommandent à l'intérêt public par tant de titres.

Aujourd'hui, par les soins ingénieux et les dépenses sagement calculées de M. Dosset, un élégant édifice est venu se substituer aux vieilles maisons qui servaient de retraite et de domicile aux baigneurs. Le nouvel établissement est un carré long de vingt pas de façade environ sur une huitaine de profondeur. Il est bâti tout près de la source minérale et à quelques mètres de l'église communale. Un jardin anglais, disposé pour le plaisir et l'agrément des promeneurs, s'étend contigu à l'établissement, qui d'ailleurs ne laisse rien autre chose à désirer.

Dans l'intérieur de l'édifice et sous un vestibule se trouvent rangés des cabinets destinés pour prendre des bains, garnis de baignoires élégantes et commodes. Chaque baignoire a deux robinets : l'un pour l'eau froide, et l'autre pour l'eau chaude, dont on prend à volonté. Chaque cabinet est spacieux pour contenir deux chaises et une table. Les murs, extérieurement et intérieurement, sont recouverts d'une couche de chaux qui donne à tout l'édifice un aspect qui flatte agréablement la vue. Un toit d'ardoise, symétriquement arrangé, ajoute encore à cet effet.

Telles sont les parties qui constituent aujourd'hui l'établissement de Siradan. Mais ce n'est là qu'une partie de ses avantages et de ses agréments. Le propriétaire a voulu, en outre, que le service particulier des étrangers qui viennent prendre les eaux ne laissât encore rien à désirer. A cet effet, il tient à leur disposition, dans le nouveau bâtiment, des chambres meublées, les unes avec propreté, les autres avec élégance, et dont le prix varie selon leur impatience, afin d'être mises à la portée de toutes les fortunes.

Un médecin distingué du pays attaché au service médical de l'établissement, un traiteur qui y tient table d'hôte dans une salle spécialement affectée à cette destination, sont des avantages qui seront appréciés par les baigneurs ; une salle de billard avec café, une bibliothèque assortie au goût de tous les habitués des bains, des journaux avec un salon pour la lecture, des chevaux de course en nombre suffisant pour les promenades aux environs, sont des améliorations opérées par les soins de M. Dosset, qui a voulu donner à son établissement une incontestable réputation de bien-être jointe à l'efficacité déjà bien reconnue des eaux de Siradan. Ce *confort* et ce bien-être rivalisent, au reste, avec le *confort* et le bien-être qu'on est accoutumé à trouver dans les villes populeuses qui depuis longtemps ont le privilége d'attirer toutes les classes de la société.

FIN DE LA NOTICE SUR SIRADAN.

# LES BAINS D'ENCAUSSE

ET

## LE PAYS DU NÉBOUZAN.

### I

Situation du lieu d'Encausse. — Pays des *Onebuzates* ou Nébouzan. — Sa position géographique. — Historique de ce pays. — Ancienne réputation des eaux de ces contrées. — Saint-Gaudens, Aspet, Izaut, Malvesie, etc. — Opinion des auteurs anciens sur cette contrée.

Le village d'Encausse est situé sur la petite rivière appelée le Jors, à deux kilomètres environ de la route qui conduit de Saint-Gaudens à Aspet, dans un vallon délicieux qui s'étend aux pieds des montagnes de Sauveterre, de Malvesis et de Kagire. C'était autrefois une des plus importantes chatellenies du comté du Comminges. Il formait sous le rapport du spirituel un Archiprêtre des mieux rentés du diocèse.

Il est peu de contrées qui, dans un espace aussi resserré, soient aussi remarquables, au point de vue historique, que celle qui comprend l'ancien territoire de la baronnie d'Aspet. On y retrouve à chaque pas, les traces de monuments d'une haute antiquité. Enclavée dans le petit pays du Nébouzan, la vallée d'Aspet était distinguée par la fertilité du sol, par l'industrie et surtout par la bravoure de ses habitants.

Quelques détails suffiront pour faire bien apprécier l'importance historique du pays d'où dépendait le village d'Encausse.

Les auteurs qui nous ont fait connaître la grande ligue

des *Convenæ*, anciens fondateurs de *Lugdunum Convenarum*, aujourd'hui Saint-Bertrand de Comminges, ont divisé ces peuplades en trois tribus ainsi désignées: les *Garumni*, les *Arevacci* et les *Onebuzates*. Les premiers auraient habité tout l'espace compris sur la rive gauche de la Garonne entre sa source et le petit pays de Rivière, c'est-à-dire, depuis l'extrémité de la vallée d'Aran jusqu'à Valentine. Les *Garumni* auraient été donc, aux pieds des Pyrénées, une tribu celtique assez répandue avant l'invasion romaine.

Les *Arevacci* dont parle saint Jérome à propos de la fondation de *Lugdunum Convenarum* par des tribus errantes que Pompée contraignit à se réunir en communauté, d'où l'origine de saint Bertrand, se maintinrent, sous la domination romaine, dans ces montagnes en conservant leur nom. La petite contrée d'*Arbas* leur aurait emprunté sa dénomination. De sorte que quelques historiens, en conformité de la similitude qui existe entre ces deux noms, *Arevacci* et *Arbas*, et s'autorisant d'ailleurs, de plusieurs découvertes récentes, ont supposé que cette tribu occupait tout l'espace compris, sur la rive droite de la Garonne, entre les cantons de Saint-Béat et de Salies; c'est-à-dire le territoire du canton d'Aspet.

Quant aux *Onebuzates* dont parle Pline, selon l'opinion la plus accréditée parmi les historiens modernes, ils auraient occupé le territoire qui fut appelé plus tard le Nébouzan, petit pays dont Saint-Gaudens était la capitale. Il avait cinq lieues de long et trois lieues de large, disent les anciens géographes; il était, de plus, un pays d'états, c'est-à-dire s'administrant lui-même. Quelques détails à ce sujet, ne seront pas inutiles et pourront avoir quelque intérêt pour nos lecteurs qui viennent visiter les eaux d'Encausse.

Le Nébouzan dont le territoire était si borné, puisqu'il n'embrassait, du levant au couchant que l'espace qui s'étend depuis Martres jusqu'aux bains de Capvern, et du nord au midi, depuis l'Ile-en-Jourdain jusqu'à Pointis et Encausse, était classé au nombre des pays d'états. On appelait de ce nom ceux qui votaient, en assemblée générale, composée des membres du clergé, de la noblesse et du tiers, les subsides demandés par le gouverneur de la province, au nom du roi. Ces états se réunissaient tous les deux ou trois ans à Saint-Gaudens, capitale du Nébouzan, étaient présidés le plus souvent par l'abbé de Bonnefond (1). Les communes fournissaient un nombre de députés fixe d'après leur importance, leur étendue et le chiffre de la population évaluée d'après les feux.

Il est à remarquer, lorsqu'on étudie l'histoire avec soin, que les pays qui semblent avoir été favorisés de ce genre d'administration particulière, pendant le moyen-âge, ne devaient cette distinction signalée ou plutôt ce privilège qu'à une importance historique déjà bien établie. Le régime des états n'était donc qu'un reste du droit municipal qui survivait depuis l'époque de la domination romaine.

Il serait facile d'établir, d'après les chartes qui nous restent, un système de comparaison entre l'administration de la curie romaine et celle qui régissait certaines cités des Convènes, au point qu'on pourrait se convaincre que ces dernières n'avaient conservé, dans leurs organisations politiques et civiles, que les traditions latines.

Ainsi, la Curie représente la Cité. La première avait son conseil municipal dont les membres ou décurions étaient choisis parmi les principaux habitants du lieu. La seconde composait, par la voie de l'élection, un conseil formé des plus notables de la ville, connus sous les noms de *Notables, Cossols,* etc.

Les Décemvirs dont l'autorité était annuelle, jouissaient d'une grande considération dans la ville, les *Cossols* du Nébouzan et du Comminges étaient entourés d'une estime signalée ; leur autorité s'élevait de pair avec l'autorité seigneuriale et, dans plusieurs circonstances, dominait cette dernière.

C'est ainsi qu'aucun conseiller ni consul de la ville ne pouvait être traîné en prison ; mais s'il était reproché des méfaits à quelqu'un d'entr'eux, il se constituait lui-même

(1) Voir notre histoire des populations Pyrénéennes, du Nébouzan et du pays de Comminges, tome I, aux notes p. 451 et seq.

prisonnier dans une maison de la ville, en attendant d'être jugé par ses pairs.

Les consuls avaient des places réservées, soit à l'église, soit dans les assemblées publiques. Dans toutes les cérémonies un banc d'honneur leur était préparé.

Les Décemvirs composaient un tribunal qui avait la connaissance de toutes les affaires de la curie ; ils présidaient à l'administration au nombre de quatre magistrats. Les consuls étaient aussi au nombre de quatre ; ceux de Saint-Gaudens exerçaient la justice haute, basse et moyenne et ceux d'Aspet étaient « *juges en tolz causa civil et criminal.* »

Ainsi existe-t-il une parfaite ressemblance, sous le rapport politique, administratif et même financier, entre la constitution intérieure des cités du Comminges et la curie romaine. Il faut donc croire que les traces de cette civilisation romaine s'étaient empreintes bien profondément dans l'esprit et les mœurs des populations de ces montagnes, puisque ni les Wisigoths, ni les Franks, ni la féodalité, ni la royauté, en un mot, tous les maîtres comme tous les gouvernements qui se sont succédés les uns aux autres, jusqu'à nos jours, n'ont pû les effacer entièrement.

Au reste, en traçant une analyse rapide de l'existence historique des localités qui environnent Encausse, nous aurons une idée de la haute importance qui s'est attachée aux destinées de cette contrée, dans les temps anciens. Les monuments du passé se présentent en foule à nos recherches. Si nous portons nos pas vers la capitale du Nébouzan, nous trouvons sur notre route *Lespiteau* dont le nom indique qu'autrefois il avait été un de ces lieux de refuge, connus sous la désignation d'hospices qui servaient de retraite aux voyageurs et aux infirmes, comme on en trouvait plusieurs dans les Pyrénées. Ce vallon qui de l'*Espitaou* se prolonge vers la Garonne jusqu'en face *Stancarbon* a servi de passage à l'armée de Gondewald poursuivi par Gontran, lorsqu'il allait s'enfermer dans *Lugdunum Convenarum* pour y soutenir un siège qui devait amener la mort du prétendant de la première race et la destruction de la cité romaine. De l'autre côté de la Garonne, s'élève en forme d'amphithéâtre, une autre cité qui a bien aussi ses titres de gloire qu'il ne sera pas inutile de connaître.

Saint-Gaudens, selon les documents les plus authentiques, date sa fondation du commencement du IXe siècle. A cette époque les tribus qui composaient les populations Interno-Pyrénéennes n'avaient point perdu encore l'esprit de leur origine, leur caractère primordial. Jusqu'alors aucune transformation sérieuse ne s'était opérée dans la nationalité des habitants de ces montagnes. Le Vascon et l'Aquitain étaient encore purs de tout contact étranger, de toute fusion anti-originelle ; ils se maintinrent donc tous les deux, chacun dans sa nature propre. Saint-Gaudens, placé comme une bonne fortune, au confluent de cette double population, participa également à leur double influence.

D'après le texte lui-même de la grande charte qui fut le code politique de la cité, il est certain que la ville de Saint-Gaudens a été exclusivement féodale. Ainsi, en l'année 1203, Bernard, comte de Comminges, faisant à ses habitants de nombreuses concessions territoriales, leur rappelle qu'ils en étaient redevables aux bons et fidèles services rendus à leurs *maîtres*.

Si Gaston de Foix qui les réunit à son domaine, en 1334, leur octroya des franchises, ce ne fut que comme gardes des limites et frontières de sa suzeraineté du côté de l'Espagne. Toujours des motifs de servitude rattachèrent la ville à ses seigneurs et maîtres. « Voulons que la création et élection des consuls de ladite ville soit faite suivant les règlements par nous faits ; » Telle est la première pensée qui présida à la formation des institutions qui régissent Saint-Gaudens. En outre, les conseillers de la ville devaient être des plus qualifiés. Les quatre consuls et les vingt-quatre conseillers étaient élus, tous les ans, par les bourgeois des quatre quartiers. Ne pouvaient être électeurs : les charcutiers, les bouchers, les maréchaux et les corroyeurs, comme de gens de vile et abjecte condition.

Les règlements étaient plutôt seigneuriaux que municipaux. On trouve, au reste, dans la grande charte, les dispositions suivantes:

« Les quatre consuls seront nommés pour l'entretien de la
« justice, le service de leur prince et seigneur vicomte.

« En la cour du Sénéchal, le bâton du seigneur sera porté
« en signe d'une juridiction absolue.

« Le juge seigneurial tiendra la droite au conseil ; il sera
« assis sur une chaire en lieu *éminent* et *honorable*, et aura
« la préséance sur les consuls. »

Le sceau de plomb des marchands drapiers, ingénieusement inventé par Gaston de Foix, en 1418, équivalait au droit fiscal du timbre ; — Les enseignes du comte seigneur servaient de lignes d'octroi pour les contributions indirectes, sur toutes les avenues de la ville. A peine *la cloche* des armoiries était-elle tolérée, comme signe légal, sur les actes purement civils. Il n'était point, en un mot, jusqu'aux constructions publiques, telles que places, bancs, prisons qu'on ne pût établir sans les soumettre préalablement au contrôle d'une autorité supérieure.

Lorsqu'en 1534, Gaston de Foix, commença à distraire Saint-Gaudens du comté du Comminges pour en faire la capitale du Nébouzan, sa destinée politique ne fut point, en cela, plus améliorée. Alors s'ouvrit, pour la ville, une ère de malheurs qui la firent tomber successivement de la maison de Foix au pouvoir de la couronne de Navarre ; et de celle-ci aux mains des rois de France, non sans avoir éprouvé auparavant tous les désastres qu'entraîne avec elle la guerre civile et les guerres de religion. Pillée d'abord par les Anglais sous Jeanne, reine de Navarre, en 1563, elle éprouva de la part des Huguenots tous les malheurs d'une ville prise d'assaut.

Le comte de Montgommery, chef du parti réformé contre les catholiques qui occupaient presque tout le pays du Béarn, « partant du Quercy vint en Rouergue, passe la Save et « l'Ariège, et gaignant les monts Pyrénées, faict passer la

» Garonne à ses trouppes par Saint-Godens qu'il saccagea et
» pilla (¹). » Plus tard, sous la fronde, le marquis de Villars,
en haine du parti du roi que les habitants ont *toujours embrassé et soutenu;* la ville fut pleine de garnisons étrangères.
Il n'est point jusqu'aux guerres malheureuses de Louis XIV
qui ne lui aient fait éprouver des charges onéreuses par le
cautionnement forcé qu'établissaient à Saint-Gaudens plusieurs régiments de cavalerie, et notamment la compagnie
du duc de Noailles.

En dépit de ces désastres, la ville de Saint-Gaudens n'en
est pas moins aujourd'hui une des plus jolies, des plus belles
et des plus agréables du département.

A l'opposé de Saint-Gaudens et presque à égale distance
d'Encausse, dans le fond d'un vallon, existe une autre cité
qui plus heureuse que la capitale du Nébouzan, n'aliéna jamais sa liberté. C'est la petite ville d'Aspet dont nous voulons
parler.

Située sur un plateau qui domine deux vallées dont il semble
en défendre l'entrée, Aspet remonte par sa fondation vers le
X<sup>e</sup> siècle. Formé d'une de ces peuplades errantes qui, à cette
époque, sous le nom de bandouliers servaient la cause de
l'indépendance contre les Franks et Charlemagne, Aspet ne
fut primitivement qu'une bourgade mobile ou un camp de
refuge. Mais lorsque l'Aquitaine vit régner sur elle un prince
national, la bourgade qui vivait d'abord de la vie de famille,
se façonna insensiblement à la vie civile. Ses habitants élevèrent des remparts, régularisèrent une garde armée et créèrent
des magistrats annuels.

La petite république s'agrandit d'autant plus rapidement,
qu'éloignée du centre du gouvernement ducal, elle resta
étrangère aux querelles politiques de cette époque. D'ailleurs,
dans son indépendance native, peu lui importait un roi
Frank ou Aquitain, à elle, qui n'avait à faire ni de l'un, ni de
l'autre? N'avait-elle point et sa langue et son code municipal?

(1) Mémoires de Montluc, page 331.

Avec l'une, elle continuait ses relations commerciales dans les vallées espagnoles; avec l'autre, elle assurait sa tranquillité intérieure.

Aspet poursuit ainsi l'exercice de sa liberté, pendant deux siècles, se formant une propriété et des relations extérieures que nul étranger ne s'avisa, jamais de contrarier. Aussi le pouvoir seigneurial en élevant son château en face de la commune, respecta, malgré lui, sans doute, les franchises de la municipalité, et se vit obligé de reconnaître, sous le nom de priviléges, un droit coutumier dont les habitants jouissaient depuis la fondation de leur ville.

On vit alors dans l'espace de quelques toises se développer, au XIIIe siècle, le germe d'une civilisation qui nous étonne aujourd'hui et qui était commune à toutes les cités interno-pyrénéennes. Qu'on imagine, sous l'empire de la politique des seigneurs, une ville avec ses hauts remparts, ses troupes bourgeoises faisant les guet et une administration municipale fortement organisée; des citoyens nommant en assemblée publique quatre consuls annuels et les renouvelant par l'élection; des terres, des forêts et des possessions communales affranchies de tout impôt, et exemptes de la moindre taxe féodale; la juridiction du seigneur sans action sur les citoyens de la petite république; un délit commis sur les terres du château ne pouvant être réprimé que par les juges de la cité; les successions sans héritiers acquises à la commune; en un mot, un sol respecté comme étant la propriété de l'homme, tandis que partout ailleurs l'homme était la propriété du sol; qu'on s'imagine tout cela, et l'on aura l'idée générale d'une constitution parfaite.

On conçoit maintenant toute la fierté de ces citoyens qui marchaient de pair avec le baron du lieu; qui établissaient des impôts sur les étrangers; qui avaient leurs foires, leurs marchés et leurs revenus; qui parlaient un idiome particulier dans lequel étaient écrits, sur parchemin, leur charte, leurs lois civiles et criminelles et leurs règlements de police; et qui enfin, osaient déployer aux vents leurs bannières, à l'emblême du soleil à son midi, avec cette inscription superbe : le *soleil regarde Aspet* (1). Image sublime de la puissance et de la situation topographique de la ville.

Ce caractère indépendant de la cité d'Aspet, pris à son origine, se poursuivit à travers le moyen-âge, affronta, sous le despotisme, la juridiction du parlement et se posa comme un géant aux états-généraux de Toulouse avec son Député-Consul. Quelques extraits empruntés à ses diverses chartes, nous feront mieux connaître quel était l'esprit de ses institutions.

Dans une enquête qui fut ordonnée, en 1441, nous trouvons les faits suivants par lesquels il est dit :

« Que la ville d'Aspet, sise dans les monts Pyrénées, est la capitale et la seule close de toute la baronnie, où se tiennent les marchés et foires le long de l'année, où traffiquent et négotient tant Français qu'Espagnols, comme estant la dite ville dans les enclaves du pays des Passeries convenues entre les dits Français et Espagnols, et une des premières villes qui font front aux Espaignes, selon l'entretien de la fortification de laquelle, en cas de trouble, elle pourrait porter quelque avantage aux dits Espagnols... »

« .... que d'un temps immémorial ils sont exempts d'avoir et recognoistre dans leur ville, chatellennie et baronnie, aucun gouvernement particulier et qu'ils sont en reste possession, immunité et exemption de garder et défendre leur cité et le pays par guets, gardes et consuls.... »

Nous lisons dans un autre titre rédigé en forme d'articulat la déclaration suivante :

« Dit le syndic que par cy-devant, il a suffisamment remonstré et fait voir avec quels titres et causes et légitimes considérations, la dite ville et consulat d'Aspet possède et a possédé, et jouy de tout temps immémorial, tous les privilèges, franchises libertés, biens, possessions et autres droits qu'elle a.

« Met en fait positif et véritable, qu'en la baronnie d'Aspet,

(1) Voici la devise latine : *Sol aspicit Aspetum*.

qui est de grande estendue, il n'y a autre ville ni place-forte autre que la ville d'Aspet, en laquelle toute justice s'exerce, et en laquelle les Espagnols, à cause de l'accord des passeries, trafiquent ordinairement.

« Soustient que conformément à leurs titres et ce en considération, les habitants de la dite ville et Consulat sont tenus à l'entretien des murs, pavez, chaussiès, fontaines, portes et de tenir une lampe ardente devant la chapelle du très saint Sacrement de l'autel et d'autres charges, de tirer les droits de gabelle, etc., de quoi ils ont jouy *de tout temps dont n'est mémoire de contraire.*

« Soustient aussi qu'estant es-pays montagneux, désert et stérile, et les terres qui s'y labourent de très petit rapport qu'en cette contemplation par concession faicte à la ville de la *fondation d'icelle*, par le S<sup>r</sup> baron et ses successeurs, la dite ville et Consulat a esté entretenue et a jouy de toute mémoire d'homme de l'usage de bois, forêts, etc., de quoi ils ont fait voir leurs titres. »

Il était difficile, comme on voit, de trouver une contrée qui eut des libertés si larges et qui luttât avec autant de persistance pour la défense de ses droits contre les prétentions insolentes de la féodalité. Cet esprit de résistance ne pouvait certainement qu'être inné chez ces courageux descendants des *Arevacci*, dont le caractère revit encore, dans le canton d'Aspet, avec tant d'originalité.

Après Saint-Gaudens et Aspet, Valentine est le bourg le plus important qui avoisine Encausse. Ces trois localités forment par leur situation géographique, un espèce de triangle au milieu duquel se trouvent situés les bains d'Encausse. On arrive, au reste, à Valentine, en suivant la route qui traverse le village, passe à côté de l'église et se dirige vers le lieu de Aspret assis sur le penchant du côteau qu'elle coupe en deux. Arrivé sur le plateau qui domine le vallon d'Encausse, on apperçoit Valentine au fond du côteau opposé et vers laquelle on se dirige en descendant un chemin entretenu avec soin.

La voie romaine qui partait de Toulouse pour aller à

*Lugdunum Convenarum* (Saint-Bertrand de Comminges) passait à Valentine. Voici quel était son tracé. De Toulouse elle se dirigeait vers Seysses et traversait Lavernose. De ce lieu, elle s'approchait des bourgs de Saint-Julien, arrivait à *Calagorris* (Martres) et se continuait jusqu'à l'Escalère près Saint-Martory et touchait à l'Estelle.

Sur le bord de l'ancienne voie, entre ce dernier village et Beauchalot, on remarque encore aujourd'hui un obélisque ou *niche sacrée* très-bien conservée.

De Beauchalot, la voie se dirigeait vers Stancarbon où Gondewald, poursuivi par l'armée de Gontran, passa le fleuve. Elle s'approchait ensuite du lieu où est Saint-Gaudens à l'endroit appelé Pujament. De là, elle se continuait jusqu'à Valentine d'où elle arrivait à Labarthe-de-Rivière en traçant une ligne droite. On voit auprès de Labarthe deux obélisques entièrement semblables à celui de Beauchalot.

La voie romaine se continuait ensuite vers Ardiège et Cier-de-Rivière, entre le premier village et celui de Martres. Ces lieux sont renommés par les découvertes qu'on y a faites. A Ardiège on voit les restes d'un aqueduc romain ; et M. Sirmond y trouva les premières inscriptions qui ont fait connaître plusieurs divinités celtiques. De Cier-de-Rivière, la voie obliquait vers la gauche et traversait ensuite la Garonne au point qui porte actuellement le nom de pont de Labroquère ; elle aboutissait ensuite à l'extrémité de la ville basse de *Lugdunum*. C'est à Labroquère qu'on trouve une colonne millidire, érigée avant l'an 247 et dédiée à l'empereur Philippe, à Marcia-Otacilia-Severa, son épouse, et au jeune Philippe leur fils.

On ne peut donc disconvenir que la plaine qui s'étend depuis Valentine jusqu'au Baïsort, appellée autrefois le pays de Rivière, et que Valentine elle-même n'aient été d'une grande importance historique, dans tous les temps anciens. Selon une opinion généralement accréditée Valentine qui n'est plus qu'un bourg était jadis une ancienne ville. Des restes de murs d'enceinte et deux portes qui existent encore semblent confirmer cette opinion. Son nom lui vient, dit-on, de l'empereur Valentinien qui la fonda en 352. Il nous suffira donc pour le moment de constater sa haute antiquité et de reconnaître que son voisinage d'Encausse est un fait acquis en faveur de la réputation de cette dernière localité.

Quoiqu'il en soit, le territoire d'Encausse est situé dans une contrée où les monuments de la plus haute antiquité abondent de toutes parts. A Izaut-de-l'Hôtel, on a découvert une statue d'Isis, déposée au Musée de Toulouse, qui témoigne que cette divinité qui a donné son nom à ce village était adorée dans ce coin des montagnes. A Malvésies, on remarque un tombeau avec les restes d'une inscription romaine (1). Partout, aux environs, on retrouve quelques débris qui rappellent le souvenir des époques celtiques ou romaines. C'est ainsi qu'on rencontre une infinité de tours Ibériennes qui ont survécu aux ravages des temps.

Voici les noms des principales qui correspondaient entr'elles et qui servaient de signaux : les tours d'Aspet, d'Encausse, d'Izaut, de Montespan, d'Estadens, de Saint-Martory, d'Aussung, etc. Il est à remarquer que chacune de ces tours domine une plaine qui a été, dans les temps anciens, un centre particulier de population. Il serait même facile aujourd'hui d'assigner une circonscription de villages dépendants de leur centre de domination.

Ainsi les vallées du Thou, du Gier et du Soeil étaient situées dans une position de dépendance aux pieds de la tour d'Aspet qui leur commandait. Celle d'Encausse domine la plaine où se trouvent ses bains et le territoire de l'Hespitaou et de Souech. La tour d'Izaut règne sur toute la vallée qui porte son nom et qui s'étend depuis Kagire, jusqu'aux bains d'Encausse, d'un côté, et jusqu'à Arguénos, de l'autre. Le vallon qui domine la rive droite de la Garonne, aux pieds de Montespan, comme celui qui, vers le midi, se dessine en se dirigeant vers

(1) Voir notre histoire des populations pyrénéennes, etc., t. II, aux notes.

le bassin de Saint-Martory, sont, tous deux, sous la dépendance
de la tour qu'on voit s'élever au-dessus des flots de la Garonne. De sorte qu'il semblerait que chaque tour a été placée
spécialement dans ces endroits pour servir de centre à un certain
nombre de tribus ou de familles qu'elles étaient destinées à
protéger et à défendre.

Il faut donc conclure qu'en ces lieux, comme dans ceux qui
avoisinent ces tours, s'élevaient autrefois des maisons et des
habitations nombreuses.

## II

Faits particuliers concernant Encausse. — Son existence féodale.
— Château des Seigneurs du pays. — Découverte de ses eaux.
— Écrivains qui en ont parlé. — Origine de la réputation des
eaux d'Encausse. — Premiers établissements. — Analyse des
eaux par M. Filhol. — Leurs vertus Thérapeutiques. — État
actuel de l'établissement des bains. — Divers embellissements
opérés tout récemment. — Avenir des bains d'Encausse.

Les monuments les plus anciens, dans lesquels il est fait
mention du lieu d'Encausse, sont un recensement capitulaire
des paroisses du diocèse de Comminges, de l'année 1315; un
procès concernant la dîme des foins qui s'éleva, entre les ha-

bitants et l'Archiprêtre d'Izaut, en 1341 ; et la fondation du château qui remonte, au moins, vers le XI° siècle.

Nous dirons quelques mots sur les deux premiers titres, après être entré dans quelques détails sur ce dernier monument.

Le château d'Encausse était bâti sur un monticule très escarpé, en face du village et n'était accessible que du côté du levant. S'il faut en juger par ses ruines et surtout par les fondements qui en dessinent le plan, il consistait en un sol spacieux et en une tour carrée qui subsiste en entier, adossée à la partie occidentale de l'édifice qui en dépassait les murs de la moitié de la hauteur au moins. Au côté méridional de cette tour, on voit les restes d'un massif en maçonnerie, qui servait jadis de point d'appui au pont-levis qui conduisait à la porte d'entrée du château. Celle-ci était placée bien plus haut que les fossés. La construction, le style de l'édifice et son ensemble donnent à sa fondation une date fort reculée.

Nous trouvons, en effet, que dans la guerre qui eut lieu en 1080, entre Centule 1er, comte de Bigorre, du chef de sa femme Béatrix, et Sanche, vicomte de Labarthe, son vassal, celui-ci, vaincu par son suzerain, se soumet à subir un jugement pour son chef, soit au château d'Encausse, soit ailleurs. En 1232, Bozon de Matas, en discussion avec Bernard de Comminges, au sujet des droits de Pétronille, femme du premier, sur la succession du Comminges, livre le château d'Encausse, pour assurance de son adhésion au jugement des arbitres choisis par les parties intéressées.

En 1300, le château d'Encausse renferme une garnison commandée par le vicomte Pierre-Arnaud qui pousse fort loin ses expéditions contre les troupes du roi de France. Ainsi, sa fondation remonterait-elle au moins, au temps de Bernard 1er, comte du Comminges, c'est-à-dire au XI° siècle, peut-être même à une époque plus éloignée. Il est à présumer en effet, qu'ainsi que tous les autres châteaux dont on voit encore aujourd'hui les ruines, il fut le résultat de l'organisation politique du pays, et qu'il faut en fixer l'origine à celle de la féodalité, ou au moins à l'érection du Comminges en comté héréditaire, au IX<sup>e</sup> siècle.

Comment se passer de forteresses dans des temps où on avait à se prémunir contre les irruptions assez fréquentes des peuples voisins ; dans les temps où, pour prélever des redevances féodales, les seigneurs étaient forcés de stipendier des gens armés ; dans des temps, enfin, où l'on voyait souvent éclater des guerres, non seulement entre suzerains mais encore entre ceux-ci et les feudataires eux-mêmes ? C'est en 1567, c'est-à-dire à l'époque des guerres de religion auxquelles Montluc et Montgommerie donnèrent un caractère si atroce, que le château d'Encausse après avoir soutenu un siège de six semaines, pendant lequel *l'eau du puits qui était au dehors du chastel et les citernes qui étaient dedans seschèrent*, contre un parti protestant commandé par Jean Guilhem de la vallée d'Aure, fut démoli de fond en comble. La tour, seule, résista aux efforts des assiégés et subsiste encore en partie comme un monument digne de rappeler de beaux souvenirs.

Le chapitre du diocèse du Comminges faisant, en 1315, le recensement des paroisses dépendantes de l'évêché, met au premier rang des églises du pays, celle d'Encausse dont la manse annuelle s'élevait à la somme de *neuf écus six sols tolosains*. Elle était placée sur la même ligne que celles de Sauveterre, de Valentine et de Cierp ; elle était dans la circonscription de l'Archiprêtré d'Izaut. Mais le fait le plus curieux qui se rapporte à l'histoire de cette localité, est le procès qui eut lieu, en 1341, entre M. de Moncaut, archiprêtre et les consuls d'Encausse, au sujet de la dîme.

Voici les causes de ce procès étrange :

Au nombre des dîmes rédimées étaient celles des foins qu'on fauchait dans la paroisse. Depuis un temps immémorial, les habitants en avaient été exempts. De sorte qu'ils pouvaient faire, à leur gré leurs foins, sans craindre le moindre *empêchement ni trouble*. Mais il paraît que l'archiprêtre M. de Moncaut entendait autrement les droits de l'Eglise. Que fit-il ? au moment où les foins étaient coupés et prêts à être enfermés, il les fait saisir sous prétexte qu'au préalable ils n'avaient pas fourni leur contingent à la dîme comme foin sec et coupé.

Grande rumeur s'éleva aussitôt, comme on le pense bien, dans la paroisse; et il fallut l'intervention des deux consuls pour qu'il n'arrivât malheur. Les deux magistrats forcèrent les gens de l'archiprêtre à se retirer, et chaque habitant pût rentrer ses foins à son aise. La question de fait ainsi vidée; restait la question de droit. Celle-ci exigea plus de temps avant qu'elle fut terminée. Ce n'est que dix ans après qu'il intervint une décision de parlement par laquelle il était dit : « Que dorénavant les habitans du lieu d'En-
« causse jouiraient sans empêchement ni conteste de la fa-
« culté de couper les foins sans être tenus à payer la dîme ;
« attendu que de tout temps, ils en avaient été affranchis
« par privilège, etc. »

Ce singulier procès mit en relief une question bien oubliée de nos jours, à savoir si les fruits secs, pendants ou autres étaient sujets à la dîme ; et dans l'affirmative, dans qu'elles proportions devait-elle être perçue ? il fallut dix années pour la décider.

Quoiqu'il en soit, le lieu d'Encausse se trouva encore représenté aux états généraux du Nébouzan, tenus en 1415 à Saint-Gaudens, par deux de ses délégués; Les consuls Bertrand Lafont et Arnaud Barès. Dans cette assemblée on discuta le chiffre des subsides demandés par le Sénéchal au nom du gouverneur de la province du Languedoc. Nous remarquons, au nombre des doléances faites par les députés, celles des consuls d'Encausse qui disent : « que les foules
« des gens de guerre, la grêle et l'inondation ont mis le
« pays dans un piteux estat, au point que la misère est
« grande parmi les habitants. Pour ce demandent d'estre
« soulagés dans leur cotisation. » On eut égard à leur demande, puisque les 53 feux dont se composait la paroisse ne furent taxés qu'à *trois sols et demi tolzas une fois payés*.

Mais la principale fortune du pays et qui devait un jour faire la réputation du lieu d'Encausse était la source d'eau minérale qu'il possède et dont nous voulons faire connaître la renommée et les vertus sans nombre.

Selon Strabon, il existait déjà de son temps, dans le pays des Convènes plus tard le Comminges, un grand nombre de sources minérales, *excellentes pour prendre en boisson*, AQUA AD POTUM OPTIMA, dit Casaubon son traducteur. Pline lui-même dit que cette contrée abonde en eaux thermales; et Danville, corroborant l'opinion de ces deux auteurs anciens, cite les sources les plus connues et les plus en réputation qui se trouvent dans la direction des montagnes du Comminges. Cette nomenclature est longue, surtout si l'on en juge par les eaux minérales qui existent de nos jours. Ainsi, nous citerons, à notre tour, les eaux de Luchon, du Lez dans la vallée d'Aran, de Siradan, de Sainte-Marie, d'Encausse, de Capbern, de Labarthe-de-Rivière, de Ganties, de Bugatet aux pieds de Saint-Gaudens, etc. L'opinion de Pline et de Strabon se trouve, comme on voit, parfaitement confirmée et suffisamment établi.

Mais quant à ce qui concerne les eaux d'Encausse, les auteurs modernes font remonter à 1566, sinon la découverte, du moins l'usage qu'on en fit. M. d'Orbessan, gouverneur de la province, a été le premier qui les a mises en réputation, s'il faut en juger par ce qu'en dit le chroniqueur Jean-Baptiste Larcher. « M. d'Orbessan s'étant rendu
« à Tarbes tomba gravement malade des suites d'une maladie
« aiguë qui lui torturait les reins. Il épuisa toutes les res-
« sources de la médecine; lorsque quelqu'un du bureau de
« Tarbes, lui conseilla d'aller prendre les bains d'Encausse,
« sis dans le Nébouzan. M. le Gouverneur, quoique très
« souffrant, ne fit faute de suivre ce conseil, étant déjà à bout
« de remèdes. Il se rendit donc à Encausse et en peu de jours,
« il rétablit sa santé comme par miracle, tant les eaux de
« ce pays sont salutaires. »

Le poète du Barthas rendit lui-même, à cette époque, un

hommage public aux eaux d'Encausse, dans une pièce de vers dont la pensée doit faire excuser le mauvais goût et la pauvreté du style. En voici un extrait :

> C'est dans ta source salutaire,
> Nymphe d'Encausse, que l'on voit
> Le malade qui ton eau boit,
> Retrouve sa force première.
> La fille au teint pâle et mourant,
> Le jeune homme au regard livide,
> La femme à la fièvre morbide,
> En toi trouvent soulagement.
> O source bienfaisante et bonne,
> Reçois l'hommage de mes vers.
> Etc......

L'auteur de l'ouvrage latin des fleuves et des rivières de France, en parlant de la petite rivière du Gier, ajoute qu'elle est peu distante du lieu d'Encausse renommé par ses eaux qui guérissent diverses maladies, entr'autres la jaunisse, les fièvres, l'apoplexie, les maladies du foie, etc.

Enfin, Millin, dans son *Voyage du midi de la France* ; Abadie, dans son *Itinéraire des Pyrénées* ; Bayen, Fabas et Camus ont indiqué les vertus médicales et déterminé indirectement, il est vrai, leur application thérapeutique. C'est peut-être à l'un de ces trois savants que nous devons le résultat d'une analyse fort incomplète assurément des eaux d'Encausse et que nous reproduisons sous toutes réserves, plutôt comme document historique que comme résultat scientifique.

Ainsi l'on a trouvé que l'eau d'Encausse contenait sur 8 kilo : 1° sulfate de chaux, 1 gros 68 grains ; — 2° sulfate de magnésie, 1 gros 20 grains ; — 2° muriate de magnésie, 2 grains ; 4° carbonate de magnésie, 1 grain ; 5° carbonate de chaux, 25 grains ; — plus une petite quantité de matière insoluble.

Quoiqu'il en soit de la valeur de cette analyse, celle que

SUR LES BAINS D'ENCAUSSE. 275

nous donnons et qui a été faite tout récemment par un de nos chimistes les plus distingués, lèvera tous les doutes à ce sujet, et fera connaître cette source dans sa véritable nature.

Qu'on se représente une petite vallée de figure triangulaire, entourée de montagnes d'une médiocre élévation, dont les bois avec les rochers qui se montrent çà et là, donnent l'idée d'un séjour solitaire et agreste, en relevant l'aspect riant d'un sol fertile; des prairies très fraiches, plusieurs ruisseaux dont les eaux limpides les arrosent et les sillonnent de toutes parts; et au milieu de ce tableau, un ruisseau qui se détache et le parcourt dans toute sa longueur, et l'on aura une idée exacte du site où se trouvent les bains d'Encausse. Car c'est dans l'angle Sud-Ouest de la vallée et sur le Jops que sont situés les eaux et le petit bourg d'Encausse.

Les eaux d'Encausse, ainsi que l'a observé Carrère dans son *Catalogue raisonné des eaux minérales*, avaient été autrefois examinées par quelques médecins; mais leurs analyses étaient inexactes. Celle qu'en a fait M. Save est la seule qui jusqu'ici avait mérité quelque créance. Mais graces aux soins et au talent si justement célèbre de M. Filhol, professeur et chimiste d'un mérite incontestable, l'analyse des eaux d'Encausse ne laisse rien à désirer.

Nous la transcrivons telle que ce savant la rédigée en la faisant suivre après celle de M. Save.

ANALYSE DE M. SAVE, 1814. (un litre d'eau).

| | |
|---|---|
| Sulfate de chaux. | 1,$^g$ 0264 |
| — de soude. | 0, 5855 |
| — de magnésie | |
| Chlorure de Magnesium. | 0, 5577 |
| Carbonate de Magnésie. | 0, 0435 |
| — de chaux. | 0, 2169 |
| Acide carbonique. | 0, 1216 |
| | 2,$^g$ 5839 |

# ANALYSE CHIMIQUE
# DES EAUX D'ENCAUSSE,

### Par M. FILHOL. (avril 1851.)

L'eau minérale d'Encausse est limpide, incolore, sans odeur ; sa saveur est légèrement amère ; sa densité, déterminée à la température de 16°, est de 1,0012.

Un thermomètre centigrade plongé dans l'eau du réservoir s'est arrêté à 22,20. Cette température est sensiblement la même que celle qui avait été constatée par M. le docteur Saint-André (22,20) ; elle diffère très peu de celle qu'avait observé M. Save.

Si l'on examine l'eau d'Encausse dans son réservoir, on voit se dégager constamment du fond de ce dernier une multitude de bulles gazeuses qui viennent crever à la surface, et qui pourraient au premier abord faire considérer cette source comme devant faire partie de la classe des eaux gazeuses acidules ; mais un examen plus attentif démontre que le gaz contenu dans l'eau est formé en grande partie par de l'azote et de l'oxygène, et que l'acide carbonique n'y entre que pour une proportion assez faible. L'eau d'Encausse ressemble, sous ce rapport, à celle d'Audinac, qui laisse dégager aussi une quantité considérable d'un gaz composé d'azote et d'oxygène mêlés d'un peu d'acide carbonique.

Un litre d'eau d'Encausse, soumis à l'ébullition dans un appareil convenable, a fourni 28,5 c.c. de gaz ; ce gaz étant agité avec une dissolution de potasse caustique, s'est dissous en partie et s'est réduit à 23,5 c.c. ; le mélange gazeux que la potasse avait refusé de dissoudre étant soumis à l'action du phosphore, s'est réduit à 19,00 c.c.

L'eau d'Encausse ramène légèrement au bleu la teinture de tournesol rougie.

Si l'on fait bouillir pendant une heure cette eau minérale, en ayant le soin de remplacer l'eau qui s'évapore par une quantité égale d'eau distillée, on s'aperçoit qu'elle laisse déposer une poudre d'un blanc légèrement grisâtre que les acides dissolvent en produisant une vive effervescence; cinq litres d'eau en ont laissé déposer ainsi 0,2125 gr. Ce dépôt a été dissous dans de l'acide chlorhydrique pur et en excès : la solution, saturée par de l'ammoniaque et additionnée ensuite d'un excès d'oxalate d'ammoniaque, a donné un abondant précipité qui a été recueilli sur un filtre, lavé et chauffé au rouge sombre; il pesait alors 0,1350 gr. et était composé de carbonate de chaux. La solution séparée du précipité précédent étant mêlée avec du phosphate de soude et un excès d'ammoniaque, a donné un nouveau précipité qui a été recueilli, lavé avec de l'eau ammoniacale, séché et chauffé au rouge dans un creuset; ce précipité pesait 0,2015 gr.; il était formé de pyrophosphate de magnésie; il correspondait à 0,0757 de carbonate de cette base.

Cinq litres d'eau évaporée à siccité, après avoir été mélangés avec un excès d'acide chlorhydrique pur, ont fourni un résidu très blanc qui a été repris par de l'eau distillée bouillante, en grand excès : la majeure partie du résidu s'est dissoute dans l'eau; mais il est resté un résidu d'un blanc très légèrement grisâtre, insoluble dans l'eau et dans les acides, possédant tous les caractères de la silice; ce résidu pesait, après avoir été chauffé au rouge, 0,0500 gr. Cinq litres d'eau minérale ont été portés à l'ébullition, le liquide bouillant a été acidulé par de l'acide azotique pur, et mêlé ensuite avec un excès de chlorure de barium, il s'y est formé un abondant précipité blanc, très lourd. Ce précipité a été recueilli avec soin, lavé, séché et chauffé au rouge; il pesait 23,4545 gr.; il était composé en totalité de sulfate de baryte, et correspondait à 6,0500 gr. d'acide sulfurique.

La liqueur séparée du précipité précédent a été mélangée avec de l'acide sulfurique pur, pour en séparer l'excès de chlorure de barium, filtrée de nouveau, saturée par l'ammoniaque et mêlée avec de l'oxalate d'ammoniaque en excès; il s'y est formé un précipité très abondant. Ce précipité, lavé, séché et chauffé au rouge sombre, pesait 7,040 gr.; il était composé de carbonate de chaux.

L'eau qui avait fourni ce dernier précipité, étant mêlée avec de l'ammoniaque en excès et du phosphate de soude, a donné un nouveau précipité qui pesait, après avoir subi des lavages convenables et une calcination au rouge, 2,6000 gr. Ce précipité était formé de pyrophosphate de magnésie.

Deux litres d'eau minérale ont été acidulés par de l'acide azotique pur et mêlés ensuite avec un excès d'azotate d'argent ; le précipité a été lavé, séché et fondu par la chaleur ; il pesait 1,4619, et consistait en chlorure d'argent.

Trois litres d'eau d'Encausse ont été portés à l'ébullition, et mêlés ensuite avec de l'eau de baryte en excès ; il s'y est produit un abondant précipité qui a été séparé par filtration ; le liquide filtré a été mêlé avec un excès de carbonate d'ammoniaque ; puis, filtrée de nouveau, la liqueur claire a été saturée par de l'acide chlorhydrique pur, évaporée à siccité ; le résidu sec a été fortement calciné ; il pesait 0,915 gr.

Ce résidu a été dissous dans un peu d'eau distillée ; la solution, mêlée avec du chlorure de platine en excès, a été évaporée à siccité, et le résidu a été repris par de l'alcool pur ; il est resté une poudre de couleur jaune serin, composée de chlorure double de platine et de potassium. La quantité en était si faible, qu'il n'a pas été possible de la déterminer ; le reste de la matière saline était formé de chlorure de sodium.

Dix litres d'eau minérale d'Encausse ont été mêlés avec un excès de potasse pure, et évaporés à siccité ; le résidu sec repris par l'alcool s'y est dissous en partie ; la dissolution alcoolique a été évaporée à siccité ; le résidu repris par quelques gouttes d'eau distillée, a fourni une solution dans laquelle il a été facile de reconnaître l'existence de l'iode, soit à l'aide du chlore et de l'amidon, soit à l'aide du chlorure de palladium.

J'ajouterai enfin aux faits précédents que j'ai trouvé dans le résidu de l'évaporation de ces eaux une trace de fer et un peu de matière organique, et que les sels déposés dans la chaudière m'ont fourni une trace d'arsénic. La discussion des données précédentes conduit à assigner à l'eau d'Encausse la composition qui suit :

1º RÉSULTAT BRUT DE L'ANALYSE (Eau, 1 litre).

| | |
|---|---|
| Acide carbonique. | 0,0295 gr. |
| — silicique. | 0,0100 |
| — sulfurique. | 1,2120 |
| Chlore. | 0,1807 |
| Iode. | } traces |
| Potasse. | |
| Soude. | 0,1670 |
| Chaux. | 0,8960 |
| Magnésie. | 0,1910 |
| Oxyde de fer | } traces |
| Arsénic. | |
| Matière organique. | traces |
| Oxygène. | 4, c.c. 60 |
| Azote. | 19, 00 |

COMPOSITION RATIONNELLE.

I. GRANDE SOURCE (eau : 1 litre).

| | |
|---|---|
| Oxygène. | 4, c.c. 60 |
| Azote. | 19, 00 |
| Acide carbonique. | 0, 00 |
| Sulfate de chaux. | 2,1390 gr. |
| — de potasse. | traces |
| — de soude. | 0,0204 |
| — de magnésie. | 0,5420 |
| Chlorure de sodium. | 0,3202 |
| Carbonate de chaux. | 0,0270 |
| — de magnésie. | 0,0155 |
| Oxyde de fer. | traces |
| — de manganèse. | traces |
| Silicate de soude. | traces |
| Silice en excès. | 0,0100 |
| Matière organique. | traces |
| Arsénic. | traces |
| | 3,0541 gr. |

## II. GRANDE SOURCE.

La petite source a une température de 22,6; elle fournit avec les réactifs les mêmes précipités que la grande. La source du pré de M. Lafon ne contient que des traces de sulfate de chaux et de magnésie; elle tient en dissolution un peu d'acide carbonique libre, et un peu de bicarbonate de chaux et de magnésie; les réactifs n'y indiquent pas l'existence du fer. C'est une excellente eau potable, bien préférable à celle du Jops.

On va juger de la différence des vertus des eaux d'Encausse avec celles d'Aulus par exemple, par la différence des éléments chimiques qui entrent dans la composition des eaux de ce dernier établissement.

## BAINS D'AULUS.

ANALYSE FAITE PAR M. FILHOL. (Eau, 1 litre).

| | |
|---|---|
| Acide carbonique libre | 0,0650 gr. |
| Chlorure de magnésium | 0,0052 |
| — de sodium | 0,0012 |
| Sulfate de chaux | 1,8117 |
| — de magnésie | 0,2093 |
| — de soude | 0,0120 |
| Carbonate de chaux | 0,1268 |
| — de magnésie | 0,0347 |
| Oxyde de fer | 0,0046 |
| Silice | 0,0076 |
| Acide crénique et aprocrénique | 0,0064 |
| Manganèse | |
| Cuivre | traces. |
| Arsenic | |
| | 2,2845 gr. |

Maintenant que nous connaissons les éléments chimiques qui entrent dans la composition des eaux d'Encausse, et avant d'entrer dans les détails de leurs propriétés médicales, faisons connaître la nature du lieu où elles se produisent, dans ses conditions topographiques. Observons d'abord qu'on trouve peu de villages dans les Pyrénées qui offrent, comme celui d'Encausse, une position aussi avantageuse pour la santé.

Situé, ainsi que nous l'avons déjà dit, au centre d'un vallon ouvert dans tous les sens, et par cela même, accessible à des courants qui y agitent et renouvellent l'atmosphère, l'air y est constamment pur et serein, exempt de brouillards, d'émanations et de miasmes malfaisants. La température y est agréable et l'eau qu'on y boit excellente. Aux propriétés éminemment dissolvantes dont elle jouit par elle-même, viennent s'ajouter les propriétés toniques, que lui donne encore l'usage modéré qu'on y fait généralement du vin. Aussi, remarque-t-on peu de maladies dans ce village composé environ de six cents habitants.

Outre ces particularités, la position d'Encausse et le genre de vie qu'on y suit et qui ne contribue pas moins à donner à l'habitant une constitution robuste, le terrain est encore d'une qualité supérieure autour du village et principalement au midi, au couchant et au nord. Aussi, pendant la saison des eaux, la plaine d'Encausse réjouit-elle la vue par la force, la fraîcheur et la variété de sa végétation.

Les animaux domestiques à Encausse, sont les mêmes que ceux qu'on trouve dans l'arrondissement de Saint-Gaudens, dans la partie des montagnes. Quant aux animaux sauvages, on ne voit plus dans ce territoire ni le sanglier, ni le blaireau; les loups s'y montrent quelquefois pendant la saison des neiges; et l'ours n'y descend pas de Kagire. Le lièvre et le renard sont les seuls qui attirent encore les chasseurs. Parmi les oiseaux stationnaires, on distingue la perdrix rouge, le tourde, la perdrix grise, le merle, la grive, la pie et une infinité de petits oiseaux de la famille des passereaux. Les oiseaux de proie sont le milan, la buse, le faucon, l'épervier.

On y trouve aussi, dans les différentes saisons, beaucoup d'oiseaux de passage. Les principaux sont le canard, le biset, la bécasse, le vanneau, le pluvier, le courlis, la canepetière mais surtout la caille et le ramier. Ces deux espèces peuvent y être l'objet de chasses aussi amusantes que fructueuses. Si le règne végétal, dans le territoire d'Encausse, n'offre que peu d'intérêt au botaniste, la commune possède, en compensation, de belles forêts de chênes; le village, des pommiers, des noyers et des cerisiers qui ombragent le toit du propriétaire; et le potager renferme, quoique dans des espaces très resserrés, des fruits qui ne sont pas sans avoir leur mérite.

Le sommet des collines, entre lesquelles se trouve l'établissement d'Encausse, est en grande partie cultivé; et contribue par cela même, à répandre dans le vallon, une agréable variété. Ce n'est pas sans plaisir, en effet, que considérant les productions qui l'embellissent, on porte ses regards tantôt sur des arbres touffus, tantôt sur des moissons ondoyantes, qui sont remplacés plus tard par la pomme de terre, le sarrazin, etc.; tantôt, enfin, sur des prés couverts d'une fraîche verdure. Mais ce sont là des jouissances que l'étranger doit à la seule nature et que l'art embellira encore par suite de la prospérité de l'établissement.

La source d'Encausse jaillit au pied de la route, sur la droite du voyageur qui vient de Saint-Gaudens, presque à l'entrée du village; elle est tout près de la rivière qui coule dans le vallon. Son volume est tel, qu'elle pourrait suffire à l'entretien de vingt baignoires au moins.

L'eau d'Encausse est d'une limpidité remarquable, parfaitement inodore, mais un peu fade au goût. Quelles que soient les pluies et la sécheresse, son volume est toujours le même. Depuis la construction de l'établissement, les eaux pluviales n'ont jamais troublé sa transparence. Elle dissout parfaitement le savon et cuit les légumes. De plus, elle est thermale quoique à un faible degré. Ainsi le thermomètre de Réaumur, marquant 9° pour la température de l'atmosphère, plongé dans cette eau, s'éleva à 20 degrés, après une heure d'immersion. Il n'est pas étonnant que tous les baigneurs ne puissent pas la supporter sans la faire chauffer.

On ne connaît pas précisément l'époque fixe où les eaux

d'Encausse commencèrent à être fréquentées par les étrangers. Mais il est certain que leur réputation était déjà répandue, dans la contrée, depuis longues années. Dans tous les cas, il n'y a guère que 80 ans que la commune fit bâtir près de la source une maison qui servait de logement et de salle de bain aux habitants du pays et aux rares étrangers qui venaient faire usage de cette eau. Alors aussi commença-t-on à rendre la route qui conduisait à Saint-Gaudens plus praticable. Ce ne fut guère que lorsque ces eaux eurent acquis la réputation si bien méritée que lui firent des personnages notables tels que M. Ricard, ancien Préfet; M. Larroque, grand-vicaire du diocèse de Toulouse et autres, qu'on commença à voir à Encausse des étrangers de distinction, et une affluence plus considérable. Alors quelques particuliers, tels que la famille Doueil, la famille Lafont et deux ou trois autres, commencèrent à donner l'hospitalité aux baigneurs qui venaient passer la saison des eaux à Encausse. Depuis lors, on a bâti d'autres maisons, on a multiplié les logements, au point qu'on pourrait au moins recevoir aujourd'hui plus de trois cents étrangers à la fois.

Parmi les édifices ou maisons qui reçoivent les étrangers pendant la saison des bains, nous devons mentionner, outre la maison de M. Doueil, inspecteur des eaux d'Encausse, où l'on trouve la simplicité et la liberté du foyer domestique; celle de M. Lafont, maire, qui vient de l'agrandir et de la restaurer, tant les demandes de logements qu'on lui faisait, tous les ans, étaient abondantes; celle de M. Caillau qui joint à l'avantage du confortable de la famille, celui d'être un hôtel garni et un café, nous devons mentionner encore, l'établissement que M. Dargut, enfant du pays, vient de faire élever avec un goût exquis. Il est venu ainsi remplir une lacune qui existait dans la manière de vivre et de se loger que ne pouvaient avoir les visiteurs; c'est-à-dire d'être dans un véritable hôtel garni, avec table d'hôte, etc.

Afin d'atteindre ce but, M. Dargut a fait construire son édifice de manière qu'il ne laissât rien à désirer; l'architecture est des plus simples. Situé sur la route départementale, à l'entrée du village, sa maison offre, derrière, une grille en fer, une rangée de fenêtres qui s'ouvrent sur la voie publique. Un marbre poli de premier choix entre dans la composition de la bâtisse, une galerie s'étendant sur le derrière de la maison et offrant à la vue un panorama magnifique; et vingt chambres très bien meublées, telles sont les améliorations apportées par M. Dargut à la manière avec laquelle pourront désormais se loger les baigneurs. Dans l'intérieur de l'édifice, nous avons remarqué un salon décoré par M. Astre, jeune peintre plein d'avenir et l'auteur des peintures si justement appréciées de l'église de Saint-Clar, près Muret.

La forme de ce salon est carrée et sur les murs on voit les sujets suivants peints avec une extrême habileté et surtout avec beaucoup de talent. Du côté droit, lorsqu'on a la figure tournée vers la rue, on admire trois tableaux, peints sur les murs stucqués, d'un mètre de haut sur deux de large, et représentant : le Cerf lancé, le Cerf à l'eau et la mort du Cerf. Du côté gauche, on voit les pendants à ces trois tableaux dont les sujets sont : un aqueduc romain surmonté du temple de Vesta; une marine et un naufrage. Aux encoignures de la salle, ce sont trois sujets qui terminent l'encadrement de cette page de peinture en six tableaux : une élégie, le retour du Troubadour, le Pont-du-Roi et deux cascades. Une immense rosace et des corbeilles de fleurs, aux quatre coins ornent le plafond et l'harmonisent admirablement bien avec le reste des décors.

Cet établissement et une foule d'autres petites maisons bourgeoises où l'on retrouve l'aisance et la propreté avec le bien être et les autres commodités de la vie, ouvrent aux bains d'Encausse un avenir de prospérité qui ne tardera pas à se réaliser.

Aujourd'hui la source d'Encausse, elle aussi, n'a rien à regretter du passé. Elle coule dans un bâtiment simple et propre qui, depuis une vingtaine d'années a été substitué à une petite baraque dont les deux ou trois baignoires qu'elle contenait étaient loin de suffire aux besoins du public [1]. L'établissement d'aujourd'hui est un carré long de trente pas de façade environ une douzaine de profondeur. Il est bâti entre la route qui traverse le village et le ruisseau qui coule dans le vallon. Ce bâtiment consiste en un petit vestibule d'où part un corridor le long duquel sont les cabinets des bains. Au fond s'ouvre une petite chambre carrée servant à chauffer, dans une grande chaudière, d'où partent des tuyaux pour la conduire dans les différents cabinets. A l'entrée de la porte, à gauche, est la buvette; et à l'extrémité opposée le cabinet de la douche.

Les cabinets des bains sont au nombre de dix-huit, neuf de chaque côté du corridor. Chacun de ces cabinets, contient une Baignoire de marbre avec deux robinets, l'un pour l'eau froide, l'autre pour l'eau chaude, dont on prend à volonté. Chaque cabinet est assez spacieux pour contenir deux chaises et une table; les murs en sont blanchis avec de la chaux et les plafonds sont en voûte.

Telles sont les parties qui constituent aujourd'hui l'établissement d'Encausse; mais il reste à construire encore une salle de repos qui lui fera attendre le degré d'utilité dont il est susceptible, soit dans l'intérêt de la commune, soit dans l'intérêt du public.

Ces améliorations jointes aux vertus des eaux d'Encausse dont nous allons donner ici une rapide analyse suffiront pour convaincre nos lecteurs de leur efficacité dans plusieurs sortes de maladies et notamment dans les fièvres, dans la jaunisse, dans les affections du foie, des reins, de la vessie,

---

[1] Le nouveau bâtiment a été construit sous l'administration municipale de M. Doueil, inspecteur des eaux et maire d'Encausse, et dont les soins et le zèle ont fait beaucoup pour la prospérité de ces bains. Le gouvernement vient de récompenser, au reste, tant de dévouement en lui donnant la décoration de la Légion d'Honneur, dont il était digne à tant d'autres titres.

de la matrice et dans plusieurs autres maladies. On va en juger par l'exposé des faits suivants et par les observations qui les accompagnent.

## PROPRIÉTÉS DES EAUX D'ENCAUSSE.

Si maintenant nous voulons faire connaître quelles sont les propriétés des eaux d'Encausse et leur utilité en médecine, nous pouvons dire que l'usage qu'on en a fait depuis des siècles, est déjà un préjugé en leur faveur, surtout si l'on considère que cet usage n'a jamais été interrompu. Le voyage de Chapelle et de Bachaumont, entrepris dans la vue de rétablir leur estomac par le secours des eaux d'Encausse, a attaché à ce lieu, un souvenir poétique, ainsi que l'avait fait du Barthas en le chantant sur sa muse. « Liés par l'amitié « et par leurs talents, Chapelle et Bachaumont, dit Dantigny, « dans son *annuaire de* 1811, poëtes aimables qui nous ont « donné les premiers modèles de poësie légère d'une poësie « élégante et facile, ont confondu leurs sentiments et leurs « compositions dans leur *voyage en vers et en prose*, où il « est longuement parlé des bains d'Encausse. » Reignol, dans un poëme latin intitulé : *Vertu et Noblesse des eaux de la fontaine d'Encausse* (1), emprunta également le langage des muses pour les célébrer.

Mais pour mieux déterminer le vrai mérite des eaux d'Encausse, il faut dire qu'elles agissent comme purgatives; que les doses varient depuis deux jusqu'à cinq verres, suivant la force de la constitution, par trois reprises ; qu'elles offrent d'excellents résultats dans toutes les convalescences avec la faiblesse d'estomac, marquée par des embarras gastrites ; enfin, qu'elles agissent efficacement sur les rhumatismes compliqués d'affection bilieuse.

(1) Virtus et nobilitas lympharum fontes Encausse, 1619, in-8.

C'est ainsi que Louis Guyon qui écrivait, en 1595, a décrit soixante-douze observations de guérisons opérées par les eaux d'Encausse et qu'il a consignés dans le XX° Chapitre de son *discours sur les deux fontaines médicinales d'Encausse*, imprimé à Limoges. Quelque temps après, c'est-à-dire en 1811 Gassen-de-Platin publia également des observations semblables et qu'il réunit dans un opuscule qui a pour titre : *Discours en abrégé de la vertu et propriété des eaux d'Encausse es-monts Pyrénées, dans le comté du Comminges*. Enfin, le célèbre docteur Dubernat, le père de la médecine pratique, dans nos contrées, les a conseillées à tous les malades qu'il traitait dans les affections bilieuses.

Au reste, nous ne pouvons mieux terminer cette nomenclature des savants qui ont constaté les propriétés des eaux d'Encausse, qu'en citant la note suivante que nous devons à la bienveillance de M. Doueil, inspecteur de ces eaux et auquel le canton d'Aspet et les nombreux baigneurs qui y viennent tous les ans, doivent tant de reconnaissance, soit par les soins empressés qu'il donne avec tant de dévoûment aux malades, soit par son savoir en médecine qui égale une pratique de cinquante années dans l'art de guérir.

« Les eaux d'Encausse, dit-il, sont très-efficaces pour assouplir et ramollir les fibres : dans les cas de trop de tension et de contraction de muscles ; dans la rétraction et dessèchement des membres ; dans les endurcissements et irritations de ligaments articulaires ; dans les rhumatismes, dans les coliques bilieuses et néphrétiques produites par du gravier dont elles facilitent la sortie.

« Ainsi M. Bessegnié, curé à Cassagnebère, en rendit 72 pendant la saison de 1825. — M. Gaillardi, boulanger à Saint-Lys en évacua 10, en 1826. — M. Arjo, propriétaire, habitant à Soueich, en rendit plusieurs, la même année, et le plus gros avait la forme d'un haricot. En 1850, M. Lamolle, curé à Juzet d'Izaut, en rendit 8 dont le plus petit était de la forme d'une lentille et le plus gros de celle d'un pois. Depuis lors, il n'a plus éprouvé la moindre indisposition.

« Les bains et les eaux d'Encausse en boisson, sont avantageusement employés dans les maladies de la peau, telles que la gale, la teigne, les dartres et autres exceptions.

« Les femmes y trouvent un puissant remède contre les fleurs blanches, occasionnées par trop d'irritation de la membrane muqueuse qui revêt l'intérieur de la matrice. Ces eaux rafraichissent également, calment les tempéraments échauffés, irritables.

« Leur succès éclate principalement dans les affections mélancoliques, hypocondriaques, dans les affections hystériques, attaques de nerfs et autres de ce genre.

« On voit souvent des fièvres intermittentes quartes, qui, après avoir résisté à tous les remèdes, guérissent comme par enchantement, par le seul usage de l'eau de la grande source. 249 cas de ces fièvres ont été radicalement guéris, en 1849, les eaux étant seulement prises en boisson.

« Enfin, elles opèrent fréquemment des cures inattendues chez les malades atteints de l'ictère, des obstructions des viscères abdominaux. Il est même arrivé souvent que le sentiment et les forces sont quelquefois rétablis par la douche forte sur les membres frappés de paralysie. »

Nous devons conclure de tout ce qui précède que l'efficacité des eaux d'Encausse dans les différentes maladies que nous venons d'énoncer, est un fait désormais incontestable et que leurs vertus thérapeutiques ne sauraient être trop et assez généralement appréciées.

## III.

Courses ou promenades aux environs. — Itinéraire de la première journée. — Souech, Aspet, Millias. — Le Nostradamus des Pyrénées, Nouvelle. — Kagire ; le Pâtre de Kagire, Nouvelle. — Seconde journée : Miramont, Saint-Gaudens, Valentine. — Troisième journée : Sauveterre, Barbazan, Mademoiselle de Barbazan, Nouvelle. — Fin de la notice.

Le besoin d'exercice et le défaut de Promenades sur les lieux, font que les baigneurs en cherchent quelquefois de lointaines. Nous allons leur tracer un itinéraire qui sera pour eux un sujet d'excursions curieuses ; si toutefois ils désirent connaître le pays qu'ils habitent momentanément.

Les étrangers qui veulent consacrer une journée à explorer la contrée, peuvent se diriger d'Encausse sur la route qui conduit à Souech, premier village distant des bains d'environ trois kilomètres. Souech, patrie du mécanicien Abadie, auquel la ville de Toulouse doit la création de ses fontaines publiques, est un village très peuplé et fort riche qui s'étend sur les bords du Gier. L'église qui est située à l'extrémité de la localité, parait avoir, quoique simple et mesquine, une haute antiquité. Son portail surtout est digne de remarque.

De Souech, on suit la route de Saint-Gaudens à Aspet où l'on arrive après quatre kilomètres environ de marche. La vallée du Gier offre un panorama magnifique borné des deux côtés par des horizons de verdure. A l'extrémité de la vallée sur un mamelon pittoresque, s'élève la petite ville d'Aspet, chef lieu de canton. Ceinte de deux faubourgs situés au bas du côteau, la ville domine les environs assise qu'elle est sur un plateau d'environ cent cinquante mètres d'élévation. L'intérieur n'a rien de remarquable, si ce n'est la tour du château qui le domine au milieu de ses ruines; la chapelle qu'on voit à mi-côte en gravissant le côteau qui conduit à la tour, et la fontaine publique qu'on trouve au milieu de la ville. L'origine de cette fontaine remonte au XVe siècle, époque où Mme de Coarase, baronne d'Aspet, la fit construire à ses frais.

Les foires et les marchés d'Aspet où se rendent toutes les populations de ces montagnes, sont très renommés. Le commerce du beurre, la fabrique des peignes et autres articles en bois de toute sorte, en font un entrepôt général qui étend au loin ses relations. — D'Aspet, on suit la route de Saint-Béat jusqu'au pont de Giret où se trouve une vallée délicieuse. Arrivé au pont de Giret, on prend la gauche et suivant un chemin de petite vicinalité, on rencontre dans un de ces angles féériques qu'on ne trouve que dans les Pyrénées, les maisons pittoresques de Milhas, groupées sur un tapis de verdure.

# BUG DE MILHAS

## ou

## LE NOSTRADAMUS DES PYRÉNÉES.

Là, au centre de ces demeures pyrénéennes, s'abaisse une maison plus que modeste et qui trahit extérieurement l'état peu confortable de son intérieur; c'est le désert de Bug de Milhas, le Nostradamus des Pyrénées, le Prophète de nos temps modernes, qui comme Osée, Isaïe et Baruch, vit dans une extrême pauvreté. Mais si le ciel est beau et sans nuages, si la clarté du soleil rayonne en gerbes d'or à travers l'azur de l'espace, si une chaleur bienfaisante a pénétré à travers les mille ouvertures de la modeste toiture, rendez des actions de grâces au dieu du jour ; car, plus heureux que tant d'autres, vous allez voir le Prophète.

En effet, Bug apparaît alors sur le seuil de sa porte et vient prendre sa place au soleil, à l'exemple des patriarches, sur un vieux tronc d'arbre équarri. C'est un vieillard presque séculaire, un véritable Elie, appuyé sur son bâton noueux. Son front, courbé par la pensée et la méditation, porte l'empreinte de rides profondes ; ses yeux vifs et creusés sont ombragés par des sourcils épais qui retombent sur sa vue observatrice ; et toutes les lignes de sa figure sont par leur reste de noblesse, d'une expression indéfinissable.... Mais si, de cette appréciation matérielle de l'individu, nous passons à sa puissance morale, alors Bug grandit dans notre estime et l'homme inspiré se révèle à nous dans toute la force de ses moyens. Disons d'abord, en forme de proposition, que Bug, longtemps avant la révolution de 83, jusqu'à nos jours, a prédit, annoncé d'une manière non équivoque tous les évènements, toutes les révolutions qui ont remué la France et l'Europe. En cela, avec le titre de Nostradamus politique, il cumule celui de Nestor des Pyrénées. Qu'on n'aille point le confondre néanmoins avec ces pieux inspirés des temps modernes, dont on a imprimé les prétendues prophéties, après les évènements pronostiqués ? Car, on s'exposerait à recevoir un démenti formel de la part d'une immense population. D'ailleurs, les faits parlent assez haut en faveur du passé ; et celui qui aujourd'hui vous dit : « enfants, dans deux ans vous aurez une révolution ; je la vois comme j'ai vu celles qui se sont écoulées ; » celui-là mérite une certaine créance ; mais devant les incrédules qui nient la prescience de l'homme, comme la cour de Charles IX niait celle du prophète de la Provence, expliquons du Nostradamue Pyrénéen les prophéties qui se sont réalisées, et contentons-nous d'énoncer celles qui concernent l'avenir.

D'abord, on remarque dans l'énoncé des prédictions de Bug, une de ces menaces sentencieuses qui servent de préambule indispensable aux terribles vérités qu'il va dévoiler aux yeux du présent. Il partage cette forme de langage avec tous les grands inspirés. On sait que cette formule « *Ecoutez, peuples, et vous, terre, tremblez!* servait d'exorde et de préparation aux anciens prophètes. Bug de Millas a aussi la sienne, mais moins effrayante et surtout plus calme. La voici, dépouillée de son énergique expression patoise :

> Entre écouter et ne pas comprendre,
> C'est chasser et ne rien prendre.

Après ce moyen simple de disposer les esprits à entendre les révélations de l'avenir, il faut suivre, selon le sujet qui l'inspire, une application fine, logique et profonde sur l'apocalypse. C'était avec toutes ces circonstances, qu'en 1790, les évènements futurs se révélaient ainsi à sa pensée scrutatrice :

> Quatre-vingt-neuf grand changement aura ;
> Par toi, le peuple esclave plus ne sera :
> Et toi, qui né dans la grande cité,
> Roi, tu mourras par ta crédulité.

Comme il advient à tout prophète, on se prit à railler Bug sur son quatrain, et le seigneur de Save se moqua plus d'une fois d'une prédiction dont les effets devaient lui coûter plus tard la vie. Bug, toujours calme au milieu de l'orage qui se formait à cette époque, ne suspendit point le cours de ses prédictions. Aussi, en 93, lorsque le peuple se lamentait, il continua de plus fort encore à préparer les esprits aux évènements qui menaçaient l'Europe. Nos pères se rappellent aujourd'hui ces rimes qui résumaient l'élévation et la chute de Bonaparte :

> Ils seront trois au pouvoir disputé ;
> De ces trois un seul de titré.
> Par deux fois bas et deux fois haut monté,
> De sa grandeur il choira tourmenté.

Ce quatrain seul fit à Bug, avant 1815, une réputation bien méritée. Les gens de tous les partis s'empressèrent d'aller écouter ses oracles. Il est justice de dire qu'il n'en flatta jamais aucun. Aussi, lorsqu'en 1812, il annonça l'envahissement des Anglais et la bataille de Toulouse livrée par les troupes des alliés, il excita l'enthousiasme des uns et la tristesse des autres, tant ses prédictions étaient regardées déjà comme infaillibles. Voici, au reste, les formes de ses paroles qui sont gravées encore aujourd'hui dans la mémoire de tout le peuple du Comminges :

>Une bande rouge et blanche
>  Par Bayonne entrera ;
>Du côté du Bazacle grand combat y aura,
>Mais du sang, Toulouse sera franche.

Ce fut pendant quinze ans, le dernier cri du prophète. Bug se replia dans une contemplation intérieure, dans un espèce de sommeil instinctif d'où il ne sortit qu'en 1828, pour effrayer son pays par ces terribles paroles qui renferment une révolution :

>France ! France ! d'un long enfantement
>Dans peu de temps tu seras délivrée ;
>Mais ton puîné n'est qu'un avortement ;
>Ta joie en deuil sera bientôt changée,
>L'Espagne, comme toi, l'imitera
>Mais que de sang encore elle répandra !
>  Par trois le sceptre disputé ;
>  En trois morceaux sera brisé ;
>  L'un au peuple appartiendra ;
>  Les deux autres nul les aura :
>  Dans l'eau la mer les gardera.

Bug de Milhas n'arrêta pas là seulement le cours de ses prophéties, car en 1831, il prédit l'invasion du choléra, les guerres d'Afrique, les incendies et les inondations qui ont jeté la désolation dans plusieurs parties de la France et de l'Etranger. Voici comment, avec sa prescience et sa seconde vue prophétique, il annonça toutes ces catastrophes :

> Peuples, tremblez pour l'avenir !
> Les plaies du ciel me font horreur ;
> Car je vois la terre enfouir
> Des cadavres tombés et périr,
> Sous le fléau exterminateur.
> Le fer, la peste et le feu
> A l'eau bientôt se réuniront ;
> Tous les enfants leur grande part auront.
> Car plusieurs fois de par de Dieu
> Les cataractes s'ouvriront.

Nous pouvons juger, tous les jours, de la vérité de ces prophéties ; les évènements sont là qui témoignent de leur réalité. Aussi, ceux qui connaissent le Nostradamus des Pyrénées ont-ils foi à sa prescience politique. Mais à ceux qui seraient tentés de s'en rire, nous allons dévoiler le dernier mot de Bug sur l'avenir. Le présent servira de garant pour le passé, surtout si ce mot est suivi des évènements qui auront été indiqués, précisés avant leur accomplissement. Voici ce dernier mot qui renferme à lui seul tout le secret et toute la destinée de l'Europe contemporaine :

> En mil huit cent quarante-deux,
> De l'Europe grand feux s'allumeront ;
> Guerre des rois, des peuples commenceront ;
> Dans ce bisbi Grande-Bretagne ne sera plus ;
> Et toi superbe et grande citée
> En petit bourg tu seras changée ;
> Tu pleureras plus d'une fois,
> Les débris de ta ceinture ;
> Que la tempête des grands rois
> Aura réduit en déchirures.
> Des reines, des princes mourront ;

Des pères se désoleront ;
Des grands malheurs lors éclateront ;
Le sang partout ruissellera.
Cornette blanche, cornette noire s'éclipsera ;
Meurtres, tyrans... Paix et peuple triomphera !

Arrêtons ici les détails des révélations du Prophète. L'avenir nous dira s'il fut un imposteur ; et cet avenir n'est pas éloigné de nous.

« Pour moi, dit-il, mon temps est passé : j'ai vu, pendant un siècle, bien des choses ; à vous maintenant, mes enfants, à en voir de plus grandes encore ! » Tout est dit sur le Nostradamus des Pyrénées. S'il nous reste un regret, c'est de n'avoir pu faire suivre ses centuries des commentaires profonds et savants dont il les accompagne. C'est une perte irréparable ; car Bug a fermé la porte de sa chaumière qu'il n'ouvrira, dit-il, que pour aller frapper à celle de l'éternité. Le prophète est désormais muet !

De Milhas, on se dirige vers Juzet sis au pied de Kagire, en traversant le village de Sengouagnet. Ces deux derniers villages n'offrent rien de remarquable, si ce n'est leurs sites qui sont des plus pittoresques. Mais la montagne de Kagire vaut à elle seule toutes les merveilles des arts. Assise en première ligne, au bas du versant méridional des Pyrénées, sa construction élevée sur un large et gracieux plateau, offre, par sa forme conique ornée de pelouses et de sapins, le tableau le plus riant et le plus mobile possible. Vu par un jour de printemps, alors que les rayons étincelants du soleil et les flots de lumière inondent toute sa circonférence, Kagire s'arrondit, s'évase, se déploie et s'élance, dans son isolement, comme un immense obélisque égyptien. La nuit, au contraire, c'est un géant féérique dessinant sur le fond vaporeux de l'horizon sa tête et son corps fantastiques qui se perdent dans l'espace brumeux. A chaque époque de l'année, sa physionomie change et revêt un caractère particulier ; soit que la neige qui brille sur la cime aigue frappe les regards, soit qu'un manteau de nuages couvre ses larges épaules, le mont ravit et pénètre l'esprit d'une admiration toujours nouvelle.

Parmi les villages qui aujourd'hui se pressent, comme une longue ceinture, autour de sa large base, Juzet est un de ceux qui a hérité, par droit de voisinage, du bénéfice de son antique réputation. Mais dans Juzet un homme se lie plus particulièrement encore au souvenir de sa gloire passée, c'est le Pâtre de la commune, autrement appelé le *Général de Pennalongue*.

## LE PATRE DE KAGIRE.

Lorsque le soleil du mois de juin a fondu les dernières nappes de neige qui s'étendent sur les flancs-nord de Kagire et que les pelouses verdoyantes reluisent sur sa cîme brillante, la mission du Pâtre de Juzet va commencer. Alors finit pour lui, cette solitude du village et de la chaumière enfumée. La fête de Saint-Jean est ordinairement l'époque de son départ pour son monde aërien.

Or, ce jour est aussi un véritable triomphe pour son orgueil de berger. Il faut surtout l'admirer, lorsque à la tête d'un immense troupeau de vaches, aux sonnettes retentissantes, il se dirige vers le sommet de la montagne, plus fier qu'un triomphateur romain qui monte au Capitole. Il semble grandir alors dans son amour propre, de toute la hauteur qui va le séparer du reste des humains. Car il se voit honoré d'une immense confiance, et il sait qu'à sa garde sont confiés la fortune, l'espérance le bonheur de plusieurs villages. Aussi sous l'impression de ces pensées généreuses, son ascension à travers des sentiers étroits, perdus, difficiles, abruptes qui seraient pour tout autre une route de l'enfer, ne sont pour lui que de larges chemins, couverts de fleurs qui conduisent à la gloire, à l'immortalité. Car les pâtres comme les rois ont aussi quelquefois de ces rêves d'ambition.

Mais c'est surtout dans son département forestier qu'il faut étudier les mœurs et les habitudes du pâtre de Juzet. Là, dans son isolement, qui ne lui offre d'autres spectacles qu'un ciel bleu et chargé de nuages, de bois épais et touffus, un silence du désert interrompu seulement par le cri des aigles, des paons sauvages ou le *braiment* des vaches, le berger devient un tout autre homme. Les grands objets de la nature, l'immensité de l'espace qui se déroule autour de son horizon semblent exalter son imagination solitaire. Alors il n'est plus un pâtre modeste, il s'intitule le *général de Pennalongue*. Sa cabane assise sur une riante pelousse, dans la sinuosité d'une gorge ombreuse, s'élève et prend les formes d'un palais fantastiques; la montagne si riche, si belle par ses pâturages et ses forêts de sapins, devient son royaume et le troupeau dispersé çà et là se transforme dans son esprit en d'innombrables sujets. Allez le visiter alors dans ses appartenances. Mais ne croyez point dépasser librement les premières frontières de ses états, sans vous être soumis préalablement aux formalités légales. Dans tout pays bien civilisé, la circulation n'est tolérée qu'à certaines conditions. Ceci est un principe de droit international. Aussi un permis en bonne forme, ou à son défaut, une valable caution peuvent vous faire espérer seulement de franchir les limites de ce singulier royaume. Une fois soumis à ces réglements indispensables de police extérieure, vous serez amplement dédommagé de toutes ces mesures gênantes, mais moins arbitraires pourtant que celles de plusieurs pays que vous connaissez. Car le *général de Pennalongue* vous fait ensuite lui-même en personne ni plus ni moins qu'un *cicerone*, les honneurs de la réception dans son propre gouvernement ; lui-même vous fera admirer sans frais et avec économie de jambes, les monumens curieux, les prodiges de la nature que renferment ses états ; ce qui est d'un avantage inappréciable dans un pays surtout où les seuls moyens de transport sont les tibias des visiteurs, et où l'on ignore encore l'existence possible de la petite et grande voirie. Aussi par compensation, s'il n'existe point de législation sur les chemins vicinaux, le budget n'est pas ruineux. On connaît encore moins les droits de consommation, et pour cause. Le seul tribut ou impôt auquel on doive se soumettre, est celui d'offrir au noble général un banquet avec les provisions du village, non sans force libations de vin. A qui mène une vie patriarchale et toute homérique, la bonne chère est un présent fort rare qui ne saurait être dédaigné. Car, si le laitage a pu être exclusivement la nourriture favorite des bergers de Virgile, il n'est pas entièrement celle du général de Pennalongue. Les siècles sont bien changés !

Félicitez-vous cependant de ce revirement de mœurs et de goût : car vous devrez à lui et à la magie de la boisson énivrante, ce que l'onde pure et le lait frais des bergers de Théocrite n'auraient jamais pû vous révéler : la connaissance des mystérieuses impressions du pâtre de Kagire. La gaîté du repas excite en effet chez cet homme d'une vie exceptionnelle, le sentiment des souvenirs à un degré extraordinaire ; Dieu sait encore quels souvenirs ! Quarnte-trois ans d'une existence pastorale qu'on appellerait service, en termes communs, composent un long drame intime qui a eu pour scène la montagne. Savez-vous toute la période historique qu'embrassent ces quarnte-trois années ? Eh bien ! vous en retrouverez quelque chose dans la mémoire et sous la cabane du général de Pennalongue. Il vous dira que, tandis que l'Empereur poussait ses armées vers le nord, lui, gravissait lentement pour la première fois, avec son immense troupeau le sommet de Kagire, et allait établir son camp isolé loin du monde, au milieu de sapins qui devait l'abriter pendant cinq mois. Plus tard, quand l'aigle des batailles s'envola du nord au midi pour aller se reposer sur les sommets de la Granja, assis là haut sur cette crête, il suivit des yeux son vol rapide à travers la frontière et entendit, calme et sans effroi, le battement de ses ailes mêlé au bruit du canon. C'était, sans doute, un profond sujet de méditation, pour lui, indépendant, libre de corps et d'esprit et isolé dans la solitude, que cette guerre d'Espagne retentissant à quelques pas de sa cabane et dont les bruyantes fureurs venaient expirer à ses pieds comme les flots irrités sur les rivages d'une mer orageuse. Il s'élevait alors à la hauteur des évènements de l'Europe que la rumeur lui apportait confusément et par intervalle, ainsi que les échos d'une tempête dans les profondeurs de la vallée. Une ardente imagination suppléait à leur stérile concision et provoquait ainsi d'immenses développements dans son esprit. Il n'est point jusqu'aux tourmentes révolutionnaires dont il n'éprouvât les secousses, n'en prévît les oscillations, leur nombre et leur durée; tant l'intuition du génie est active dans l'homme privilégié de la nature! Il entendit le dernier cri de Waterloo et, ôtant sa berrette de laine, il salua le triste départ du grand exilé. L'air lui-même imprégné de révolutions, semblait lui transmettre tous les mouvements politiques de la France. Les sourds murmures de la restauration, le trépignement des pas du soldat de l'expédition espagnole, le premier cri de l'insurrection des *demoiselles*, le bruit du canon des Barricades, tout cela frappait, d'un murmure effrayant, ses oreilles attentives. Souvenirs terribles! moments sublimes! ces grandes choses se résument et passent, ainsi qu'un éclair, à travers son énergique récit avec une simplicité, une force qu'on trouve mêlé avec la plus étonnante naïveté.

Et puis, par un retour d'amour-propre naturel à son organisation, le pâtre de Kagire se prend à s'exalter lui-même dans des pensées d'orgueil et de vanité. Témoin de tout ce passé historique, que son imagination semble maîtriser encore, parce qu'en effet, il a pu, seul le commander, le discuter sans contradicteurs, il se fait un royaume chimérique. On l'écoute alors, halluciné par ses paroles qui révèlent les grandes époques contemporaines sous l'ornement du plus pittoresque et du plus poétique récit. Dans ses moments d'extase, Kagire s'abaisse, la scène s'agrandit et le pâtre devient un peintre sublime de patriotisme. Mais comme tout sujet dramatique finit toujours par un évènement triste, le général de Pennalonguo baisse insensiblement sa voix et murmure ces mots : « J'ai vécu seul au milieu de toutes ces grandes choses ; j'ai quarante-trois ans de service et pourtant l'on ne m'a point gratifié encore d'une pension.» Cette plainte du pâtre est juste. Car, bon nombre de gens reçoivent des rentes sur l'état, qui l'ont bien moins mérité que lui. Si l'on payait les services rendus à la chose publique, depuis long-temps le pâtre de Kagire ne serait plus réduit, pour vivre, à son royaume de Pennalongue.

Après avoir visité Kagire on peut rentrer à Encausse par la vallée qui conduit à Izaut et suivre les vallons qui se dirigent dans le sens de l'établissement des bains. On traverse des prairies magnifiques et des paysages de toute beauté ; et l'on arrive enchanté, à la fin de la course.

La seconde excursion que l'on peut faire avec agrément, est celle qui consiste à aller à Saint-Gaudens et à rentrer par Valentine. Pour cela, on suit la route départementale jusqu'à Miramont, petite ville où l'industrie manufacturière a fait de grands progrès ; et après l'avoir visité dans ses détails, on traverse la Garonne pour monter à Saint-Gaudens, qui s'offre à la vue comme un immense amphithéâtre de maisons.

A peine arrivé sur la hauteur où est situé Saint-Gaudens, on peut admirer un magnifique panorama formé par toute la ligne des Pyrénées. La ville est jolie et bien bâtie ; ses marchés y sont très fréquentés et les habitants fort industrieux. Parmi les monuments à visiter, nous citerons l'église et le nouveau tribunal. L'église est d'une origine antique ; elle remonte au commencement du XIe siècle et fut fondée par Bernard, évêque du Comminges. La petite porte de l'église est d'une haute antiquité, s'il faut en juger par ses sculptures et par son style. L'intérieur du monument offre quelque chose de majestueux ; la voûte en est élevée et hardie ; ses arceaux parfaitement établis et les piliers, ornés de sculptures, sont d'une légèreté et d'une élégance admirables. On remarquera, en face de la chaire une toile d'une grande dimension, représentant Jésus-Christ crucifié. Ce tableau qui n'est pas sans avoir quelque mérite a été donné à l'église et peint par M. Montalègre de Saint-Gaudens. Le Palais du tribunal, quoique moderne, a été exécuté sur un plan régulier ; il est digne d'être visité. L'ancien couvent des Cordeliers, la Sous-Préfecture et l'Hôpital situé à l'extrémité de la ville, sur la route de Montréjeau, sont trois édifices qu'il faut voir.

De Saint-Gaudens, on arrive à Valentine en quelques minutes. Des restes de murailles, une tour carrée et une maison qui porte la date de 1550, sont les premiers objets qui frappent la vue en entrant dans la ville, et lorsqu'on a franchi le magnifique pont de pierre jeté sur la Garonne. L'église est dans un style moderne ; l'intérieur forme une large nef au fond de laquelle s'élève un très bel autel. Quatre tableaux qui ornent deux chapelles et qui représentent la naissance de Jésus-Christ, la descente de la Croix, l'adoration des Mages et l'Ascension, ne manquent pas d'expression et d'art. Le reste de la ville est fort bien bâti.

Mais ce que l'on voyait naguère avec plaisir et ce que l'on peut voir encore aujourd'hui, sans doute, c'est la magnifique fabrique de porcelaine de M. Fouque, qui fait vivre tant d'ouvriers. Ses produits rivalisent avec ceux de Limoges et de Choisy-le-Roi. Après avoir fait une visite minutieuse à cet établissement, on revient aux bains par le chemin d'Aspet, et on entre dans le bassin d'Encausse avec la satisfaction d'avoir bien employé sa journée.

Il reste une troisième et dernière course à faire : celle qui consisterait à visiter le village de Sauveterre d'où fût extrait, sous le règne de Louis XIII, le marbre qui a servi à faire la colonnade du Louvre ; et le château de Barbazan, situé au-delà de Malvézie, près du pont de Labroquère. Mais comme cette excursion pourrait paraître trop longue à nos baigneurs, nous la laissons à faire à ceux que les longues courses à pied n'effraient point. Les impressions qu'ils en rapporteront les compenseront de leurs fatigues. A eux maintenant le soin de se les procurer à peu de frais !

FIN DE LA NOTICE SUR ENCAUSSE.

# LES
# BAINS DE GANTIES.

## I

Situation des bains de Ganties. — Ancienne réputation de ces eaux. — Premières améliorations faites à ces bains. — Historique des lieux circonvoisins. — Pointis, Montespan, Bonnefond, Saint-Martory, Montsaunés, Arbas, Estadens et Pujos. — Etablissement, hôtel et logements. — Saison des bains et agréments divers.

Les bains de Ganties sont situés dans le canton d'Aspet, arrondissement de Saint-Gaudens, non loin de la route qui conduit de Saint-Martory à Aspet. Placés à l'origine d'un bassin magnifique borné à son extrémité par la commune de Pointis, et tout-autour par des riants côteaux, ils sont alimentés par des eaux qui sortent d'un monticule et vont former un lac voisin de l'établissement.

Avant la création des bains, ce lac était tout ce qui existait de la production de cette eau minérale; et encore était-il dans un état déplorable : des joncs, des plantes sauvages, des broussailles le couvraient de toutes parts. Le hasard, selon les uns, la tradition, selon les autres, mit en réputation les eaux de Ganties. Voici dans quelles circonstances : une vache atteinte d'une maladie cutanée se trouvant dans la prairie, allait boire dans le lac où elle pénétrait à travers les broussailles. On remarque que pour se désaltérer elle était forcée d'entrer dans l'eau et que ce bain de circonstance renouvelé souvent produisit la guérison radicale de l'animal.

Depuis ce moment, et à la suite de ce récit répandu dans le public, on vit accourir au lac des malingres, des ulcéreux, des estropiés dont les plaies étaient malignes qui venaient y chercher leurs guérisons. La nouvelle de ces cures reproduites si souvent, s'étant répandue dans les environs, il vint à la pensée des propriétaires du sol d'y former un établissement et d'y créer des bains. Depuis ce moment la foule des baigneurs n'a cessé d'y venir des différentes parties du midi de la France.

L'établissement dont nous aurons bientôt l'occasion de parler, se trouve bâti dans la partie Est d'une petite plaine oblongue, circonscrite par un cercle de montagnes couvertes d'une végétation luxuriante. Dans ce vallon, la vue s'y trouve agréablement recréée par des tapis de verdure qui se déroulent sur des prairies qui bordent les chemins qui conduisent vers la source.

Mais si les eaux de Ganties ont par elles-mêmes des vertus thérapeutiques inappréciables, ainsi que nous le constaterons, le pays qui les avoisine n'est pas moins important et mérite d'être mieux connu sous le rapport historique. De quelque côté qu'on tourne ses pas, on est certain de retrouver une contrée qui rappelle de beaux souvenirs.

Vers le nord et à l'extrémité du vallon de Ganties, on trouve le village de Pointis dont la fondation remonte au XIIe siècle. Situé sur la rive gauche du Gier, il occupe un sol dont la richesse et la fécondité sont proverbiales. Les seigneurs de ce pays ont joué un rôle important dans l'histoire de la maison de Comminges, et notamment le chevalier Arnaud de Pointis qui figura comme témoin dans le mariage de Pétronille de Comminges avec le comte de Bigorre. Mais l'événement le plus terrible pour cette localité, fut le passage de l'armée de Montgommery, à l'époque des guerres de religion qui remplirent une partie du XIVe siècle de troubles et de révolutions. On sait que le chef des Huguenots fut appelé par les protestants du Béarn, assiégés alors par les troupes de Montluc, et qu'il vint du fond du Rouergue. Son armée avait passé l'Ariège, elle se dirigeait vers Saint-Gaudens, lorsque l'avant-garde se trouvait tout-à-coup arrêtée devant Pointis par une troupe de catholiques qui y tenait garnison. La résistance ne fut pas longue; car Montgommery ordonna à son corps d'armée d'assiéger la ville et de la prendre d'assaut. Cet ordre fut exécuté immédiatement; et comme les habitants étaient soupçonnés de soutenir le parti catholique, le féroce Montgommery fit incendier la ville. Ce ne fut qu'un demi siècle après qu'elle sortit de ses ruines par les soins d'Isnard de Pointis, et avec les secours demandés à la cour par ce seigneur. Louis XIV accorda des franchises et des libertés aux habitants de cette localité, parmi lesquelles nous trouvons celles d'avoir deux consuls et de partager la justice avec celle du seigneur.

En suivant la base des coteaux qui, de Pointis, se dirigent le long des rives de la Garonne, on arrive au village de Montespan dont le château domine sur un vaste horizon. Le voyageur qui porte ses pas sur la route de Saint-Gaudens, peut contempler, à son aise, les pittoresques débris du château au milieu desquels surgit la vieille tour féodale qui, seule, a échappé encore aux ravages du temps, ainsi qu'un génie protecteur, elle domine le riant et fertile bassin de Pointis et de l'Estelle.

Voici l'origine du château de Montespan : En 1405, brillait à la cour du roi de Navarre, une jeune espagnole, fameuse par son excessive galanterie. Si bien que, *quoique demoiselle*, le ciel lui donna progéniture. Roger, c'était le nom de son enfant, devenu grand, bâtard de naissance, mais chevalier de cœur, se distingua par ses courses avanturéuses à la manière des Paladins. Il promettait même de les supasser tous en prouesses, lorsqu'il lui advint, de la succession de sa mère la propriété de grandes terres dans le Nébouzan. Seigneur riche et puissant, mais sans nom qu'il pût avouer au grand jour, le bâtard voulut s'en créer un qui fut à lui ; et il s'appela Roger d'Espagne.

Mais pour attacher à ce nom d'origine nouvelle, une durée plus authentique que celle des parchemins, il fit bâtir sur la crête d'un mont, en face des flots de la Garonne, une demeure de haut baron. *Monte-Hispania* auquel il inféoda son nom fut, dit la chronique, le premier titre de noblesse de messire Roger jusqu'alors inconnu. Des serfs dispersés dans ses domaines, vinrent s'établir autour du nouveau donjon, et leur nombre forma la circonscription du manoir. Plus tard le mont d'Espagne se convertit, à son tour, dans le langage du pays, en Montespan.

Sous le règne de Louis XIV, le seigneur de Montespan, voulant partager ce qu'on appelait les faveurs de la cour, se rendit à Paris où il épousa M<sup>lle</sup> Athénaïs de Rochechouart qui ne se faisait appeler que M<sup>lle</sup> Tonnay Charente, laquelle devint la célèbre maîtresse du roi dont on rapporte l'histoire suivante :

## LE CHATEAU DE MONTESPAN.

On sait qu'elle était la versabilité du cœur de Louis XIV en amours, et avec quelle facilité il usait les sentiments de ses malheureuses victimes. Il eut été donc impossible à M<sup>me</sup> de Montespan, malgré sa bonne volonté de captiver un amant très volage. Aussi, toutes ses grâces et ses charmes s'éclipsèrent-ils devant les beaux yeux de M<sup>lle</sup> de Fontanges ; et, chose extraordinaire ! son crédit à la cour se perdit entièrement par les intrigues de M<sup>me</sup> de Maintenon, la gouvernante de ses enfants.... royaux. Quelle trahison ! Oui, la femme du cul-de-jatte Scarron, précieuse et adroite bigotte, se hissa sur les brisées de toutes les prostituées à titre, voire même sur celles de la pauvre reine, lorsqu'elle n'était encore qu'en service, en *condition* chez M^me de Montespan. Ce coup si bizarre de la faveur atterra cette dernière qui comprit enfin, qu'entre la maîtresse et la servante, il ne saurait exister aucun rapprochement sur les degrés d'un trône, où elle s'était assise si longtemps. Aussi, depuis ce moment, commença-t-elle à se retirer de la cour, n'emportant pour tout gage de l'amour royal que quatre ou cinq nobles rejetons princiers.

Ce fut quelques jours avant de prendre cette détermination, commandée par l'amour-propre outragé, que sortant d'assister au *petit lever de la reine*, elle rencontra sur les marches du grand escalier M. de Montespan, qu'elle n'avait pas vu depuis longtemps :

— Parbleu ! Monsieur de Montespan, dit-elle, avec cet air de franchise et de gaîté qu'elle savait si bien prendre, je vous vois fort à propos ; Savez-vous que j'allais à votre hôtel vous faire un reproche que vous méritez !

— Lequel, Madame, répondit en s'inclinant le respectueux mari ?

— Celui de votre indifférence à mon égard. Car, difficilement on a le plaisir de vous voir dans mes salons. D'où viennent ces absences ?

— Le nombre de vos visiteurs était si empressé, madame, que je me perdais dans leur foule. J'ai renoncé à faire antichambre.

— Allons donc ! vos droits à mon estime étaient trop bien acquis pour vous supposer un peu plus d'audace. Au reste, allez-vous souvent dans vos terres, M. de Montespan ?

— Plus souvent que je ne reste à Paris, Madame. En ce moment, j'allais encore chez le Ministre prendre le congé d'un départ définitif pour mon château.

— En ce cas, j'aurai l'honneur de vous accompagner en province ; car je veux admirer vos domaines, ou plutôt *nos domaines de Montespan*. Ces dernières paroles furent accompagnées d'un sourire si gracieux, qu'elles auraient désarmé la colère d'un homme plus susceptible que le seigneur de Montespan. On conçoit donc tout le bon accueil qu'elles trouvèrent dans le cœur d'un mari si complaisant et de mœurs si faciles.

En effet, trois jours après cette entrevue, un magnifique équipage se dirigeait sur la route du Languedoc, annonçant toute l'importance d'un voyage royal. Ce fut le 30 juin de l'année 1679 qu'il s'arrêta sur les frontières du Comminges, devant le donjon du château du sire de Montespan. Tout était calme dans le manoir. A peine se douta-t-on de l'honneur que la grande dame faisait à son époux, le noble seigneur du lieu. Les bois, les forêts étaient calmes et paisibles; et la Garonne roulait tranquillement ses ondes, au dessous du rocher sur lequel s'élevait le château.

Quelques jours s'étaient à peine écoulés depuis l'arrivée de M$^{me}$ de Montespan au château de son auguste époux, lorsque elle voulut visiter *les merveilles* de la contrée, ainsi qu'elle le disait dans son langage et avec sa morgue accoutumée de grande dame. Aussi, profitant d'une magnifique journée du mois de juillet et d'une disposition d'esprit favorable à ses instincts voyageurs, elle fit appeler, dans son appartement, M. de Montespan qui, sans cet ordre, n'aurait eu garde de se présenter devant son épouse :

— Voyons, M. de Montespan, lui dit-elle, prenez un siége et causons ensemble. Qu'avez-vous de merveilleux dans vos contrées? Car, enfin, je dois finir par faire connaissance avec vos alentours. Soyez une fois galant dans votre vie, si vous voulez me faire prendre goût à votre résidence?

— Madame, répondit très-humblement le sire de Montespan, cette contrée est riche en souvenirs historiques. Les Romains, à ce que dit M. Mezerai, ont occupé ce pays; il faut, sans doute qu'il ait eu quelques agréments, puisqu'ils sont venus de si loin habiter ces montagnes.

— C'est juste, répliqua avec un sourire moqueur, la maîtresse du grand roi, en admirant la naïveté de son époux. Mais encore, M. de Montespan, les Romains ont dû laisser des monuments de leur passage. Vous voyez que Louis XIV a fait bâtir Versailles, les Tuileries, les portes triomphales de

Saint-Denis et tant d'autres édifices qui porteront sa gloire jusques dans les générations futures les plus reculées. On parlera, plusieurs siècles après celui-ci, des merveilles du grand roi ! N'auriez-vous rien à nous dire des Romains ?

— Ah ! Madame, ces peuples conquérants ne s'occupaient le plus souvent qu'à démolir et bâtissaient quelquefois ; Saint-Bertrand était la capitale de la contrée. Dès que la marquise eut passé quelques jours à visiter les curiosités des environs, M. de Montespan voulut lui donner la surprise d'un spectacle singulier qu'il lui avait ménagé. Il fallait bien payer ses gracieuses bontés par quelques complaisances maritales.

Or donc, il disposa un fort beau pavillon au sommet de la tour, où il fit servir un repas magnifique, honoré de la présence de tous les seigneurs du voisinage. Pendant que les convives étaient en grande liesse, un rideau s'ouvrit tout-à-coup et mit à découvert tout l'horizon des montagnes. Le ciel était beau, le paysage dessinait le moindre de ses accidents, et la vue embrassait tout un espace magnifique.

— Madame, dit alors avec une intime satisfaction, M. de Montespan, vous voyez se dérouler à vos pieds le tableau enchanteur des Pyrénées. Ce cadre seul, dont mon château est le point le plus élevé, vaut bien sans doute les montagnes mouvantes et les palais peints des fêtes du Carrousel.

— Il est vrai, M. le Marquis, tout est beau, tout est grand, dans ce spectacle de la nature ; trop grand ! car, devant lui nous sommes petits. Mais, au moins les frais de représentation ne vous ont point coûté fort cher, faisant ainsi allusion aux dépenses folles de Louis XIV. Par compensation, Marquis, tout ceci est bien désert.

— Votre présence, Madame, peut animer ces lieux, si vous daignez y commander en reine. La cour...

— Ne parlons point de cela, interrompit brusquement la belle dame ; il ne peut y avoir des reines, M. de Montespan, que là où sont les rois ; ici, l'on n'est que modeste châtelaine ; au surplus, j'approuve de tout mon cœur votre prédilection pour vos domaines. Aussi, aurez-vous bientôt un gage certain qu'ils seront toujours conservés dans votre famille.

Cependant Madame de Montespan se désenchantait tous les jours de son exil dans la Province, malgré les soins qu'on se donnait pour le lui rendre supportable. D'ailleurs son voyage avait été entrepris avec intention, elle allait atteindre son but ; une indisposition qui n'avait aucune gravité sérieuse retenait, depuis quelques jours, la belle dame dans son appartement, lorsque le 1er septembre elle mit au monde un enfant qu'elle voulut appeler Roger. On sait que ce fut sous ce nom que Louis XIV se présentait dans les fameux tournois donnés à la noblesse en 1664. Tandis que M. le marquis se pressait autour du berceau du nouveau-né, Mme de Montespan lui dit avec cette affection expansive que les courtisans savent si bien singer :

— Au moins, marquis, celui-là sera votre héritier en ligne directe.

— Il est permis d'en douter, madame, car il n'y a que six mois que vous êtes sur mes terres.

— Fi donc ! le doute en pareille circonstance est une insulte. Certainement, sa majesté ne dotera point celui-ci. Il sera le seigneur de Montespan, et son apanage est le château où il a reçu le jour.

En effet, l'innocente créature fut élevée dans le manoir de Montespan, tandis que sa mère, la grande dame, se rendit à Paris pour aller ensuite mourir aux bains de Bourbon en 1707. C'était bien là la femme à qui les sacrilèges ne coûtaient rien pour tromper la crédulité de la reine, et de laquelle la Baumelle a dit, à propos de ses entrailles qu'un capucin jeta aux chiens, à cause de leur infection : *est-ce qu'elle en avait ?* Le sire de Montespan, son digne époux, mourut aussi, en laissant le jeune Roger seul possesseur de ses domaines. Mais comme la fatalité avait dû s'attacher constamment à cette malheureuse famille, Roger s'éteignit sans postérité. Ce qui a fait dire à un chroniqueur : « un bâtard commença la race des seigneurs de Montespan, un bâtard y mit fin. » Aujourd'hui les ruines du château gisent éparses sous le sceau de cette double infamie; car, pour l'instruction des grands et du siècle, Dieu n'a voulu aussi que le crime eût son immortalité !

Sur les bords opposés de la Garonne que l'on traverse sur un bac, on trouve le lieu de Beauchalot situé à peu de distance de l'ancienne voie romaine qui se dirigeait de Toulouse à *Lugdunum Convenarum* (Saint-Bertrand). Non loin de Beauchalot s'élève un monument romain, espèce de niche consacrée à une divinité païenne. Au delà, sur le versant opposé des côteaux qui avoisinent la route, on peut aller visiter les ruines de l'ancien couvent de Bonnefond dont l'histoire est digne d'être connue.

L'Abbaye de Bonnefond fut fondée vers le commencement du XIIe siècle, en 1137; elle était de l'ordre de citeaux. Le lieu ne pouvait pas être mieux choisi. D'un côté, un plateau assez fertile, arrosé par des eaux limpides, s'élève en amphithéâtre; de l'autre, des prairies d'une fraîcheur admirable, situées le long d'un petit ruisseau; des bois magnifiques servant d'abri contre les vents du nord et du couchant faisaient de Bonnefond un séjour agréable.

Ce qu'on voit aujourd'hui est loin de donner une idée de ce que ce monastère fut autrefois; le propriétaire qui en fit l'acquisition, en ayant démoli une grande partie et notamment le portail, les ouvertures et tout ce qui composait le travail de l'architecte et du sculpteur. Une auberge nouvellement construite à Saint-Martory avec ses débris peut nous donner une idée de la splendeur artistique de ce monastère.

Le couvent de Bonnefond a joui pendant la féodalité de beaucoup de considération, non seulement parmi les peuples mais encore parmi les souverains du Comminges; Bernard-Roger, comte du pays, l'enrichit de biens considérables; Bernard II, y choisit sa sépulture; après lui avoir fait donation de divers domaines, de tous ses reliquaires, vêtements, bijoux et meubles précieux. A toutes ces faveurs particulières, les suzerains en ajoutèrent encore bien d'autres et qui avaient une plus haute importance.

Ainsi, l'abbaye de Bonnefond faisait partie des états du Nébouzan ; et on voit que l'abbé présidait aux états de la vicomté qui se tinrent à Saint-Gaudens en 1441. Dans toutes les transactions et assemblées publiques ; dans tous les actes, les synodes des évêques qui remplissent cette époque, on voit figurer les abbés de ce couvent et exercer une grande influence sur les destinées du pays.

Mais la date désastreuse pour ce monastère, fut celle qui se rapporte aux guerres de religion. En 1568, des troupes de protestants s'en emparèrent et le pillèrent, après avoir porté le ravage et la destruction dans les environs. En 1591, il fut encore saccagé, en même temps que le village de Pointis par les soldats de Montgommery. L'opposition que les religieux faisaient à la réforme de Luther et les richesses qu'ils possédaient contribuèrent beaucoup à leur attirer l'animosité de ce chef assez indifférent en fait de sentiments humains. Ce qui reste, de nos jours, de ce couvent peut encore donner une idée de sa grandeur passée. Au surplus, il est question en ce moment, de l'achat de ces vieux débris et de son sol pour le consacrer à un autre ordre religieux : celui des Chartreux ou des Trapistes.

De Bonnefond à Saint-Martory, la distance n'est que de deux ou trois kilomètres. Saint-Martory n'a que son nom qui remonte, selon les annales religieuses, au IX° siècle, époque où la persécution sarrazine ayant fait des Martyrs, on donna à ce lieu le nom de Saint-Martory (saints martyrs). Il existe même, à ce sujet, une légende assez curieuse et qu'il est inutile de consigner ici. Quant aux monuments anciens, il n'en existe point de bien authentiques. On voit seulement que cette petite ville a été fortifiée ; car on admire encore des restes de murs qui témoignent en faveur de son antiquité. On peut compulser à la mairie un manuscrit renfermant le dénombrement des habitants de Saint-Martory avec leurs cotisations, au XV siècle, qui n'est pas sans avoir un certain mérite, comme document historique.

Après Saint-Martory, on doit visiter Montsaunés situé sur

la route de Saint-Girons à quatre kilomètres environ de distance. Ce village appartenait aux Templiers qui le regardaient comme une de leurs meilleures commanderies. Les droits et privilèges dont jouissaient les habitants de ce lieu, vers le XIXᵉ siècle, sont tous conformes à des règlements militaires. Cet ordre apportait dans toutes ses concessions, un cachet particulier de despotisme qui revit dans la charte *octroyée aux manants de Montsaunés*, en 1341, à un suprême degré.

Quoiqu'il en soit, l'église de Montsaunés qui paraissait être contigüe à la commanderie, s'il faut en juger par les traces architecturales que l'on remarque du côté du levant, est un monument très curieux et qui parait remonter au IXᵉ siècle. Les voussures du portail en plein-cintre, sont d'un travail exquis, et les colonnettes de la porte qui communiquait avec le couvent sont dignes de fixer l'attention d'un artiste. Il était question au reste, de réparer l'église aux frais de l'état, comme monument classé parmi ceux qui méritent d'être conservés.

En suivant la route jusqu'à Mane, il faut la quitter à cet endroit et se diriger vers les profondeurs de la montagne jusqu'au bourg d'Arbas. Une montagne taillée perpendiculairement et qui semble arrêter tout court les pas du voyageur; des maisons bâties à ses pieds et protégées, de tous côtés, contre tous les vents comme si elles étaient assises sur l'arène d'un amphitéâtre, telle est la situation géographique de cette localité. Les veaux de cette contrée lui ont acquis une grande réputation dans nos départements; mais le nom qu'elle porte a une renommée bien autrement grande dans l'histoire. Car on est généralement d'accord aujourd'hui que ce nom d'Arbas tire son origine des anciens *Arevacci* peuplades réunies aux *Convenæ* et aux *Vettons* que Pompée contraignit de bâtir la ville de *Lugdunum Convenarum*, (Saint-Bertrand de Comminges). Il faut donc supposer que ce coin de montagne et les environs servaient primitivement de retraite à ces tribus errantes.

En quittant Arbas, on gravit des coteaux qui séparent cette dernière localité du village d'Estadens, si renommé, avant la révolution de 89, par la cruauté et les manies tyranniques du seigneur de ce nom. Estadens est un village bâti dans un joli bassin bien cultivé et très fertile. En sortant d'Estadens on peut aller visiter l'église de Pujos qui chaque année, à la fête de saint Jean, sert de pélérinage aux espagnols et aux habitants des vallées frontières. La statue du saint et la grotte ou fontaine qui sert aux ablutions des malades et des infirmes qui y vont chercher leurs guérisons, sont les deux merveilles du lieu.

Comme touses les fêtes religieuses de ce genre, la fête de la saint Jean à Pujos sert de motif à des repas champêtres qu'on y fait en même temps qu'à des prétextes de dévotion. Ce pélerinage offre, au reste, un spectacle fort curieux et qu'on ne doit point dédaigner. La distance qui sépare Pujos de Ganties étant très rapprochée, on rentre à l'établissement de Bagnis par des coteaux délicieux.

Si les environs de ces bains ont, comme on voit, une certaine importance historique, l'établissement en lui-même ne laisse rien à désirer. Parlons d'abord de la source.

Avant 1835, le lac était abandonné à tous les malades qui venaient y chercher leurs guérisons; il se trouvait dans un état déplorable, lorsque les propriétaires du terrain se déterminèrent à y bâtir des bains et à y faire des logements. A cette époque, nous voyons, en effet, par les soins de M. Ribet et M. Dencausse propriétaires actuels de ces eaux, s'élever un établissement simple, mais commode et réunissant toutes les conditions du bien-être. Des baignoires en marbre, en zinc, au nombre de vingt-cinq; quatre douches et des cabinets spacieux et bien aérés sont les premières conditions de bien être, remplies par les propriétaires de l'établissement. De nombreuses améliorations ont été encore apportées au service des bains qui ne laisse rien à désirer.

Tout près des deux établissements se trouve encore une source ferrugineuse appartenant à M. Dencausse dont la valeur thérapeutique peut être tous les jours mise à profit par les malades qui ont besoin de reconstituer leur sang appauvri.

La réputation de ces eaux ayant appelé aux environs de la source un grand concours de baigneurs, on a vu s'élever, en peu d'années, de nombreux logements, des maisons qui offrent aux étrangers toutes les commodités désirables pour y passer d'une manière confortable la saison des eaux. Mais parmi les établissements que renferment les bains de Ganties, nous devons citer principalement l'hôtel Hajau qui se distingue entre tous les autres.

Situé en face les bains, il réunit à des chambres spacieuses et très bien meublées, un salon qui sert à une table d'hôte très bien desservie et à des prix fort modérés.

Tous les fruits de la saison y abondent ; le veau d'Arbas, le gibier et la volaille n'y manquent jamais. Ce qui joint aux soins empressés et à la bienveillance dont la famille de M. Hajau se montre pénétrée envers les étrangers, en fait un séjour délicieux.

L'auteur de la *Topographie médicale du département de la Haute-Garonne*, s'exprime ainsi au sujet des eaux de Ganties ou de Couret, comme il les appelle :

« Couret, dans un vallon frais et riant, où serpentent plusieurs ruisseaux à travers de charmantes prairies, est à une élévation médiocre et découvert, soit au midi, soit au levant. Entre Rouède et Couret, au-dessous du château qui domine ce dernier village, est un lac formé par une source qui sourd dans un pré. Cette eau a la réputation de guérir les ulcères ; il s'en dégage sans cesse beaucoup de bulles ; elle est fade, sans odeur et ne forme point de précipités. Mais les gaz qui s'en exhalent sans cesse concourent effectivement à la guérison des ulcères. »

Ainsi les bains de Ganties réunissent-ils aujourd'hui tous les agréments désirables, joints à l'efficacité des eaux dont nous allons décrire les effets.

# II

Eaux de Ganties considérées sous le rapport thérapeutique, par le docteur Castéra (de Pointis). — Observations sur divers cas de maladies. — Guérison de la Carie. — Cures d'Ulcères et de plusieurs Névralgies. — Détails sur ces diverses maladies. — Efficacité des eaux de Ganties contre les Névroses, les attaques Hystériques, les Fleurs blanches, les Hémorrhagies utérines, etc., etc., etc.

Lorsque les propriétés chimiques d'une eau minérale ont été déterminées, dit le docteur Castéra, l'analogie a fait connaître bientôt les effets curatifs qu'elle doit produire sur les maladies, et le médecin se trouve avoir à sa disposition une donnée précieuse dont il se sert dans l'intérêt de l'humanité.

Mais il ne faut pas croire que la connaissance de l'analyse chimique d'une eau suffise ou soit indispensable au praticien pour en diriger sagement l'administration ; il est bien plus important et plus utile encore d'apprécier sa valeur thérapeutique. Il est des choses, en effet, qui échappent nécessairement à l'analyse et qui doivent avoir néanmoins une grande influence sur les propriétés médicales de cette eau.

C'est donc sur une bonne méthode expérimentale et par des observations assidues, exactement suivies, tirées des effets obtenus par les eaux de Ganties, que les médecins en ont découvert et découvrent, tous les jours, les véritables propriétés, bien mieux que par la recherche des principes qu'elles renferment. Puisque lors même que ces principes se décèlent et s'offrent à l'investigation des hommes de l'art, ils leur cachent néanmoins l'action et le pouvoir qu'ils exercent sur les organes.

Pénétrés de ces vérités, MM. Dencausse et Ribet, propriétaires des deux établissements, ont fait choix de M. Castéra, docteur-médecin, plein de zèle, de talent et de dévoûment qui se rend régulièrement, trois fois par semaine, pendant la saison des eaux, à l'établissement de Ganties pour diriger le traitement des maladies, donner des consultations et recueillir des observations qui viennent journellement sanctionner l'efficacité de ces eaux.

Nous désirerions pouvoir mettre sous les yeux du public le détail du nombre considérable des cures obtenues par l'usage des eaux de Ganties prises tant à l'intérieur qu'à l'extérieur, mais nous serions forcés d'entrer dans de trop longs développements. Aussi, nous bornerons nous à citer une ou deux observations principales de chacune des maladies qui ont été empruntées à M. Castéra, inspecteur officieux de ces eaux et qu'il a bien voulu nous communiquer dans la forme suivante :

« Ces observations, dit M. le docteur Castéra, ont pour but de fournir aux hommes de l'art des données positives sur l'efficacté des eaux qui font l'objet de cette relation, et d'offrir aux malades qui nous liront des cas qui pourront avoir une analogie plus ou moins complète avec leurs affections, et leur procurer ainsi le moyen de se soulager.

« L'expérience a démontré, depuis long-temps, que les eaux de Ganties sont infiniment utiles, soit en bains, soit en boissons, ou prises des deux manières à la fois : contre les Névralgies, telles que la Coxalgie, la Sciatique et tout ce qu'on appelle vulgairement maux de nerfs, l'Hysterie et l'Hypocondrie. Elles sont encore employées avec succès contre les affections de la peau que le printemps ramène, ou même contre celles qui sont devenues permanentes, anciennes, rebelles et revêtant la forme dartreuse ; et cela, en secondant leur action à l'intérieur par la boisson de sucs d'herbes dépuratives, de laxatifs ou de purgatifs doux.

« L'efficacité de ces eaux a été observée, en outre, contre les maladies du système locomoteur, le Rhumatisme musculaire, articulaire, la raideur des membres ou défaut de mobilité des articulations. Les eaux de Ganties ont une action très marquée contre les maladies des voies urinaires occasionnées par la diathèse unique, l'atonie de la vessie, le catharrhe vesical ; contre la Gravelle, le calcul commençant ; en augmentant la quantité des urines et dissolvant même certains produits, ces eaux expulsent les éléments qui existent dans la vessie et préviennent ainsi la formation de la pierre ; contre les écoulements blancs anciens et rebelles, désignés sous les noms de fleurs blanches ou blennorrhées. Elles sont d'une efficacité reconnue contre les hémorrhagies résultant d'un sang appauvri, peu consistant, mal élaboré, contre les chloroses ou pâles couleurs, la cachexie commençante contre le défaut ou le retard de la menstruation, dépendante de la viscosité des liquides qui circulent dans l'économie, le défaut de ressort, l'engorgement du système utérin qui n'a point la susceptibilité nécessaire pour permettre à cette fonction de s'opérer.

« Dans plusieurs circonstances l'usage de ces eaux ont suffi contre les douleurs nerveuses de l'estomac et du tube digestif en général, désignés sous les noms de Crampes, de Gastralgies et Entéralgies. Mais c'est surtout contre les plaies que les eaux de Ganties sont réellement héroïques, elles calment les douleurs et l'inflammation, empêchent les accidents consécutifs et le travail de la cicatrisation s'opère avec une grande rapidité ; elles modifient aussi avec promptitude les diverses ulcères et les fistules en général, mais particulièrement celles entretenues par la carie des os ; ces derniers effets sont tellement constatés, si parfaitement établis et si généralement répandus dans tous les environs, que je n'ai pas besoin de donner ni deux ni quatre observations, attendu que je pourrais en fournir par milliers.

« Tels sont les résultats de mes observations et de mon expérience dans le rapport thérapeutique des eaux de Gantiès, auxquelles des malades de toutes les conditions et pour ainsi dire de toutes les contrées de la France, viennent chaque année demander du soulagement ou des guérisons qu'aucun moyen thérapeutique n'a pu leur donner.

« M. D..., de Muret, atteint d'une éruption vésiculeuse aux membres inférieurs, qui était venue à suite d'une gâle très rebelle, se trouvait dans l'impossibilité presque absolue de marcher, tant le gonflement et l'irritation de ses jambes était considérable. Indépendemment des vives douleurs que cette maladie rebelle lui occasionnait, un suintement continuel dégageait une odeur désagréable ; cet écoulement se concretait ensuite pour former de larges croûtes sèches qui en se détachant laissaient à nu une grande surface très sensible et très douloureuse.

Il se trouvait dans ce fâcheux état qui commençait à réagir sur son moral, lorsqu'il vint en 1840, en désespoir de cause, demander aux eaux de Gantiès un secours qu'il n'espérait plus. L'usage de ces eaux en bains et en lotions plusieurs fois répétés dans la journée le guérirent radicalement, et tous les ans, jusqu'en 1848, il s'est rendu à Gantiès pour consolider sa guérison.

« M. N...., de Fousseret, atteint aussi d'une maladie semblable, venue sans causes connues, quoique n'ayant pu être amendée par aucune espèce de médication, sa marche progressive avait mis en peu de temps le malade dans l'impossibilité de faire le moindre exercice. Indépendamment des douleurs vives que cette maladie occasionnait, les deux jambes affectées dégageaient une odeur nauséabonde. En 1850 M. N. se rendit aux eaux de Gantiès et au bout de 18 jours à l'aide d'application de douches, de lotions souvent répétées dans la journée, des bains généraux et plus tard d'une compression méthodique, il put marcher librement et se trouva tellement soulagé, qu'il crut pouvoir remettre sa guérison radicale à l'année prochaine.

« M. C... de Toulouse était affecté d'une carie de l'omoplate sur laquelle se trouvait un trajet fistuleux qui laissait suinter depuis dix ans un pus rougeâtre, très fétide. Pour se débarrasser de cette maladie, il avait eu vainement recours aux sommités de la science et avait également essayé sans résultat les bains de Luchon, de Bigorre et presque de toutes les sources des Pyrénées, lorsqu'en 1848, il se rendit à Ganties où quelques bains et des injections par le trajet fistuleux le guérirent radicalement. Depuis cette époque, M. C... se rend annuellement à Ganties, non plus à cause de sa maladie dont il ne reste plus de traces, mais entraîné par un sentiment de reconnaissance pour ces eaux qui lui ont donné la santé.

« M. B.... de Montespan, jeune homme renvoyé du service après avoir suivi un traitement fort long à l'hôpital militaire de Paris pour une carie du metatarse, se rendit à notre établissement en 1844, c'est-à-dire quelques mois après son retour dans ses foyers. A peine eut-il pris une quinzaine de bains généraux et des injections, la supuration se ralentit presque immédiatement; le trajet fistuleux se cicatrisa et la carie disparût comme par enchantement.

« Madame S.... de Toulouse, tourmentée depuis plusieurs années par des douleurs qui lui causaient une névralgie dentaire, se rendit à Ganties, en 1845. Après avoir suivi une infinité de traitements qui n'avaient produit aucun effet salutaire, à peine eut-elle pris quelques bains que ses souffrances diminuèrent pour disparaître complètement. Au bout d'un mois, cependant, le froid de l'hiver ayant réveillé ses douleurs, elle n'oublia pas le soulagement que lui avaient procuré les eaux de Ganties, elle revint l'année suivante et se retira, cette fois, radicalement guérie. Depuis cette époque Madame S..... vient tous les ans faire usage de nos bains.

« Madame C.... d'Auzas atteinte d'une névralgie faciale qui s'étendait jusqu'à la moitié du crâne, souffrait cruellement depuis plusieurs mois; et ses douleurs étaient tellement fortes et tellement persistantes, malgré tous les remèdes qu'elle leur avait opposés qu'elle ne pouvait se procurer un instant de repos.

« En 1844 elle se rendit à Ganties ; après avoir pris une trentaine de bains et des applications de douches sur tous les points douloureux ; elle se retira à peu près guérie ; mais l'année suivante elle vint de bonne heure compléter sa guérison, et depuis, elle se fait un devoir tous les ans de venir passer quelques jours à notre établissement.

« M. E.... et ses deux demoiselles de Fousseret, atteints tous les trois à des degrés différents, d'une névrose caractérisée par des douleurs qui quelquefois se fixant au cœur, déterminaient des palpitations ; d'autrefois aux poumons suffoquaient les malades ; tantôt, c'était l'estomac et les intestins qui étaient attaqués et immédiatement des crampes plus ou moins vives, se faisaient sentir dans ces organes ; d'autrefois, c'était la tête ou tout le système nerveux qui était envahi ; et alors la céphalalgie, des baillements, des brisements de membres se faisaient sentir, en même temps que toutes les autres fonctions de l'organisme se trouvaient dérangées. Cette famille se rendit, en 1842, à Ganties. Dès cette même année, elle éprouva un grand soulagement ; et tous les ans, depuis cette époque, elle vient prendre des bains afin de s'épagner de cruelles souffrances durant la froide saison ; et dans l'espoir de parvenir à une guérison complète.

« Le sieur S. M.... d'Aspet, affecté d'attaques hystériques qui venaient le frapper tous les jours, à des époques indéterminées, fut obligé de quitter son état de tisserand, tant cette maladie faisait, en lui, des progrès rapides, tandisque ses attaques devenaient de plus en plus longues.

« En 1848, il se rendit donc à Ganties ; et après y avoir pris quelques bains ; il se retira complètement guéri. Depuis cette époque, je puis certifier qu'il n'a pas eu une seule attaque.

« Mademoiselle D.... de Miramont affectée de la même maladie, au moyen de l'usage qu'elle fait, tous les ans, des bains de Ganties, sa santé se trouve améliorée et ses attaques ne viennent plus que de loin en loin. Nous pensons qu'en continuant ainsi quelques années encore, elle se débarrassera de cette affection nerveuse qui n'a pû être modifiée que par les eaux de Ganties.

« Madame A. V. de Toulouse, était affectée de fleurs blanches très abondantes, qui avaient épuisé considérablement la malade et déterminé un état d'amaigrissement prononcé qui donnait de sérieuses inquiétudes à toute sa famille. La susceptibilité nerveuse chez cette dame était devenue telle, qu'un mouvement brusque, qu'un cri même léger, la chute d'un corps peu lourd lui occasionnait des attaques de nerfs. Vainement elle avait eu recours aux ressources de l'art, aucune médication n'avait pu, ni arrêter, ni diminuer même cet écoulement qui occasionnait de si grands ravages sur sa constitution. En 1839, elle se rendit à Ganties, et les bains généraux et les injections vaginales continuées pendant un mois, supprimèrent le flux vaginal; l'affection nerveuse qui en était la conséquence disparut et Madame A. V. se retira entièrement guérie au grand étonnement des médecins qui l'avaient soignée.

« Madame E. B. de l'Isle-en-Jourdain, affectée également de fleurs blanches, suite de couche, était considérablement épuisée par les pertes abondantes qu'aucun moyen n'avait pu arrêter. Elle fit usage de nos eaux, en bains et injections vaginales pendant trent-cinq jours, et au bout de ce temps, les pertes cessèrent, l'appétit revint, et, avec lui, la santé dont elle n'avait point joui jusqu'alors. »

Le sieur M. R., de Soueich, fut atteint, en 1846, d'un rhumatisme général avec des douleurs vives, déchirantes; ces douleurs, que le malade manifestait à chaque instant par des cris, augmentaient par la pression et principalement par les mouvements que nécessitaient les muscles affectés. Après avoir essayé vainement les moyens indiqués par la nature et la gravité de cette maladie, le sieur M.... se fit porter à Ganties : il arriva dans un état vraiment déplorable, car indépendamment des douleurs aigues que j'ai mentionnées et qui se manifestaient le long des membres, la pluspart des articulations étaient tuméfiées. Le lendemain de son arrivée il fut mis dans une baignoire par quatre personnes qui lui firent endurer de cruelles souffrances malgré toutes les précautions qu'elles prirent; au cinquième bain de deux heures chaque, un petit soulagement se manifesta; et au douzième, le malade n'eut plus besoin d'aides. Il se retira après le trentième bain à pied chez lui radicalement guéri.

Le sieur N. M. de Saint-Martory affecté de douleurs rhumatismales dans tous les membres et principalement dans les membres abdominaux, n'avait éprouvé qu'un faible soulagement à la suite d'un long traitement qu'il avait suivi. Il se fit porter à Ganties, et après y avoir pris vingt bains il put quitter ses béquilles dont il était forcé de se servir pour marcher et se retira parfaitement guéri.

Madame F., de Toulouse, affectée depuis plusieurs années de pertes rouges (hémorrhagies utérines), qui arrivaient à des époques indéterminées dans l'intervalle des menstrues, se trouvait dans un tel degré d'épuisement que les médecins qui lui avaient donné des soins avaient de sérieuses craintes sur le résultat probable d'une maladie si rebelle. Fatiguée de tous les remèdes que des médecins très habiles de Toulouse lui avaient administrés, rebutée d'ailleurs par le long usage qu'elle avait été obligée d'en faire, M. F. ne sentait plus le courage ni la force de recourir à de nouveaux moyens, lorsqu'en 1845 une de ses amies l'engagea d'aller à Ganties, où elle-même avait trouvé sa guérison pour une affection pareille. A cette époque la maladie avait fait beaucoup de ravages, les lèvres, le reste de la face et même de toute la malade étaient pâles, les yeux ternes, la vue affaiblie, parfois il survenait des tintements d'oreilles, des défaillances des syncopes et l'affaiblissement général était arrivé presque à son comble. Au bout d'un mois de traitement, de bains, d'injections vaginales, de lotions abdominales et des lavements froids avec les eaux de Ganties, la malade éprouva un grand soulagement général et eut le bonheur de voir son hemorrhagie utérine s'arrêter. Tous les ans depuis cette époque elle vient rendre hommage aux sources qui lui ont procuré la santé.

M. R. de Toulouse, était tourmentée de pertes rouges qui ne discontinuaient que pour être remplacées par un flux blanc jaunâtre (Fleurs Blanches). Cette maladie qui datait depuis assez long-temps et qui avait résisté à toute espèce de médication avait épuisé considérablement la malade. Le système nerveux était devenu excessivement irritable, à tel point que la moindre impression la jettait dans un abattement et dans une prostration de forces qui la rendaient incapable à se donner le moindre mouvement. L'organe affecté laissait fluer le sang tantôt d'une manière continue, tantôt sous forme d'un gros caillot, et quand l'un et l'autre de ces deux modes d'hémorrhagies cessaient, ils étaient immédiatement suivis d'une leucorrhée abondante (perte blanche). M. R. se trouvait dans cet état lorsqu'en 1845, elle vient demander un soulagement aux eaux de Ganties, un séjour d'un mois et demi dans l'établissement, avec l'usage, pendant ce temps, de bains, lotions abdominales, injections et une médication interne appropriée, la guérirent radicalement.

## III

Itinéraire dans les environs. — Le village de Pujos. — Course au bourg de Pointis-Inard. — Ancienne Charte du pays. — Village de Montespan. — Source médicinale. — Retour à Ganties.

Non loin de l'établissement des bains de Ganties, dans un vallon fertile qui arrête et charme les regards du voyageur, se présente à l'aspect du midi et du levant, en face de la montagne de Kagire, le village de Pujos, à une élévation médiocre et sur un plan légèrement incliné. La fertilité du sol, la fraîcheur des prairies, un grand nombre d'arbres fruitiers, la crête des côteaux couronnée par des bois de chênes et de chataigniers, voilà à peu près ce qui distingue cette petite, mais délicieuse enceinte dont la culture et le site riant contrastent avec l'admirable perspective de Kagire.

La grotte de Pujos est renommée par les pélérinages qu'on y fait le jour de la fête de Saint-Paul. On y voit arriver de toutes parts, depuis les vallées espagnoles jusqu'aux extrémités de l'arrondissement, une foule compacte qui vient célébrer par la prière, par des repas et par des jeux les vertus curatives de l'eau de la grotte et la sainteté du Patron du lieu. Ce genre de fêtes sont assez communes dans les Pyrénées.

De Pujos on peut se rendre facilement à Aspet, par la route départementale qui vient de Saint-Girons, et rentrer, le soir, aux bains de Ganties. Cette première promenade, du côté du levant de l'établissement, doit être suivie d'une course qu'on peut faire, le lendemain, du côté opposé, au village de Pointis-Inard.

C'est à l'embouchure du Ger et dans une presqu'île formée par cette rivière et la Garonne, aux approches de leur confluent, que sont situés la commune et le village de Pointis-Inard, à l'exposition du nord et du couchant. Le fonds riche et fertile de cette commune produit beaucoup de blé, du maïs et de pommes de terre. L'auteur de la *Topographie médicale* du département fait la description suivante des habitants de Pointis-Inard. « Les hommes et les femmes y sont faiblement constitués ; ils ont le teint pâle, le regard languissant. Ils sont d'une petite stature en général..... Il est peu de femmes qui n'aient point de goîtres et les hommes n'en sont pas à beaucoup près exempts. Enfin, les fièvres ataxiques et adinamiques n'y sont pas rares, et les intermittentes y sont fréquentes en automne, rebelles, et se prolongent quelquefois tout l'hiver. » Nous croyons que la nature du terrain et celle des habitants s'est amélioré singulièrement depuis 1814, époque où M. de Saint-André écrivait son ouvrage.

Aujourd'hui le bourg de Pointis-Inard renferme une population belle et distinguée sous tous les rapports. Ses habitants se firent remarquer pendant l'époque féodale, par leur excessif amour de la liberté. Nous trouvons en effet, à la date de 1495, une charte dans laquelle nous lisons les dispositions suivantes.

« Chacun habitant de Pointis-Inard sera en franchise et sureté en son hostal ou corty (cour)....

« Deux consuls connoystront de toutes causes, tant civiles que criminelles ; lesqueles, l'année finie, en esliront deux autres, lesquels signeront en présence du seigneur ou de son procureur, de bien exercer leur estat

« Les Consuls pourront contraindre les particuliers à vaquer au faict de la chose publique, par prinse et arrestation de leurs corps et biens.

« Le Seigneur ne peut contraindre aulcun habitant à faire rien, sy ce n'est de son consentement.

« Le Seigneur ne peut prendre au corps aulcun habitant sans décret des consuls.

« Le Seigneur ne contremandera aux délibérations et ordonnances du conseil de la dite ville.

« Qui prendra à force femme puscelle, sera condamné à avoir le fouet par la ville et en aultre amende à la rigueur du droit ; toutefois s'il la peult marier, la peine du fouet luy sera remise et aussi est advisé par les consuls, etc.

« Les habitants auront la jouyssance des forets vacants et montaignes, comme en ont jouy de toute anciennete. »

Ces libertés furent confirmées par Henry II, en 1547. Il est dit dans cette demande que « les habitants du lieu de « Pointis au pays du Comminges, remontrent très humble- « ment à Sa Majesté que ce lieu de Pointis-Inard est fronta- « lier des Espagnes, où il y a un château propre à se défendre, « depuis surtout que la guerre a été déclarée dans le pays, etc... « et pour ce témoignent à Sa Majesté leur zèle, respect et « obéissance comme vrais fidèles et véritables sujets. »

De ce bourg, on peut se diriger facilement vers Montespan et revenir, le soir, aux bains de Ganties sans trop se fatiguer.

Si Pointis-Inard est situé dans un bassin, Montespan au contraire est placé à une assez belle hauteur, parfaitement à l'abri du nord et à l'exposition du midi, à couvert, enfin, du côté de l'ouest par une sorte de rempart que lui forment de petites montagnes calcaires dont la blancheur et les sommets régulièrement coniques sont remarquables. Des terres bien cultivées avec quelques prairies, d'assez grands bois qui revêtent les principales pentes, seraient des objets dignes de quelque attention, si l'on n'avait encore à remarquer sur un superbe plateau qui domine le village, les ruines de son antique château dont nous avons déjà parlé.

L'eau des deux sources dont on fait usage pour la boisson à Montespan est mauvaise, et répond très bien à l'idée que l'on se fait d'une eau qui est à une exposition méridionale. D'ailleurs elle coule faiblement vers un pré où elle se ramasse au pied de la montagne qui fournit une grande quantité de pierre calcaire. Elle est impropre à la coction des légumes ; elle dissout très mal le savon, elle est fade et difficile à digérer.

Les habitants de Montespan sont grands et vigoureux, sujets à fort peu de maladies et vieillissent beaucoup. Sur une population de 900 ames, on comptait en 1814, deux centenaires, 8 individus d'environ 90 ans et 10 à 12 octogénaires. La commune de Montespan possède une source d'eau minérale. Elle est située sur le bord d'un pré, d'où elle coule par une gouttière large et peu profonde, creusée dans une pierre et se mêle immédiatement à l'eau d'un ruisseau.

Cette eau est froide, très limpide, sans odeur, et même sans autre saveur d'abord que celle des eaux fades sélénieuses. Elle ne pèse pas à l'estomac comme les eaux qui ne contiennent que du sulfate ou du carbonate calcaire. Elle lâche le ventre quand on en boit plusieurs verres. Sa pesanteur spécifique est considérable, puisqu'elle est supérieure d'un dégré et quelques fractions à celle de l'eau distillée. Plusieurs bases terreuses, un peu de magnésie et de soude y sont unies avec l'acide sulfurique, l'acide carbonique, etc. Ces eaux sont en outre purgatives.

De Montespan, le visiteur peut rejoindre la route de Saint-Martory à Aspet et rentrer à l'établissement de Ganties.

Il est plusieurs autres courses qu'on peut facilement entreprendre et qui ne sont pas sans avoir certains agréments. Ainsi, une visite à Saint-Gaudens dont le marché a lieu, tous les jeudi, s'effectue sans difficultés; une autre à Aspet, offre des variétés aux baigneurs qui cherchent des distractions.

Nous indiquerons les courses qui auraient encore pour but Saint-Martory, Arbas et les vallées de Kagire. La facilité des transports, le bon entretien des routes, la complaisance et l'affabilité des habitans de Ganties faciliteront aux visiteurs ces moyens de distractions à peu de frais.

Sous ces divers rapports, les bains de Ganties ne laissent point que d'avoir aussi leurs agréments qui s'accroîtront tous les jours, avec l'avenir de prospérité qui se révèle de plus en plus dans les bonnes intentions de leurs propriétaires.

FIN DE LA NOTICE SUR GANTIES.

# TABLE DES MATIÈRES.

INTRODUCTION.     Pages V

## PREMIÈRE PARTIE.

### FAITS HISTORIQUES.

CHAPITRE Ier. — Situation géographique et géologique de Bagnères-de-Luchon. — Populations primitives qui occupaient ces vallées. — *Garumni, Arevacci, Onebuzates*. — Mœurs, Langage et Religion de ces peuplades.    11

CHAPITRE II. — Lieux importants dans le canton des *Garumni*. — Origine du mot Luchon. — Ses thermes. — Leur importance sous l'époque féodale. — Premiers droits dont jouit la vallée de Luchon. — Irruption des Sarrasins. — Domination des comtes de Comminges.    31

CHAPITRE III. — État politique et administratif de la vallée de Luchon sous le règne des comtes. — Charte de Bagnères. — Principales localités qui se distinguent dans cette vallée. — Castel-Viel, Moustajon, Cier, Antignac, Salles, Castel-Blancat, Saint-Aventin, etc. — Commencement de la réputation dont jouissent, dans les temps modernes, les bains de Bagnères.    45

Chapitre IV. — Bains de Bagnères-de-Luchon. — Personnages importants qui ont visité ces thermes. — Époque de leur nouvelle restauration. — Fondation de la ville et divers droits dont elle a joui. — Mœurs des habitants de la vallée de Luchon.  67

Chapitre V. — Époque de la fondation de l'Établissement actuel de Bagnères-de-Luchon. — Différents travaux qui ont été exécutés successivement. — Constructions monumentales de M. Chambert. — Eglise de Bagnères exécutée sur les plans de M. Loupot. — Travaux d'aménagement de M. François. — Divers autres établissements de Bains. — Causes principales de la prospérité.  81

Chapitre VI. — Température des eaux de Bagnères-de-Luchon. — Quantité d'eau fournie par les sources. — Analyse chimique des eaux Thermales par plusieurs savants et notamment par M. Filhol. — Genres de maladies qu'elles guérissent. — Nombre de guérisons pendant une période de cinq années.  95

Chapitre VII. — Vallée de Luchon. — Sa position géologique. — Flore du bassin de Bagnères. — Ornithologie et histoire naturelle de cette vallée.  111

Chapitre VIII. — Itinéraire dans la vallée de Luchon. — Division en quatre districts des lieux à explorer.  127

Chapitre IX. — Promenades de Luchon. — Ses eaux thermales. — Ses différentes propriété. — Conseils aux baigneurs.  151

## SECONDE PARTIE.

### FAITS DRAMATIQUES.

Le contrebandier du port de Venasque, épisode historique.  157
Les bains de Bagnères-de-Luchon, (1612).  169
Les aventures d'une danseuse.  181
Marguerite, la fille du douanier, ou la vallée d'Asto.  193
La chapelle de Montgarry, nouvelle espagnole.  209
Un pélerinage à la chapelle de Saint-Aventin.  219

## NOTICE SUR LES BAINS DE SIRADAN.

Chapitre Ier. — Situation et origine de Siradan. — Itinéraire et promenades aux environs des bains. — Saint-Béat et la vallée d'Aran. — Col-du-Haut ou la chasse aux Bisets. Saint-Bertrand de Comminges. — Divers détails historiques. 229

Chapitre II. — Analyse des eaux de Siradan, par M. Filhol. — Source saline (du lac). — Comparaison des eaux de Sainte-Marie avec celles de Siradan. — Eaux minérales ferrugineuses. — Eau de la source du chemin. — Analyse de M. Save, comparée avec celle de M. Filhol. — Différence des deux analyses. 243

Chapitre III. — Propriétés médicinales des eaux de Siradan. — Guérison de diverses maladies. — Description du nouvel établissement. — Avantages qu'on y retrouve. — Fin de la notice. 253

## NOTICE SUR LES BAINS D'ENCAUSSE.

Chapitre Ier. — Situation du lieu d'Encausse. — Pays des *Onebuzates* ou N...ouzan. — Sa position géographique. — Historique de ... — Ancienne réputation des eaux de ces contrées. — St...-Gaudens, Aspet, Laut, Malvesie, etc. — Opinion des auteurs anciens sur cette contrée. 257

Chapitre II. — Faits particuliers concernant Encausse. — Son existence féodale. — Château des Seigneurs du pays. — Découverte de ses eaux. — Écrivains qui en ont parlé. — Origine de la réputation des eaux d'Encausse. — Premiers établissements. — Analyse des eaux par M. Filhol. — Leurs vertus Thérapeutiques. — État actuel de l'établissement des bains. — Divers embellissements opérés tout récemment. — Avenir des bains d'Encausse. 269

Chapitre III. — Courses ou promenades aux environs. — Itinéraire de la première journée. — Souech, Aspet, Milhas. — Le Nostradamus des Pyrénées. — Kagire, le Pâtre de Kagire. — Seconde journée : Sauveterre, Barbazan, Mademoiselle de Barbazan. — Fin de la notice. 289

## NOTICE SUR LES BAINS DE GANTIES.

**Chapitre Ier.** — Situation des bains de Ganties. — Ancienne réputation de ces eaux. — Premières améliorations faites à ces bains. — Historique des lieux circonvoisins. — Pointis, Montespan, Bonnefond, Saint-Martory, Montsaunés, Arbas, Estadens et Pujos. — Établissement, hôtel et logements. — Saison des bains et agréments divers. . . . 303

**Chapitre II.** — Eaux de Ganties considérées sous le rapport thérapeutique, par le docteur Castéra (de Pointis). — Observations sur divers cas de maladies. — Guérison de la Carie. — Cures d'Ulcères et de plusieurs Névralgies. — Détails sur ces diverses maladies. — Efficacité des eaux de Ganties contre les Névroses, les attaques Hystériques, les Fleurs blanches, les Hémorrhagies utérines, etc., etc., etc. 317

**Chapitre III.** — Itinéraire dans les environs. — Le village de Pujos. — Course au bourg de Pointis-Inard. — Ancienne Charte du pays. — Village de Montespan. — Source médicinale. — Retour à Ganties. 325

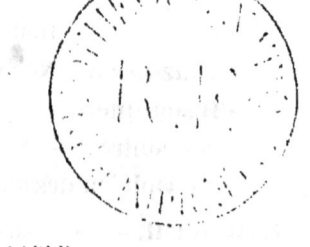

FIN DE LA TABLE.

Saint-Gaudens, imprimerie de J.-M. TAJAN.

Pagination incorrecte — date incorrecte

**NF Z 43**-120-12

www.ingramcontent.com/pod-product-compliance
Lightning Source LLC
Chambersburg PA
CBHW060628170426
43199CB00012B/1479